高等院校“十三五”规划教材

经济数学

主　编　贺胜平　岳斯玮　胡大刚
副主编　胡大勇　惠小健

南京大学出版社

内容简介

根据教育部关于高职高专人才培养工作的意见，本书以“了解概念，强化应用，培养技能”为重点；本着以“必需、够用”为度，以提高学生的综合能力为指导思想的原则进行编写。主要包括：函数、极限与连续、导数与微分、偏导数及其应用、不定积分与定积分、矩阵与线性方程组、概率与数理统计共六章。

本书吸取了较多同类教材的优点，以知识通俗化、应用化为前提。从知识目标和能力目标着手，以实际问题引入概念；选取一些难易适中的例题和习题，章末配上经典案例。为了适应财经、管理、商贸等相关专业的教学需要，本教材每章都注入了大量的应用实例，以培养学生分析问题、解决问题的职场能力。

本书可作为高等院校财经、管理、商贸、工程技术等专业学生的教材，也可作为从事经济管理专业人员的经济数学自学用书。

图书在版编目(CIP)数据

经济数学 / 贺胜平，岳斯玮，胡大刚主编. — 南京：南京大学出版社，2016.8(2017.1 重印)
高等院校“十三五”规划教材
ISBN 978-7-305-17352-3

Ⅰ. ①经… Ⅱ. ①贺… ②岳… ③胡… Ⅲ. ①经济数学—高等学校—教材 Ⅳ. ①F224.0

中国版本图书馆 CIP 数据核字(2016)第 173738 号

出版发行 南京大学出版社
社　　址 南京市汉口路 22 号　　　邮　编 210093
出 版 人 金鑫荣

丛 书 名 高等院校“十三五”规划教材
书　　名 经济数学
主　　编 贺胜平　岳斯玮　胡大刚
责任编辑 耿士祥　　　编辑热线 025-83596997

照　　排 南京南琳图文制作有限公司
印　　刷 南京新洲印刷有限公司
开　　本 787×1092 1/16 印张 13.5 字数 337 千
版　　次 2016 年 8 月第 1 版　2017 年 1 月第 2 次印刷
ISBN 978-7-305-17352-3
定　　价 32.00 元

网址：http://www.njupco.com
官方微博：http://weibo.com/njupco
微信服务号：njuyuexue
销售咨询热线：(025) 83594756

前　言

职业教育教学改革，必须把转变教育观念贯穿于教育教学全过程，准确定位培养目标，积极探索多元化的应用人才培养模式，紧密依托行业或企业建立产、学、研相结合的、有效的职业教育运行机制。

为了进一步深化职业教育的改革，推进职业教育的改革和发展，积极探索学生素质能力培养模式，向课堂要效益，向教学要质量，充分展现我们职业教育新特色，根据数学教育的发展趋势，结合社会对学生能力的要求以及学生实际状况，参考了其他优秀教材后，特编写此《经济数学》教材。

本教材内容包括：函数、极限与连续、导数与微分、偏导数及其应用、不定积分与定积分、矩阵与线性方程组、概率与数理统计共六章，基本涵盖了高职高专财经、管理、商贸、工程技术等专业课程所需的数学知识。在编写过程中，我们力求体现如下特色：

1. 根据学生的实际学习基础情况，突出学生主体地位，每一章开始都提出知识目标、能力目标；适当选材，由浅入深，循序渐进。根据学生的认知规律，把我们的教学特点和思想融合到教材中去，使教材简明实用。

2. 在内容的安排上，建立全新的教材架构。弱化了高等数学中烦琐的理论，以"了解概念，强化应用，培养技能"为重点，本着以"必需、够用"为度，以提高学生的综合能力为指导思想，使学生对经济数学理论结构有一个简明清晰的认识。

3. 同时特别注重经济数学的社会实用性，整合了经济数学理论的实际应用，充分体现了"数学为本，经济为用"的原则。以求学生对理论的认识在应用的层次上得到进一步的深化，进而培养和提高学生的实际应用能力，运用数学工具对简单经济问题进行分析、预测、决策的能力。

4. 概念的引入、例题以及习题设计科学、新颖。我们力图运用经济、管理类等专业有关的案例，注重数学在经济上的应用，体现经济数学的特点。

5. 本教材每章都配有知识目标、能力目标、内容精要、每节(章)后配有习题、经济案例赏析、数学家小传，书后附有各种用表以及初等函数的图像、性质、公式等来帮助同学们对教材的理解，另外读者可扫描二维码获得习题答案。

本书由重庆商务职业学院贺胜平、岳斯玮、胡大刚担任主编，重庆商务职业学院胡大勇，西京学院惠小健担任副主编。具体分工如下：第 1、2、3 章由贺胜平编写，第 5、6 章由岳斯玮编写，第 4 章由胡大刚编写，胡大勇、惠小健搜集整理了案例赏析、数学家小传、参考答案、附录。全书由贺胜平副教授统稿，胡大勇副教授校稿，刘伟、况建军、张丽萍、左斌为本书编写和出版提供了大量帮助，在此表示衷心感谢！

由于编者水平有限，书中难免存在不足和错误之处，真诚欢迎广大读者批评指正。

编　者

2016 年 5 月

目　录

第1章　函数、极限与连续

【知识目标】

- 了解函数的单调性、奇偶性、有界性、周期性的概念；了解左、右极限的概念；了解无穷小、无穷大的概念.
- 理解函数、基本初等函数、复合函数、初等函数、分段函数的概念；理解函数极限与连续的概念.
- 掌握常用经济函数；掌握复合函数的复合过程；掌握极限的运算法则.

【能力目标】

- 能较熟练地计算极限.
- 会求函数的间断点并会判断函数的连续性.
- 能通过函数关系描述经济问题.
- 初步掌握极限的思想，树立辩证的观点，提高观察问题、分析问题、解决问题的能力.

【内容导航】

函数是高等数学中最重要的基本概念之一，也是微积分学研究的主要对象，极限是微积分学研究的基本工具，贯穿高等数学的始终，连续则是函数的一个重要性态. 本章将介绍函数(主要是常用经济函数)、极限与连续的基本概念，以及它们的一些主要性质和计算.

1.1　函　数

1.1.1　函数的概念

一、函数的定义

在观察经济现象时，常会遇到两类不同的量. 一类量在考察的过程中始终不发生变化，只取一个固定的值，我们把它称作常量；另一类量在所考察的过程中不断地变化，可以取不同数值，我们把它称作变量. 例如，在一段时间内，银行的利率是保持不变的，可以看成常量，而股票的价格则每天都在发生变化，可以用变量来表示.

常量习惯用字母 a,b,c,k 等表示；变量习惯用 x,y,z,u,v,q 等表示.

在研究某一自然现象或实际问题的过程中，总会发现问题中的变量并不都是独立变化的，它们之间往往存在着一定的依存关系. 我们先看下面的例子.

【引例】 某工厂每年最多生产某产品 800 吨，固定成本为 60 万元，每生产 1 吨产品成本增加 0.5 万元，则每年产品的总成本 C 与年产量 x 的关系可由公式

$$C=60+0.5x, 0\leqslant x\leqslant 800$$

确定.其中固定成本60万元为常量;当产量x取0到800之间的任何一个值时,由上式可确定唯一的C值与之对应.变量x与C之间的这种对应关系,就是函数概念的实质.

定义(函数) 设某变化过程中有两个变量x和y,如果当变量x在其变化范围内任取一个值时,变量y按照一定的对应法则有唯一确定的值与它对应,则称y是关于x的函数,记作$y=f(x)$.其中x叫作自变量,y叫作因变量.

自变量x的取值范围称为函数的定义域D;y的对应值称为函数值,当变量x在定义域内取某一值x_0时,函数y的对应值记为$f(x_0)$或$y|_{x=x_0}$.全体函数值的集合称为函数的值域M.

【例1】 已知$f(x)=x^2-3x+2$,求$f(1)$,$f(a)$,$f(x+1)$.

解 $f(1)=1^2-3\times1+2=0$;

$f(a)=a^2-3a+2$;

$f(x+1)=(x+1)^2-3\cdot(x+1)+2=x^2-x$.

在实际问题中,函数的定义域是根据问题的实际意义确定的.在经济问题中,人数、产量等只能取自然数.若不考虑函数的实际意义,而抽象地研究函数,则规定函数的定义域是使其表达式有意义的一切实数值.本书定义域统一用区间表示.

通常求函数的定义域主要依据是:

(1) 分式函数的分母不能为零;

(2) 偶次根式的被开方式必须大于或等于零;

(3) 对数函数的真数必须大于零;

(4) 三角函数与反三角函数要符合其定义;

(5) 如果函数表达式中含有上述几种函数,则应取各部分定义域的交集.

【例2】 求下列函数的定义域:

(1) $f(x)=\dfrac{3}{5x^2+2x}$;

(2) $f(x)=\sqrt{9-x^2}$;

(3) $f(x)=\lg(4x-3)$;

(4) $f(x)=\arcsin(2x-1)$;

(5) $f(x)=\lg(4x-3)-\arcsin(2x-1)$.

解 (1) 在分式$\dfrac{3}{5x^2+2x}$中,分母不能为零,所以$5x^2+2x\neq0$,解得$x\neq-\dfrac{2}{5}$且$x\neq0$,即定义域为$\left(-\infty,-\dfrac{2}{5}\right)\cup\left(-\dfrac{2}{5},0\right)\cup(0,+\infty)$.

(2) 在偶次根式中,被开方式必须大于等于零,所以有$9-x^2\geqslant0$,解得$-3\leqslant x\leqslant3$,即定义域为$[-3,3]$.

(3) 在对数式中,真数必须大于零,所以有$4x-3>0$,解得$x>\dfrac{3}{4}$,即定义域为$\left(\dfrac{3}{4},+\infty\right)$.

(4) 反正弦或反余弦中的式子的绝对值必须小于等于1,所以有$-1\leqslant2x-1\leqslant1$,解得$0\leqslant x\leqslant1$,即定义域为$[0,1]$.

(5) 该函数为(3),(4)两例中函数的代数和,此时函数的定义域应为(3),(4)两例中定义域的交集,即$\left(\frac{3}{4},+\infty\right)\cap[0,1]=\left(\frac{3}{4},1\right]$.

函数的定义域与对应法则是函数的两个要素. 如果两个函数的定义域相同,对应法则也相同,那么它们就是相同的函数,与变量用什么字母表示无关;否则,就是不同的函数.

【例 3】 判断下列各对函数是否相同:

(1) $f(x)=\lg x^2$ 与 $g(x)=2\lg x$;　　　　(2) $u=\sqrt{(v-1)^2}$ 与 $y=|x-1|$.

解 (1) $f(x)$的定义域是 $x\neq 0$ 的一切实数;$g(x)$的定义域是$(0,+\infty)$. 由于 $f(x)$与 $g(x)$的定义域不同,故 $f(x)$与 $g(x)$表示的不是同一个函数.

(2) 因为两函数的定义域相同,对应法则也相同,所以是同一函数.

二、分段函数

函数的表示方法通常有解析法、列表法和图示法三种.

利用解析法表示函数时,一般用一个解析式表示一个函数. 但有时需要用几个解析表达式表示同一个函数,即对于自变量不同的取值范围,函数采用不同的解析表达式,这种函数叫作分段函数.

【例 4】 某市电信局规定市话收费标准为:当月所打电话不超过 500 分钟时,只收月租费 30 元,超过 1 分钟的,每次加收 0.1 元. 则电话费 y 和用户当月所打电话分钟数 x 的关系可用下面的形式给出:

$$y=\begin{cases}30, & x\leqslant 500,\\ 30+0.1(x-500), & x>500.\end{cases}$$

像这种**把定义域分成**若干部分,**函数关系由不同的式子分段表达的函数**就是分段函数.

【例 5】 火车站收取行李费的规定如下:当行李不超过 50 千克时,按基本运费计算,从上海到某地每千克收 0.20 元;当超过 50 千克时,超重部分按每千克 0.30 元收费. 试求从上海到该地的行李费 y(元)与行李重量 x(千克)之间的函数关系式.

解 当 $x\in[0,50]$时,$y=0.2x$;

当 $x\in(50,+\infty)$时,$y=0.2\times 50+0.3(x-50)=0.3x-5$.

故所求函数为

$$y=\begin{cases}0.2x, & 0\leqslant x\leqslant 50,\\ 0.3x-5, & 50<x<+\infty.\end{cases}$$

注意 (1) 分段函数是用几个解析表达式表示同一个函数,而不是表示几个函数.

(2) 分段函数的定义域是各段自变量取值集合的并集.

【例 6】 设有分段函数 $f(x)=\begin{cases}x-1, & -1<x\leqslant 0,\\ x^2, & 0<x\leqslant 1,\\ 3-x, & 1<x\leqslant 2.\end{cases}$

(1) 求此函数的定义域;　　　　(2) 求 $f\left(-\frac{1}{2}\right),f\left(\frac{1}{2}\right),f\left(\frac{3}{2}\right)$的值.

解 (1) 函数的定义域为$(-1,0]\cup(0,1]\cup(1,2]=(-1,2]$;

(2) $f\left(-\frac{1}{2}\right)=-\frac{1}{2}-1=-\frac{3}{2},f\left(\frac{1}{2}\right)=\left(\frac{1}{2}\right)^2=\frac{1}{4},f\left(\frac{3}{2}\right)=3-\frac{3}{2}=\frac{3}{2}$.

1.1.2 函数的四大特性

一、单调性

定义（单调性） 设函数 $y=f(x)$ 定义在区间 (a,b) 内，如果对于 (a,b) 内的任意两点 x_1、x_2，当 $x_1<x_2$ 时，都有

$$f(x_1)<f(x_2)\text{（或 }f(x_1)>f(x_2)\text{）}$$

成立，则称函数 $y=f(x)$ 在区间 (a,b) 内单调增加（或单调减少），而称区间 (a,b) 为单调增加（或单调减少）区间. 因此函数的单调性必须指明相应区间.

在单调增区间内，函数图像随着 x 的增大而上升（**增一直上升**），如图 1.1.1 所示；在单调减区间内，函数图像随着 x 的增大而下降（**减一直下降**），如图 1.1.2 所示.

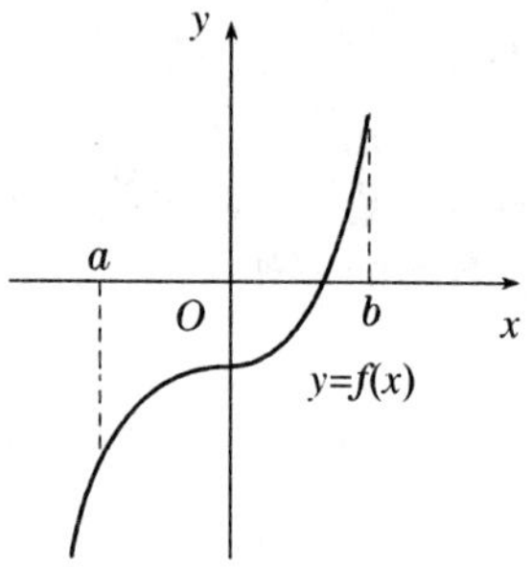

图 1.1.1 单调增加

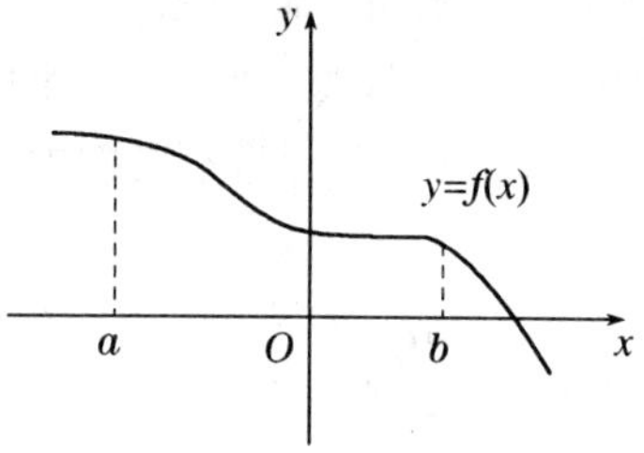

图 1.1.2 单调减少

例如，函数 $y=x^2$ 在区间 $(0,+\infty)$ 内是单调增加的，在区间 $(-\infty,0]$ 内是单调减少的，而 $y=x^2$ 在区间 $(-\infty,+\infty)$ 内不是单调函数.

二、奇偶性

定义（奇偶性） 设函数 $y=f(x)$ 定义在区间 $(-a,a)(a>0)$ 内，如果对于任一 $x\in(-a,a)$，都有 $f(-x)=-f(x)$ 成立，则称函数 $y=f(x)$ 在区间 $(-a,a)$ 内是奇函数；如果对于任一 $x\in(-a,a)$，都有 $f(-x)=f(x)$ 成立，则称函数 $y=f(x)$ 在区间 $(-a,a)$ 内是偶函数.

奇函数的图像关于原点对称，如图 1.1.3 所示；偶函数的图像关于 y 轴对称，如图 1.1.4 所示.

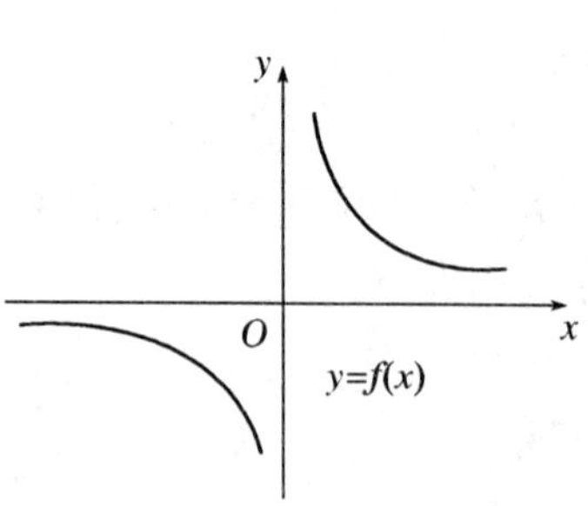

图 1.1.3 奇函数

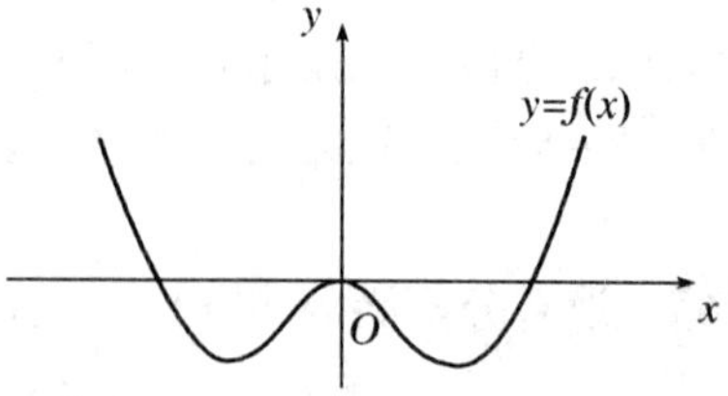

图 1.1.4 偶函数

常见奇函数：奇次幂函数，正弦，正切，余切；

偶函数：偶次幂函数，常函数，余弦；指（对）数函数是非奇非偶函数.

函数运算中奇函数相当于“－”；偶函数相当于“＋”.

例如，$y=x^3$，$y=\dfrac{\sin x}{x^2}$，$f(x)=2x-\sin x$ 在其定义域内是奇函数；

$y=x^6\cos x$，$y=|x^3|+1$，$f(x)=3x^4-5x^2+7$ 在区间$(-\infty,+\infty)$内是偶函数；

$y=5^x$，$y=\sin x+\cos x$，$y=\ln x$ 在其定义域内是非奇非偶函数.

三、周期性

定义（周期性）　对于函数 $y=f(x)$，如果存在一个常数 $T(T\neq 0)$，使得对于在其定义域内的所有 x，都有 $f(x+T)=f(x)$成立，则称 $y=f(x)$是周期函数，而称 T 为函数的周期. 周期函数的周期通常是指它的最小正周期.

例如，函数 $y=\sin x$ 和 $y=\cos x$ 都是以 2π 为周期的周期函数；

函数 $y=\tan x$ 和 $y=\cot x$ 都是以 π 为周期的周期函数.

四、有界性

定义（有界性）　对于定义在区间(a,b)内的函数 $y=f(x)$，如果存在一个正数 M，使得对于(a,b)内的所有 x，都有$|f(x)|\leqslant M$ 成立，则称函数 $y=f(x)$在(a,b)内是有界的. 如果这样的 M 不存在，则称 $y=f(x)$在(a,b)内是无界的.

例如，由于$|\sin x|\leqslant 1$，故 $y=\sin x$ 有界；

函数 $y=\dfrac{1}{x}$在区间$(0,1)$内无界，但在区间$(1,2)$内有界.

1.1.3　初等函数

一、基本初等函数

(1) 常函数　$y=c$（c 为常数）；

(2) 幂函数　$y=x^\mu$（μ 为常数）；

(3) 指数函数　$y=a^x$（$a>0,a\neq 1$，a 为常数），$y=\mathrm{e}^x$，其中 $\mathrm{e}=2.71828\cdots\cdots$；

(4) 对数函数　$y=\log_a x$（$a>0,a\neq 1$，a 为常数），自然对数 $y=\ln x$ 以 e 为底；

(5) 三角函数　$y=\sin x$，$y=\cos x$，$y=\tan x$，$y=\cot x$，$y=\sec x$，$y=\csc x$；

(6) 反三角函数　$y=\arcsin x$，$y=\arccos x$，$y=\arctan x$，$y=\operatorname{arccot} x$.

以上六类函数统称为基本初等函数，常用的基本初等函数的定义域、值域、图像和性质见附录五. 其他函数都是由基本初等函数构成的.

二、简单函数

定义（简单函数）　由基本初等函数经过有限次四则运算所得到的函数.

例如，$y=x^2+2\sin x$，$y=\dfrac{\mathrm{e}^x}{2x-3}$，$y=\ln x\cdot\arcsin x$ 都是简单函数；而 $y=x+x^2+x^3+x^4+\cdots$就不是简单函数.

三、复合函数

定义（复合函数）　设 $y=f(u)$，而 $u=\varphi(x)$，且函数 $u=\varphi(x)$的值域部分或全部包含在函数 $y=f(u)$的定义域内，那么 y 通过 u 的联系也是 x 的函数. 我们称这样的函数是由 $y=f(u)$及 $u=\varphi(x)$复合而成的函数，简称复合函数，记作 $y=f[\varphi(x)]$，其中 u 叫作中间变量.

例如，设有函数 $y=\cos u$，$u=\sqrt{x}$. 由于 $u=\sqrt{x}$的值域$[0,+\infty)$包含在 $y=\cos u$ 的定义域$(-\infty,+\infty)$内，于是函数 $y=\cos u$ 与 $u=\sqrt{x}$构成了复合函数 $y=\cos\sqrt{x}$.

而对于函数 $y=\arcsin u$ 和 $u=x^2+2$，由于函数 $u=x^2+2$ 的值域 $[2,+\infty)$ 不包含在 $y=\arcsin u$ 的定义域 $[-1,1]$ 内，于是函数 $y=\arcsin u$ 与 $u=x^2+2$ 不能构成复合函数. 因此，并不是任何函数之间都能进行复合.

复合函数不仅可以由两个函数复合而成，也可以由更多个函数复合而成.

例如，由函数 $y=u^2$，$u=\cos v$，$v=x^2+1$ 复合成函数 $y=\cos^2(x^2+1)$.

对于复合函数，必须弄清两个问题，那就是"复合"和"分解". 所谓"复合"，就是把几个作为中间变量的函数复合成一个函数，该过程也就是把中间变量依次代入的过程；所谓"分解"，就是把一个复合函数**从外到内分解为几个较简单函数**，较简单函数（自变量位置只有 x）是指基本初等函数或简单函数.

【例 7】 已知 $y=\sqrt{u}$，$u=2x^3+5$，将 y 表示成 x 的函数.

解 将 $u=2x^3+5$ 代入 $y=\sqrt{u}$，可得 $y=\sqrt{2x^3+5}$.

【例 8】 已知 $y=\ln u$，$u=4-v^2$，$v=\cos x$，将 y 表示成 x 的函数.

解 $y=\ln(4-v^2)=\ln(4-\cos^2 x)$.

【例 9】 指出下列复合函数是由哪些较简单函数复合而成的.

(1) $y=\sin(x^3+4)$；　　(2) $y=5^{\cot\frac{1}{x}}$；

(3) $y=\mathrm{e}^{-x^2}$；　　(4) $y=\lg\sqrt{1+x^2}$.

解 (1) $y=\sin(x^3+4)$ 由 $y=\sin u$，$u=x^3+4$ 复合而成.

(2) $y=5^{\cot\frac{1}{x}}$ 可以看成是由 $y=5^u$，$u=\cot v$，$v=\dfrac{1}{x}$ 三个函数复合而成的.

(3) $y=\mathrm{e}^{-x^2}$ 是由 $y=\mathrm{e}^u$ 和 $u=-x^2$ 复合而成的；

(4) $y=\lg\sqrt{1+x^2}$ 是由 $y=\lg u$、$u=\sqrt{v}$ 和 $v=1+x^2$ 复合而成的.

四、初等函数

定义（初等函数） 由基本初等函数经过有限次的四则运算或有限次的复合所构成，且能够用一个式子表达的函数称为初等函数. 简单函数、复合函数统称为初等函数.

初等函数要能够用一个解析式子表示，因此**分段函数一般不是初等函数**.

例如，$y=\sqrt[5]{\ln\cos x}$，$y=\mathrm{e}^{\operatorname{arccot}\frac{x}{3}}$，$v=1-3x^2+\cos x$ 都是初等函数.

$$y=1+x+x^2+x^3+\cdots,$$

$$y=\begin{cases}1, & x>0,\\ 0, & x=0,\\ -1, & x<0\end{cases}$$

都不是初等函数.

习题 1.1

第1章参考答案

1. 求下列函数的定义域：

(1) $y=\dfrac{5}{x^2+1}$；　　(2) $y=\ln(4-x^2)$；

(3) $y=\sqrt{x^2-9}$;　　(4) $y=\sqrt{x+2}+\dfrac{1}{x^2-1}$.

2. 下列各题中的函数是否表示同一个函数？为什么？

(1) $f(x)=\dfrac{x}{x}, g(x)=1$;　　(2) $f(x)=|x|, g(x)=\sqrt{x^2}$;

(3) $f(x)=\ln 2x, g(x)=\ln 2\cdot\ln x$;　　(4) $f(x)=\sin^2 x+\cos^2 x, g(x)=1$

(5) $f(x)=x^2+2, g(t)=t^2+2$;

(6) $f(x)=\sqrt{x-1}\cdot\sqrt{x+3}, g(x)=\sqrt{(x-1)(x+3)}$.

3. 已知 $f(x)=\begin{cases} x^2, & 0\leqslant x<1, \\ 0, & x=1, \\ 1-x, & 1<x\leqslant 2, \end{cases}$ 求此函数的定义域，并求 $f(0), f(1), f\left(\dfrac{5}{4}\right), f\left(\dfrac{\pi}{4}\right)$.

4. 下列函数是由哪几个简单函数复合而成的：

(1) $y=e^{\sin x}$;　　(2) $y=\lg\tan 3x$;

(3) $y=\ln\sqrt{2x+1}$;　　(4) $y=\dfrac{2}{6x-\cot x}$;

(5) $y=\sin^5\dfrac{x}{3}$;　　(6) $y=\cos x^2$;

(7) $y=(5x^2-3x+6)^{100}$;　　(8) $y=\arccos\lg\sqrt{x}$.

5. 设 $f(x)=x^2, g(x)=2^x$，求 $f[g(x)], g[f(x)]$.

6. 判断正误(对的打"√"，错的打"×").

(1) 若两个函数的定义域、值域都相同，则它们一定是同一个函数.　(　　)

(2) 函数 $y=\dfrac{x^2-4}{x+2}$ 与 $y=x-2$ 是不相同的函数.　(　　)

(3) 函数 $y=x|\sin x|$ 是奇函数.　(　　)

(4) 函数 $y=\sqrt{-u}$ 与 $u=\dfrac{3}{x^6}$ 能复合成复合函数.　(　　)

(5) 函数 $y=\tan x^3$ 可看作是由 $y=u^3, y=\tan x$ 复合而成的.　(　　)

(6) 分段函数都不是初等函数.　(　　)

7. 确定下列函数的奇偶性：

(1) $y=x^2\tan x$;　　(2) $y=5x^2+\cos x$;

(3) $y=\ln\dfrac{1-x}{1+x}$;　　(4) $y=e^x-e^{-x}$;

(5) $y=\sin x^2-\cos x$;　　(6) $y=|x|+\sin x$.

1.2　常见经济函数

在用数学手段解决实际问题时，一般需要找出经济变量之间的函数关系，建立相应的数学模型. 本节就来认识几种常见的经济函数.

1.2.1 需求与供给函数

居民户的需求与厂商的供给，对于现实生活中稀缺资源的配置是一定要了解的.

一、需求函数

需求是指在一定价格条件下，消费者愿意并且有支付能力购买的商品的数量，消费者对某种商品的需求是由多种因素决定的，其中商品的价格是影响需求的一个主要因素. 假设其他条件不变（如消费者的收入、偏好以及其他相关的商品的价格等），把商品的需求量 Q 仅看作其价格 p 的函数，这个函数就称为**需求函数**. 记作 $Q=Q(p)$.

一般来说，需求函数为价格 p 的单调减少函数.

如图 1.2.1 中 $Q=Q(p)$ 所示，价格为 0 时，需求量最大.

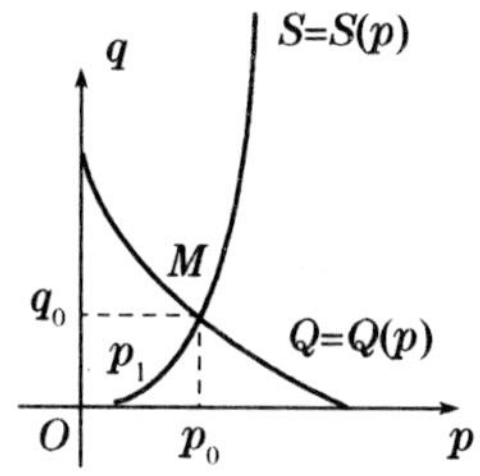

图 1.2.1　市场均衡

常见的需求函数有以下几种类型：

(1) 线性需求函数

$$Q=a-bp(a>0,b>0);$$

(2) 二次需求函数

$$Q=a-bp-cp^2(a>0,b>0,c>0);$$

(3) 指数需求函数

$$Q=ae^{-bp}(a>0,b>0).$$

需求函数 $Q=Q(p)$ 的反函数，就是**价格函数**，记作 $P=P(q)$，它也体现了商品需求与价格的关系.

二、供给函数

在经济学中，供给是指在一定价格条件下，商品生产者或企业愿意并能够出售的商品数量. 供给也是由多种因素决定的，其中，最主要的也是商品的自身价格. 因此，在分析时，通常假定其他条件（如生产中的投入成本、技术状况、卖者对其他商品及未来的价格的预测等）保持不变，把供给量 S 仅看作价格 p 的函数，这个函数称为**供给函数**. 记作 $S=S(p)$.

一般地，供给函数为价格 p 的单调增加函数.

如图 1.2.1 中 $S=S(p)$ 所示，价格低到 p_1 时，商家不愿意再提供商品给市场.

线性供给函数为 $S=-c+dp(c>0,d>0)$.

【例 1】 当鸡蛋收购价为 6.5 元/千克时，某收购站每月能收购 5 000 千克. 若收购价提高 0.5 元/千克，则收购量可增加 400 千克，求鸡蛋的线性供给函数.

解 设鸡蛋的线性供给函数为 $S=-c+dp$，由题意有 $\begin{cases}5\,000=-c+6.5d,\\5\,400=-c+7d.\end{cases}$

解得 $c=200,d=800$；所求供给函数为 $S=-200+800p$.

三、供需平衡

当市场价格高于均衡价格 p_0 时，供大于求，为了解决过剩的商品，商家会通过降价来回收资金；反之，当市场价格低于均衡价格 p_0 时，供不应求. 为了解决“物质短缺”现象，商家将抬高价格，就是通过市场价格的反复调节来实现市场均衡.

当市场上的需求量与供给量相等时，需求关系与供给关系之间达到某种均衡，这时的商品价格和需求量（或供给量）分别称为均衡价格 p_0 和均衡数量 q_0. 如图 1.2.1 所示，需求曲线 $Q=Q(p)$ 和供给曲线 $S=S(p)$ 的交点 $M(p_0,q_0)$ 称为均衡点.

【例 2】 已知某商品的需求函数和供给函数分别为 $Q=14.5-1.5p$，$S=-7.5+4p$. 求该商品的均衡价格 p_0 及均衡交易量 q_0.

解 由供需均衡条件 $Q=S$，可得 $14.5-1.5p=-7.5+4p$，

因此，均衡价格为 $p_0=4$，均衡交易量 $q_0=8.5$.

1.2.2 成本、收入、利润函数

在市场生产和产品的经营活动中，大家总是希望成本少、收益大，从而提高利润. 事实上成本、收益、利润等经济变量都与产品的产量(或销量)q 有密切的关系，它们都是关于 q 的函数.

一、成本函数

总成本是指生产一定数量的产品所耗费的经济资源或费用的总和. 一般总成本可分为固定成本与可变成本两部分. 固定成本是指与产量无关的成本，如设备维修费、场地租赁费、管理费等，用 C_0 表示. 可变成本随产量的变化而变化，如原材料费、动力费、人工费等，记作 $C_1(q)$，其中 q 为产量. 故总成本 $C(q)$ 可表示为 $C(q)=C_0+C_1(q)$.

总成本函数 $C(q)$ 是产量 q 的单调增加函数.

最典型的成本函数是三次函数 $C=a_0+a_1q-a_2q^2+a_3q^3$ ($a_i>0, i=0,1,2,3$)；以及线性成本函数 $C=a+bq$ ($a>0, b>0$).

平均成本 AC，即生产 q 件产品时，单位产品成本的平均值，记作 $\overline{C}$，则平均成本可以表示为 $AC=\overline{C}=\frac{C(q)}{q}=\frac{C_0}{q}+\frac{C_1(q)}{q}$，其中 $\frac{C_1(q)}{q}$ 称为平均可变成本.

【例 3】 已知某种产品的总成本函数为 $C=2\,000+\frac{q^2}{8}$，求当生产 200 个该产品时的总成本和平均成本.

解 由题意，产量为 200 个时的总成本为 $C(200)=2\,000+\frac{200^2}{8}=7\,000$，

产量为 200 个时的平均成本为 $\overline{C}(200)=\frac{2\,000+\frac{200^2}{8}}{200}=35$.

二、收入函数

总收益是指生产者出售一定数量的产品所得到的全部收入. 收益与产品的价格及销售数量有关. 如果产品的单位售价为 p，销售量为 q，则总收入函数为 $R(q)=pq$. 为处理方便，常常假定产销平衡，其含义是供应量、需求量、销售量是一致的，都用 q 表示.

【例 4】 已知某产品的需求函数为 $Q=60-2.5p$，求总收益函数及销售 10 个单位时的总收益.

解 由需求函数 $Q=60-2.5p$，可得价格函数 $p=24-0.4Q$，

则总收益函数 $R(Q)=pQ=24Q-0.4Q^2$，

销售 10 个单位时的总收益 $R(10)=24\cdot 10-0.4\cdot 10^2=200$.

三、利润函数

利润是一个企业所追求的主要目标之一，总利润记为 L. 总利润是总收益与总成本之差，即利润函数 $L(q)=R(q)-C(q)$. 显然总利润是产量(或销售量)q 的函数.

$L(q)>0$ 盈利；$L(q)<0$ 亏损；$L(q)=0$ 盈亏平衡.

满足 $L(q)=0$ 的 q_0 称为盈亏平衡点(又称保本点).

【例 5】 设某产品的价格函数是 $P=60-\frac{Q}{1\,000}$，其中 P 为价格(元)，Q 为产品的销售量.又设产品的固定成本为 60 000 元，单位变动成本为 20 元/件.

试求(1) 成本函数；(2) 收益函数；(3) 利润函数.

解 (1) 成本函数 $C(Q)=C_0+C_1(Q)=60\,000+20Q$

(2) 收益函数 $R(Q)=pQ=\left(60-\frac{Q}{1\,000}\right)Q=60Q-\frac{1}{1\,000}Q^2$

(3) 利润函数 $L(Q)=R(Q)-C(Q)=-\frac{1}{1\,000}Q^2+40Q-60\,000.$

【例 6】 已知某厂生产某种产品的成本函数为 $C(q)=500+2q$(元)，其中 q 为该产品的产量，如果该产品的售价定为每件 6 元，试求：

(1) 生产 200 件该产品时的利润；

(2) 求生产该产品的盈亏平衡点.

解 (1) 由题意可知，$C(q)=500+2q$(元)，$R(q)=6q$. 因此，利润函数为

$$L(q)=R(q)-C(q)=6q-(500+2q)=4q-500(\text{元}).$$

故生产 200 件该产品时的利润为 $L(200)=4\times200-500=300$(元).

(2) 由 $L(q)=0$ 得 $4q-500=0$，解得 $q=125$(件).

即盈亏平衡点为 125 件.

1.2.3 经济利润

前面我们介绍了，成本是生产经营中所使用的各种生产要素的支出，又称费用总和；换句话说，生产经营中，工人提供劳动力 L 应获得工资、资本家提供资本 K 应获得利息、地主提供土地 N 应获得租金、企业家提供企业家才能 E 应获得正常利润.

这些费用都能在会计分录中体现出来，称之为显性成本.

显性成本：支付并记录在账目上的实际支出.

但也有一些费用不能在会计分录中体现出来，称之为隐形成本.

隐形成本：自己提供的资源本应该支付的费用.

我们知道利润等于收益减去成本，即 $L(q)=R(q)-C(q)$. 但是，对会计师和经济学家来说，利润的含义是不同的. 两种计算方法是有区别的.

会计师的利润称为会计利润，公式为

会计利润＝总收益－总成本(全部为显性成本)

经济学家的利润称为经济利润，公式为

经济利润＝总收益－总成本(所有显性成本和隐形成本)

我们举例说明.

假设小明是一名营销主管，年薪 4 万元，他有一个门面房，每年可以收 7 200 元的房租，此外有 5 万元的存款，年息 5%，即每年有 2 500 元的利息收入，现在小明想创业，辞掉工作，把银行存款取出，并贷款 5 万元，利息 10%，用自己的门面房开一家便利店，自己经营.

一年后，会计师算出便利店的利润为

会计利润＝12 万(总收益)－8 万(其中 7.5 万元为成本和各种税费，0.5 万元为贷款利息)

＝4 万

小明认为便利店一年的经营是亏损的，因为

经济利润＝12 万(总收益)－8 万－4.97 万(放弃营销主管工资 4 万元，放弃 0.72 万元的房租，放弃 5 万元存款的利息 0.25 万元)

＝－0.97 万元

经济学家认为所有稀缺资源的价值都是经营行为的成本. 小明为办便利店，放弃了营销主管的工资、门面房的房租及 5 万元的本息，这些都是稀缺资源的价值，因此从经济学的角度属于成本范畴. 这些成本在经济学上称为**机会成本(机会成本是指由于使用某些资源所放弃的该资源其他用途的最高代价)**，确切地说，它是小明开便利店的机会成本.

在市场经济中，企业是以获得最大利润为经营目标，所以作为企业的管理者在做出任何一项经营决策时，关注会计利润，更要关注经济利润，要把机会成本放入经营成本中考虑.

【问题思考】

某高等职业院校商贸管理系学生每年学费 6 000 元，一位大二学生在新生报到期间，购进了一些学生常需的生活用品到高校园区中的各校推销. 一个月后，除去购置货物的成本净得利润 500 元，但为此累计 10 天未上课，若只从经济角度分析，你认为该学生获得的利润是多少？

习题 1.2

1. 假设某种产品的供给函数和需求函数分别为 $S=12p-4$，$D=8-4p$，则该产品的均衡价格为__________，均衡交易量为__________，均衡点是__________.

2. 某微型家庭企业生产某种产品，每日最多生产 100 件. 它的日固定支出为 120 元，生产 1 件产品的可变成本为 6 元，则该厂日产量为 Q 件时的总成本函数为__________，生产 80 件产品的平均成本为__________.

3. 某品牌的平板电脑的供给量 Q 是价格 p 的线性函数，当价格为 4 000 元时，有 40 000 台投放市场，当价格为 5 000 元时，有 80 000 台投放市场，试写出供给函数关系式.

4. 某厂生产微波炉，每台售价 1 200 元，生产 1 000 台以内可以全部售出；超过 1 000 台时，经广告宣传优惠服务后又可以再多售出 1 到 500 台，假定支付广告费为 2 500 元，试将微波炉的销售收入 y 表示成销售量 x 的函数.

5. 已知设某高档商品的成本函数为 $C(q)=18-7q+q^2$(万元)，如果每售出一件该商品的收入为 4 万元，试求：(1) 该商品的利润函数；(2) 该商品的盈亏平衡点；(3) 销量为 10 件时赢利还是亏损？

6. 一台机器的价值是 50 万元，如果每年的折旧率为 4.5%(即每年减少它的价值的 4.5%)，经过 n 年后机器的价值是 Q 万元，试写出 Q 与 n 的函数关系式.

1.3 极限的概念

极限是描述变量在一定的过程中的终极状态的概念.它是微积分学的重要概念之一,反映了**无限接近而不能超越**的思想.

1.3.1 数列的极限

一、定义(数列)

自然数 n 为自变量的函数 $a_n=f(n)$(称为整标函数),其函数值按自变量(项数)n 由小到大排列成一列数

$$a_1,a_2,a_3,\cdots,a_n,\cdots$$

叫作数列,记为$\{a_n\}$.

其中第 n 项 a_n 叫作数列的通项或一般项.含有无限多项的数列,称为无穷数列.

下面观察几个无穷数列,其中(3)～(6)可分奇数项、偶数项分别观察.

(1) $1,\frac{1}{2},\frac{1}{3},\frac{1}{4},\cdots,\frac{1}{n},\cdots$

(2) $\frac{1}{2},\frac{2}{3},\frac{3}{4},\cdots,\frac{n}{n+1},\cdots$

(3) $\frac{1}{2},-\frac{1}{2^2},\frac{1}{2^3},-\frac{1}{2^4},\cdots,\frac{(-1)^{n+1}}{2^n},\cdots$

(4) $1,-1,1,-1,\cdots,(-1)^{n+1},\cdots$

(5) $-1,2,-3,4,\cdots,(-1)^n n,\cdots$

(6) $0,1,0,\frac{1}{2},0,\frac{1}{3},0,\frac{1}{4},\cdots,\frac{(-1)^n+1}{n},\cdots$

(7) $3,3\frac{1}{2},3\frac{2}{3},3\frac{3}{4},\cdots,4-\frac{1}{n},\cdots$

通过观察,我们直接得出数列极限的定义.

二、定义(数列的极限)

对于数列$\{x_n\}$,如果当 n 无限变大时,x_n 趋于一个常数 A,则称当 n 趋于无穷大时,数列$\{x_n\}$以 A 为极限,记作

$$\lim_{n\to\infty}x_n=A \text{ 或 } x_n\to A(n\to\infty),$$

亦称数列$\{x_n\}$收敛于 A;如果这样的常数不存在或虽然存在但不唯一,则数列$\{x_n\}$没有极限,就称$\{x_n\}$是发散的.

【例 1】 观察下列数列的极限.

(1) $\{a_n\}=\{C\}$(C 为常数); (2) $\{a_n\}=\left\{\frac{3n}{2n+1}\right\}$;

(3) $\{a_n\}=\left\{\frac{1}{2^n}\right\}$; (4) $\{a_n\}=\{(-1)^n\}$.

解 观察数列在 $n\to\infty$ 时的变化趋势,得

(1) $\lim\limits_{n\to\infty} C=C$;　　(2) $\lim\limits_{n\to\infty}\dfrac{3n}{2n+1}=\dfrac{3}{2}$;

(3) $\lim\limits_{n\to\infty}\dfrac{1}{2^n}=0$;　　(4) $\lim\limits_{n\to\infty}(-1)^n$ 不存在.

1.3.2　函数的极限

数列是整标函数，因而数列极限也是一种函数极限，现在我们讨论一般函数的极限.

一、$x\to\infty$ 时函数 $f(x)$ 的极限

当 $x\to\infty$（包括 $x\to+\infty$，$x\to-\infty$）时，观察函数 $y=\dfrac{1}{x}$ 当自变量横向发展时，函数纵向的变化趋势. 从图 1.3.1 容易看出，当 $x\to\infty$ 时，函数趋向于确定的常数 0.

当 $x\to\infty$（包括 $x\to+\infty$，$x\to-\infty$）时，观察函数 $y=\sin x$ 当自变量横向发展时，函数纵向的变化趋势. 从图 1.3.2 容易看出，当 $x\to\infty$ 时，函数不能收敛于一个常数.

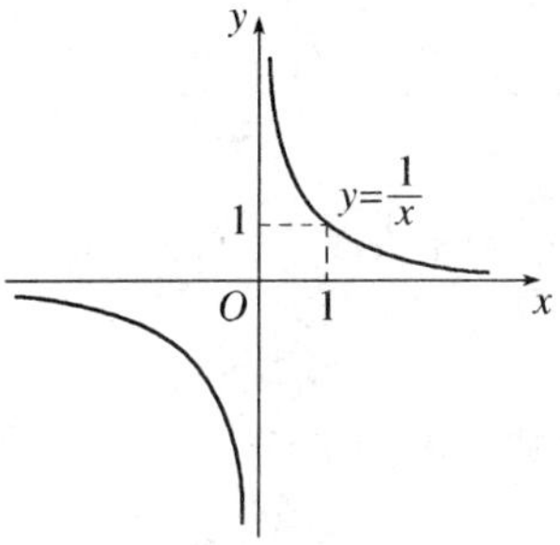

图 1.3.1　$y=\dfrac{1}{x}$

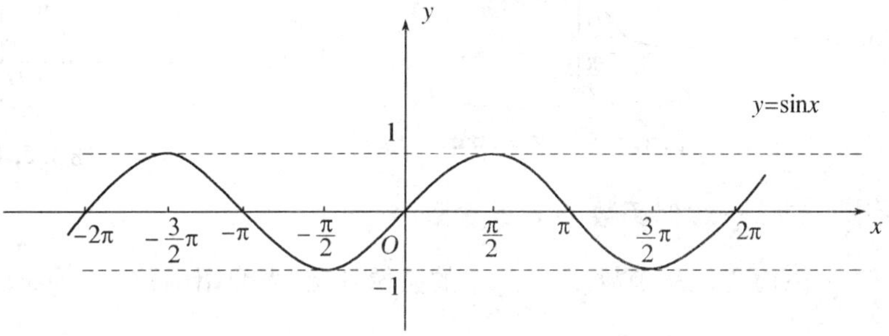

图 1.3.2　$y=\sin x$

定义（$x\to\infty$ 时的极限）　设函数 $f(x)$ 当 $|x|$ 大于某一正数时有定义. 如果 $|x|$ 无限增大时，函数 $f(x)$ 无限趋近于确定的常数 A，则称 A 为 $x\to\infty$ 时函数 $f(x)$ 的极限，记作

$$\lim_{x\to\infty} f(x)=A \text{ 或 } f(x)\to A(x\to\infty).$$

若只当 $x\to+\infty$（或 $x\to-\infty$）时，函数趋近于确定的常数 A，记为

$$\lim_{x\to+\infty} f(x)=A\left(\text{或}\lim_{x\to-\infty} f(x)=A\right).$$

这样的常数不存在，或虽存在但不唯一，则极限不存在即发散.

从图 1.3.1 容易看出，$\lim\limits_{x\to-\infty}\dfrac{1}{x}=\lim\limits_{x\to+\infty}\dfrac{1}{x}=\lim\limits_{x\to\infty}\dfrac{1}{x}=0$，

而从图 1.3.2 不难发现，$\lim\limits_{x\to+\infty}\sin x$，$\lim\limits_{x\to-\infty}\sin x$ 以及 $\lim\limits_{x\to\infty}\sin x$ 都不存在.

定理（$x\to\infty$ 时极限判定）　$\lim\limits_{x\to\infty} f(x)=A$ 的充要条件是 $\lim\limits_{x\to+\infty} f(x)=\lim\limits_{x\to-\infty} f(x)=A$.

即　$$\lim_{x\to\infty} f(x)=A\Leftrightarrow \lim_{x\to+\infty} f(x)=\lim_{x\to-\infty} f(x)=A$$

【例 2】　设 $y=\arctan x$，求 $\lim\limits_{x\to+\infty} f(x)$，$\lim\limits_{x\to-\infty} f(x)$，$\lim\limits_{x\to\infty} f(x)$.

解　由图 1.3.3 可看出，

$$\lim_{x\to+\infty} f(x)=\frac{\pi}{2},\ \lim_{x\to-\infty} f(x)=-\frac{\pi}{2}$$

因为 $\lim\limits_{x\to+\infty} f(x)\neq\lim\limits_{x\to-\infty} f(x)$，所以 $\lim\limits_{x\to\infty} f(x)$ 不存在.

【例 3】 求$\lim\limits_{x\to\infty}\left(1+\dfrac{1}{x^2}\right)$.

解 函数的图像如图 1.3.4 所示.

当 $x\to+\infty$时,$\dfrac{1}{x^2}$无限变小,函数值趋于 1,即$\lim\limits_{x\to+\infty}\left(1+\dfrac{1}{x^2}\right)=1$;

$x\to-\infty$时,函数值同样趋于 1,即$\lim\limits_{x\to-\infty}\left(1+\dfrac{1}{x^2}\right)=1$.

所以有$\lim\limits_{x\to\infty}\left(1+\dfrac{1}{x^2}\right)=1$.

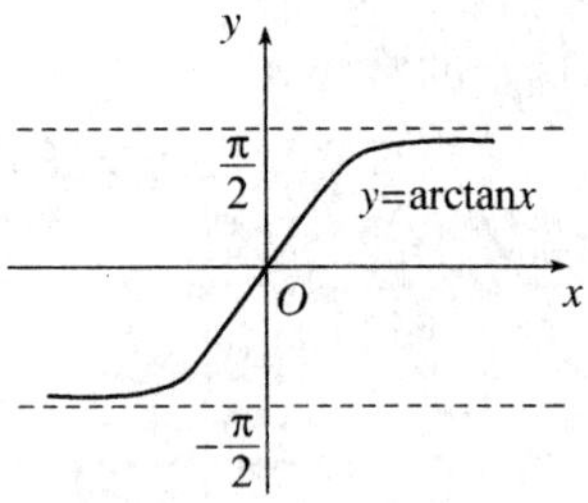

图 1.3.3 $y=\arctan x$

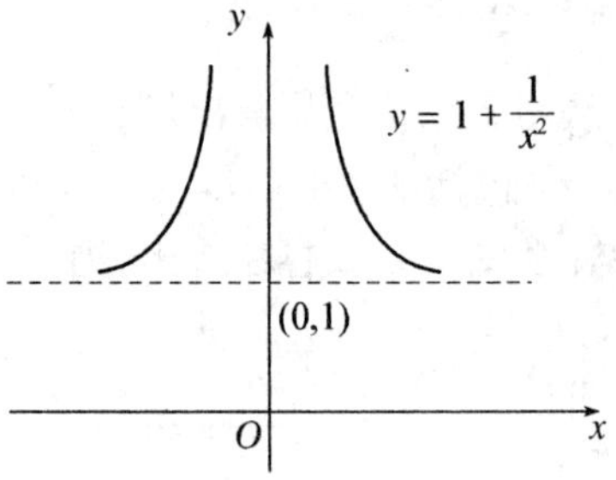

图 1.3.4 $y=1+\dfrac{1}{x^2}$

二、$x\to x_0$ 时函数 $f(x)$的极限

下面我们从函数 $y=\dfrac{x^2-1}{x-1}$的图像开始,来介绍函数 $y=f(x)$在某一点的极限.

当 $x\to1$ 时,观察函数 $y=\dfrac{x^2-1}{x-1}$的变化趋势.

从图 1.3.5 容易看出,当横向 $x\to1$ 时,纵向 $y\to2$.

定义($x\to x_0$ 时的极限) 设函数 $f(x)$在 x_0 的附近有定义(在 x_0 处可以无定义),当自变量 x 无限趋近于 x_0 时,函数 $f(x)$的值无限趋近于确定的常数 A,则称 A 为 $x\to x_0$ 时函数$f(x)$的极限,记作

$$\lim_{x\to x_0}f(x)=A \text{ 或 } f(x)\to A(x\to x_0).$$

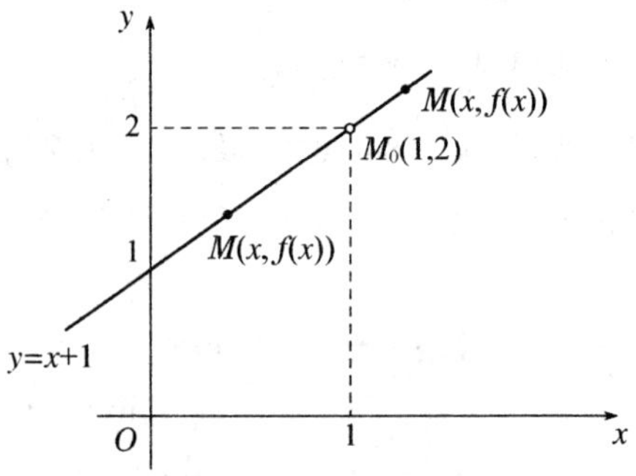

图 1.3.5 $y=\dfrac{x^2-1}{x-1}$

由上例可知,$f(x)$在 x_0 处的极限是否存在与其在 x_0 处是否有定义无关.

定义(左右极限) 设函数 $f(x)$在 x_0 的左侧附近有定义(在 x_0 处可以无定义),当 x 从 x_0 的左边趋于 x_0(通常记作 $x\to x_0^-$)时,$f(x)$的值无限趋近于确定的常数 A,则称 A 为函数 $f(x)$ 当 $x\to x_0$ 时的左极限,记作$\lim\limits_{x\to x_0^-}f(x)=A$.

若函数 $f(x)$在 x_0 的右侧附近有定义(在 x_0 处可以无定义),当 x 从 x_0 的右边趋于 x_0(通常记作 $x\to x_0^+$)时,$f(x)$的值无限趋近于确定的常数 A,则称 A 为函数 $f(x)$当 $x\to x_0$ 时的右极限,记作$\lim\limits_{x\to x_0^+}f(x)=A$.

【例 4】 设 $f(x)=\frac{|x|}{x}$，求 $\lim\limits_{x\to 0^-} f(x)$，$\lim\limits_{x\to 0^+} f(x)$.

解　函数图形如图 1.3.6 所示.

$\lim\limits_{x\to 0^-} f(x)=\frac{-x}{x}=-1$，$\lim\limits_{x\to 0^+} f(x)=\frac{x}{x}=1$

定理（$x\to x_0$ 时极限判定）　$\lim\limits_{x\to x_0} f(x)=A$ 的充要条件是 $\lim\limits_{x\to x_0^+} f(x)=\lim\limits_{x\to x_0^-} f(x)=A$.

即
$$\lim_{x\to x_0} f(x)=A\Leftrightarrow \lim_{x\to x_0^+} f(x)=\lim_{x\to x_0^-} f(x)=A$$

由于例 4 中函数 $f(x)$ 在 $x=0$ 的左、右极限都存在但不相等，

因此由定理知 $\lim\limits_{x\to 0} f(x)$ 不存在.

【例 5】 设 $f(x)=\begin{cases}1+x, & x<0,\\ x^2+1, & x\geqslant 0,\end{cases}$ 求 $\lim\limits_{x\to 0^-} f(x)$、$\lim\limits_{x\to 0^+} f(x)$、$\lim\limits_{x\to 0} f(x)$.

解　先分别求 $f(x)$ 当 $x\to 0$ 时的左、右极限：

$$\lim_{x\to 0^-} f(x)=\lim_{x\to 0^-}(1+x)=1$$

$$\lim_{x\to 0^+} f(x)=\lim_{x\to 0^+}(x^2+1)=1$$

因为 $\lim\limits_{x\to 0^-} f(x)=\lim\limits_{x\to 0^+} f(x)=1$，所以 $\lim\limits_{x\to 0} f(x)=1$.

【例 6】 设 $f(x)=\begin{cases}x^2, & x\leqslant 0,\\ x+1, & x>0.\end{cases}$ 画图讨论当 $x\to 0$ 时，函数 $y=f(x)$ 的极限.

解　函数图形如图 1.3.7 所示，

$$\lim_{x\to 0^-} f(x)=\lim_{x\to 0^-} x^2=0,$$

$$\lim_{x\to 0^+} f(x)=\lim_{x\to 0^+}(x+1)=1,$$

由于 $\lim\limits_{x\to 0^-} f(x)=0\neq\lim\limits_{x\to 0^+} f(x)=1$，

所以当 $x\to 0$ 时，函数的极限不存在.

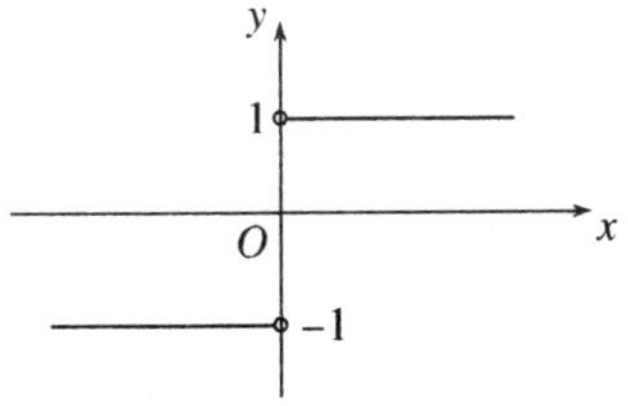

图 1.3.6

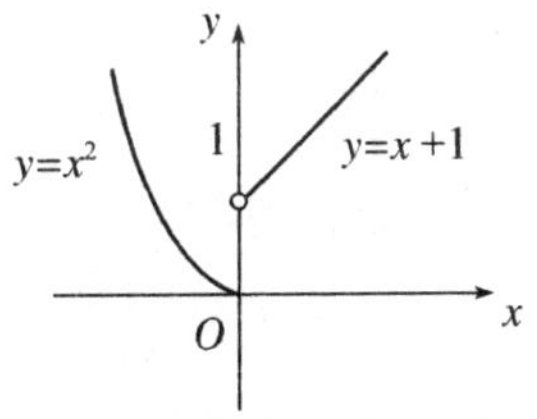

图 1.3.7

1.3.3　两种特殊极限

先看下面两个图形.

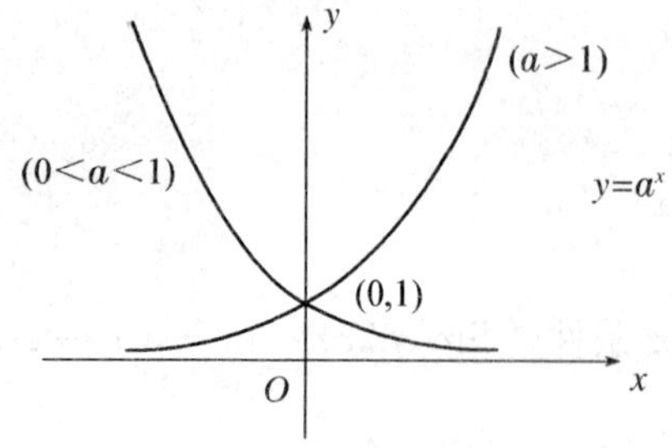

图 1.3.8 指数函数

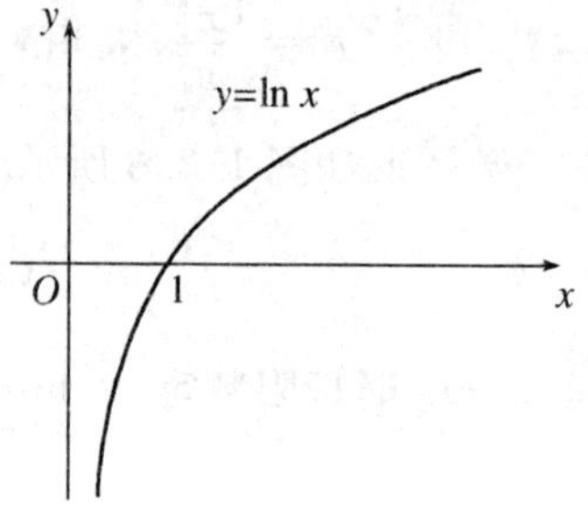

图 1.3.9 对数函数

由图 1.3.8,当 $a>1$ 时,$y=a^x$ 当 $x\to-\infty$时,函数无限接近 0;

而当 $x\to+\infty$时,函数图像向上无限延伸.同学们自己探讨一下 $0<a<1$ 的情形.

由图 1.3.9,当 $x\to+\infty$时,$y=\ln x$ 的图像向上无限延伸;而$\lim\limits_{x\to1}\ln x=0$.

极限为 0 (**无穷小**),以及图像向上或下无限延伸(**无穷大**),是两种特殊而常用的状况.

一、无穷小量

定义(无穷小量) 若函数 $y=f(x)$在自变量 x 的某个变化过程中以零为极限,则称在该变化过程中,$f(x)$为无穷小量,简称无穷小.

例如,当 $x\to0$ 时,$\sin x,\sqrt[3]{x},x^3$ 是无穷小量;当 $x\to1$ 时,$(x-1)^2$ 是无穷小量;当 $x\to\infty$时,$\dfrac{1}{x+2},\dfrac{1}{x^2}$是无穷小量.

我们经常用希腊字母 α,β,γ 来表示无穷小量.

无穷小量与很小的数不能混为一谈.无穷小量是一个极限为零的变量,并不是一个常量,决不能把某个很小的数说成是无穷小量,零是可以作为无穷小量的唯一的数.

无穷小量有如下性质:

性质 1.1 有限个无穷小量的代数和仍然是无穷小量.

性质 1.2 有界变量乘无穷小量仍是无穷小量.

性质 1.3 常数乘无穷小量仍是无穷小量.

性质 1.4 无穷小量乘无穷小量仍是无穷小量.

【例 7】 求$\lim\limits_{x\to0}x\sin\dfrac{1}{x}$.

解 因为$\left|\sin\dfrac{1}{x}\right|\leqslant1$,所以 $\sin\dfrac{1}{x}$是有界变量;

当 $x\to0$ 时,x 是无穷小量.

根据性质 1.2,乘积 $x\sin\dfrac{1}{x}$是无穷小量,即$\lim\limits_{x\to0}x\sin\dfrac{1}{x}=0$.

另外,若 $\lim\alpha=0,\lim\beta=0$,且 $\lim\dfrac{\alpha}{\beta}=1$,则称 α 与 β 是等价无穷小量,记为 $\alpha\sim\beta$. **互为等价无穷小量的两个无穷小可替换.**

当 $x\to0$ 时,常用等价无穷小有:

$\sin x\sim x$, $\tan x\sim x$, $\arcsin x\sim x$, $\arctan x\sim x$,

$1-\cos x\sim\dfrac{x^2}{2}$, $\ln(1+x)\sim x$, $e^x-1\sim x$, $\sqrt{1+x}-1\sim\dfrac{1}{2}x$.

例如，当 $x\to 0$ 时，$\ln(1+x)\sim x$，$e^x-1\sim x$，所以

$$\lim_{x\to 0}\frac{\ln(1+x)}{e^x-1}=\lim_{x\to 0}\frac{x}{x}=1.$$

后文介绍极限的计算时，要用到这些等价无穷小的替换.

二、无穷大量

定义（无穷大量）　在自变量 x 的某一变化过程中，如果 $|f(x)|$ 无限增大，则称 $f(x)$ 为此变化下的无穷大量，简称无穷大，记作 $\lim f(x)=\infty$.

一函数是否是无穷大量与自变量 x 的变化过程有关，定义中自变量 x 的变化过程可以是 $x\to x_0$，$x\to x_0^+$，$x\to x_0^-$，$x\to\infty$，$x\to+\infty$，$x\to-\infty$ 中的任何一种，但在具体的函数中一定要指出是哪一种.

例如，$\lim\limits_{x\to 1}\frac{1}{x-1}=\infty$，但 $\lim\limits_{x\to 2}\frac{1}{x-1}=1$，所以 $x\to 1$ 时函数 $\frac{1}{x-1}$ 是无穷大量.

当 $x\to 0$ 时，$\frac{1}{x^3}$ 是无穷大量；当 $x\to 0^+$ 时，$\cot x$，$\frac{1}{\sqrt{x}}$ 是无穷大量；

当 $x\to\infty$ 时，$x+2$，x^2 是无穷大量.

当 $x\to 0$ 时，x^3 是无穷小量，而 $\frac{1}{x^3}$ 是无穷大量；当 $x\to\infty$ 时，$x+2$ 是无穷大量，而 $\frac{1}{x+2}$ 是无穷小量. 这说明**无穷小量和无穷大量存在倒数关系**.

【例 8】　求下列函数的极限.

(1) $\lim\limits_{x\to 1}\frac{x-3}{x^2+x-2}$；　(2) $\lim\limits_{x\to\infty}\frac{\arctan x}{x}$；　(3) $\lim\limits_{x\to\infty}\frac{2x+1}{x^2+x}$.

解　(1) 当 $x\to 1$ 时，分母极限为零，而分子极限不为零，不能直接用商的极限法则，

但 $\lim\limits_{x\to 1}\frac{x^2+x-2}{x-3}=0$，根据无穷小与无穷大的倒数关系可知，

$$\lim_{x\to 1}\frac{x-3}{x^2+x-2}=\infty;$$

(2) 当 $x\to\infty$ 时，$|\arctan x|<\frac{\pi}{2}$，所以 $\arctan x$ 是有界变量，

又因为 $\lim\limits_{x\to\infty}\frac{1}{x}=0$，

故当 $x\to\infty$ 时，$y=\frac{\arctan x}{x}$ 是有界变量与无穷小的乘积，

所以有 $\lim\limits_{x\to\infty}\frac{\arctan x}{x}=0$；

(3) $\lim\limits_{x\to\infty}\frac{2x+1}{x^2+x}=\lim\limits_{x\to\infty}\frac{x+(x+1)}{x(x+1)}=\lim\limits_{x\to\infty}\left(\frac{1}{x+1}+\frac{1}{x}\right)=0+0=0.$

习题 1.3

1. 观察下列数列的变化趋势，写出它们当 $n\to\infty$ 时的极限.

(1) $a_n=(-1)^n\dfrac{1}{n}$；　　(2) $a_n=2+\dfrac{1}{n^2}$；

(3) $a_n=\dfrac{n+1}{n+2}$；　　(4) $a_n=1-\dfrac{1}{10^n}$.

2. 设函数 $f(x)=\begin{cases}4x, & -1<x<1,\\ 3, & x=1,\\ 4x^2, & 1<x<2,\end{cases}$ 求 $\lim\limits_{x\to 0}f(x)$，$\lim\limits_{x\to 1}f(x)$，$\lim\limits_{x\to \frac{3}{2}}f(x)$.

3. 设 $f(x)=\begin{cases}x+2, & x\geqslant 1,\\ 3x, & x<1.\end{cases}$ 试判断 $\lim\limits_{x\to 1}f(x)$ 是否存在.

4. 指出下列各式哪些是无穷大量？哪些是无穷小量？

(1) $\dfrac{x+1}{x^2-9}(x\to 3)$；　　(2) $\dfrac{x^2}{1+x}(x\to 0)$；　　(3) $\dfrac{1+2x}{x^2}(x\to\infty)$；

(4) $\log_a x, a>1(x\to 0^+)$；　　(5) $\cot x(x\to 0)$；　　(6) $2^x(x\to-\infty)$.

5. 求下列极限：

(1) $\lim\limits_{x\to 2}\dfrac{x^2-3}{x-2}$；　　(2) $\lim\limits_{x\to 0}x\sin\dfrac{1}{x}$；　　(3) $\lim\limits_{x\to 0}x\sin x^6$；

(4) $\lim\limits_{x\to\infty}\dfrac{1}{x^4-3x^2-1}$；　　(5) $\lim\limits_{x\to\infty}\left(\dfrac{1}{x+1}-\dfrac{1}{x-1}\right)$；　　(6) $\lim\limits_{x\to\infty}\dfrac{\cos x}{x}$；

(7) $\lim\limits_{x\to 0}\dfrac{\tan 5x}{7x}$；　　(8) $\lim\limits_{x\to 0}\dfrac{\arctan 3x}{2x}$；　　(9) $\lim\limits_{x\to 0}\dfrac{1-\cos x}{x\sin x}$；

(10) $\lim\limits_{x\to 0}\dfrac{e^x-1}{2x}$；　　(11) $\lim\limits_{x\to 0}\dfrac{\ln(1-5x)}{2x}$；　　(12) $\lim\limits_{x\to\infty}\dfrac{x^2-1}{2x^2+x}$.

1.4　函数的连续性

1.4.1　连续与间断的定义

客观世界的许多现象都是连续变化的. 例如，物体运动时，路程是随时间连续增加的；气温是随时间不间断地上升或下降的.

若从函数的观点看，路程和气温都是时间的函数，当时间(自变量)变化很微小时，路程和气温(函数)相应地变化也很微小，在数学上这就是连续的概念.

一、函数的增量

定义(增量)　设变量 u 从它的初值 u_1 改变到终值 u_2，则终值与初值之差 u_2-u_1 称为变量 u 的增量(或改变量)，记作 $\Delta u=u_2-u_1$.

增量 Δu 可正、可负也可为 0，当 $\Delta u>0$ 时，表示变量 u 从 u_1 增加到 u_2；当 $\Delta u<0$ 时，表示

变量 u 从 u_1 减少到 u_2；当 $\Delta u=0$ 时，表示变量 u 不发生改变.

设函数 $y=f(x)$ 在点 x_0 的某邻域内有定义，当自变量 x 在该邻域内从 x_0 变到 $x_0+\Delta x$ 时，函数 y 相应地从 $f(x_0)$ 变到 $f(x_0+\Delta x)$，因此函数 y 的对应增量为

$$\Delta y=f(x_0+\Delta x)-f(x_0).$$

【例 1】 设函数 $y=f(x)=x^2$.

(1) 当 x 从 -1 改变到 2 时，求自变量的增量与函数的增量；

(2) 当 x 从 x_0 改变到 $x_0+\Delta x$ 时，求函数的增量.

解 (1) 自变量的增量 $\Delta x=2-(-1)=3$，

函数的增量 $\Delta y=f(2)-f(-1)=2^2-(-1)^2=3$.

(2) $\Delta y=f(x_0+\Delta x)-f(x_0)=(x_0+\Delta x)^2-x_0^2=(2x_0+\Delta x)\Delta x$.

函数增量的几何意义如图 1.4.1 所示.

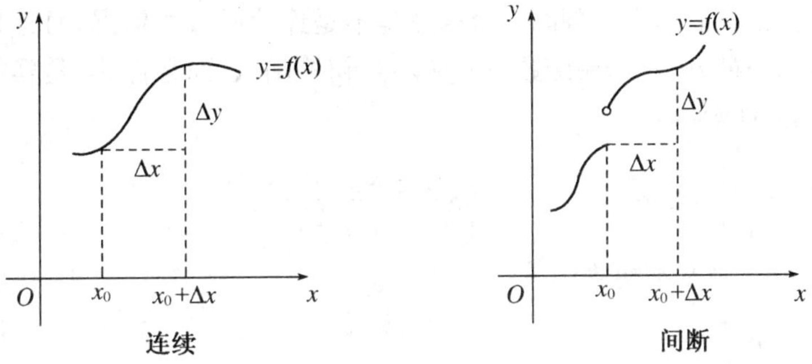

图 1.4.1　函数增量

二、连续与间断

定义(函数在某一点连续) 设函数 $y=f(x)$ 在点 x_0 及其邻域内有定义，如果当自变量的增量 $\Delta x=x-x_0$ 趋于零时，相应的函数值的增量 $\Delta y=f(x_0+\Delta x)-f(x_0)$ 也趋于零，即

$$\lim_{\Delta x\to 0}\Delta y=\lim_{\Delta x\to 0}[f(x_0+\Delta x)-f(x_0)]=0,$$

则称函数 $y=f(x)$ 在点 x_0 处连续，这时点 x_0 称为函数 $y=f(x)$ 的连续点.

在定义中，设 $x=x_0+\Delta x$，则 $\Delta x\to 0$ 就是 $x\to x_0$，从而上述表达式可写为

$$\lim_{x\to x_0}f(x)=f(x_0).$$

因此，函数 $y=f(x)$ 在点 x_0 处连续的定义又可叙述为：

设函数 $y=f(x)$ 在点 x_0 及其邻域内有定义，若 $\lim\limits_{x\to x_0}f(x)=f(x_0)$，则称函数 $y=f(x)$ 在点 x_0 处连续.

连续的定义表明，函数 $y=f(x)$ 在点 x_0 连续要同时满足以下三个条件：

(1) 函数 $f(x)$ 在点 x_0 及其邻域内有定义；

(2) 函数 $f(x)$ 的极限 $\lim\limits_{x\to x_0}f(x)$ 存在；

(3) $\lim\limits_{x\to x_0}f(x)=f(x_0)$.

如果上述三种情形之一不满足，则称函数 $f(x)$ 在点 x_0 处不连续或间断，点 x_0 称为函数 $f(x)$ 的不连续点或间断点. 函数 $y=f(x)$ 在点 x_0 处连续的几何意义是函数 $y=f(x)$ 的图形在 $(x_0,f(x_0))$ 处不断开.

1.4.2 连续与间断的判定

定义(单侧连续) 若函数 $y=f(x)$ 在点 x_0 处有：

$\lim\limits_{x\to x_0^-} f(x)=f(x_0)$，则称函数 $y=f(x)$ 在点 x_0 处是左连续的；

$\lim\limits_{x\to x_0^+} f(x)=f(x_0)$，则称函数 $y=f(x)$ 在点 x_0 处是右连续的.

由极限知识可知，函数 $y=f(x)$ 在点 x_0 处连续的充要条件是在点 x_0 处左、右都连续.

定义(连续函数) 若函数 $y=f(x)$ 在开区间 (a,b) 内的每一点处均连续，则称 $f(x)$ 在开区间 (a,b) 内连续. 若函数 $y=f(x)$ 在开区间 (a,b) 内连续，且在 $x=a$ 处右连续，在 $x=b$ 处左连续，则称 $f(x)$ 在闭区间 $[a,b]$ 上连续，称 $[a,b]$ 为其连续区间.

定理 (基本)初等函数在其定义区间内都是连续的.

这个定理不仅给我们提供了判断一个函数是不是连续函数的依据，而且为我们提供了计算初等函数极限的一种方法：如果函数 $y=f(x)$ 是初等函数，而且点 x_0 是其定义区间内的一点，那么一定有 $\lim\limits_{x\to x_0} f(x)=f(x_0)$.

【例 2】 求(1) $\lim\limits_{x\to\frac{\pi}{6}}\sin x$；　　(2) $\lim\limits_{x\to1}\dfrac{x^2\cos x+\ln x}{2^x\sqrt{1+x^2}}$.

解 (1) 因 $\sin x$ 是基本初等函数，

故 $\lim\limits_{x\to\frac{\pi}{6}}\sin x=\sin\dfrac{\pi}{6}=\dfrac{1}{2}$；

(2) 因 $\dfrac{x^2\cos x+\ln x}{2^x\sqrt{1+x^2}}$ 是初等函数，故

$$\lim_{x\to1}\frac{x^2\cos x+\ln x}{2^x\sqrt{1+x^2}}=\frac{1^2\cos 1+\ln 1}{2^1\sqrt{1+1^2}}=\frac{\cos 1}{2\sqrt{2}}.$$

同时，**初等函数的间断点为无定义点；连续区间为其定义区间.**

【例 3】 求下列函数的间断点和连续区间：

(1) $f(x)=\sqrt{x-2}$；　　(2) $f(x)=\dfrac{x+3}{x^2-1}$.

解 (1) 由于 $f(x)=\sqrt{x-2}$ 的定义域为 $[2,+\infty)$，故连续区间为 $[2,+\infty)$，该区间内无间断点；

(2) 由于 $f(x)=\dfrac{x+3}{x^2-1}$ 在 $x=-1,1$ 处无定义，

故 $x=-1,1$ 是函数的间断点.

连续区间为 $(-\infty,-1)\cup(-1,1)\cup(1,+\infty)$.

分段函数考察自变量分界处，连续则整个区间连续；不连续则除此之外都连续.

【例 4】 试求函数 $f(x)=\begin{cases}2x+1, & x\leqslant0,\\ \cos x, & x>0\end{cases}$ 的连续区间.

解 $x=0$ 是该分段函数的分界点，$f(x)$ 在该点及其邻域有定义，

因为 $\lim\limits_{x\to0^+} f(x)=\lim\limits_{x\to0^+}\cos x=1$，$\lim\limits_{x\to0^-} f(x)=\lim\limits_{x\to0^-}(2x+1)=1$，

所以$\lim\limits_{x\to 0} f(x)=1$，且 $f(0)=2\times 0+1=1$，
则$\lim\limits_{x\to 0} f(x)=f(0)=1$，即 $f(x)$在 $x=0$ 处连续，
连续区间为$(-\infty,+\infty)$.

【例 5】 设函数 $f(x)=\begin{cases} x-2, & -1<x<0, \\ 3x^2+1, & 0\leqslant x\leqslant 5, \end{cases}$ 讨论 $f(x)$在点 $x=0$ 处的连续性.

解 $f(x)$在 $x=0$ 其邻域有定义，由于 $f(0)=1$，
又 $\lim\limits_{x\to 0^-} f(x)=\lim\limits_{x\to 0^-}(x-2)=-2\neq f(0)$，
$\lim\limits_{x\to 0^+} f(x)=\lim\limits_{x\to 0^+}(3x^2+1)=1=f(0)$，
所以函数 $f(x)$在 $x=0$ 处右连续，但不左连续，
从而它在 $x=0$ 不连续. 连续区间为$(-\infty,0)\cup(0,+\infty)$.

【例 6】 讨论函数 $f(x)=\begin{cases} 2x-1, & x<0, \\ 0, & x=0, \\ 2x+1, & x>0 \end{cases}$ 在 $x=0$ 处的连续性.

解 $\lim\limits_{x\to 0^-} f(x)=\lim\limits_{x\to 0^-}(2x-1)=-1$，$\lim\limits_{x\to 0^+} f(x)=\lim\limits_{x\to 0^+}(2x+1)=1$；
由于 $\lim\limits_{x\to 0^-} f(x)\neq\lim\limits_{x\to 0^+} f(x)$，所以$\lim\limits_{x\to 0} f(x)$不存在；
因此，点 $x=0$ 是函数 $f(x)$的间断点. 连续区间为$(-\infty,0)\cup(0,+\infty)$.

习题 1.4

1. 设函数 $y=2x^2-1$，当 x 从 $x_1=1$ 改变到 $x_2=3$ 时，求自变量的增量与函数的增量.

2. 求下列函数的间断点以及连续区间：

(1) $y=\dfrac{x+1}{x^2-5x+6}$；　　(2) $y=\dfrac{\sin x}{x}$；

(3) $f(x)=\begin{cases} x-1, & x\leqslant 1, \\ 3-x, & x>1; \end{cases}$　　(4) $f(x)=\begin{cases} x\sin\dfrac{1}{x}, & x\neq 0, \\ 0, & x=0. \end{cases}$

3. 求下列极限：

(1) $\lim\limits_{t\to\frac{\pi}{6}}(\sin 2t)^2$；　　(2) $\lim\limits_{u\to -2}\dfrac{e^u+1}{u}$；　　(3) $\lim\limits_{x\to e}(x\ln x+3x+2)$；

(4) $\lim\limits_{x\to\infty} e^{\frac{1}{x}}$；　　(5) $\lim\limits_{x\to\frac{\pi}{9}}\ln(2\cos 3x)$；　　(6) $\lim\limits_{x\to 1}\arcsin\dfrac{\sqrt{3x+\ln x}}{2}$.

4. 单项选择题：

(1) 函数 $y=\dfrac{x+3}{x^2-x-12}$的间断点的个数是(　　).

A. 0　　B. 1　　C. 2　　D. 3

(2) $f(x)$在点 $x=x_0$ 处有定义是 $f(x)$在 $x=x_0$ 处连续的(　　).

A. 充要条件　　B. 充分条件　　C. 必要条件　　D. 无关条件

(3) $f(x)$在点 x_0 处连续是 $f(x)$在点 x_0 处存在极限的(　　).

A. 必要条件　　B. 充分条件　　C. 充要条件　　D. 无关条件

1.5 极限的运算方法

上节讨论了函数极限的各种情形,它们都是自变量在某一变化过程中,相应的函数值无限地逼近于某个常数,也介绍了一些根据极限的性质计算极限的方法. 本节进一步学习极限的计算方法.

1.5.1 极限的四则运算法则

设$\lim f(x)$及$\lim g(x)$都存在,且极限过程相同,取 $x\to x_0$, $x\to x_0^+$, $x\to x_0^-$,或 $x\to\infty$, $x\to+\infty$, $x\to-\infty$中的任何一种,则有

法则 1 $\lim[f(x)\pm g(x)]=\lim f(x)\pm\lim g(x)$;

法则 2 $\lim[f(x)\cdot g(x)]=\lim f(x)\cdot\lim g(x)$;

推论 1 $\lim[cf(x)]=c\lim f(x)$(c 为常数);

推论 2 $\lim[f(x)]^n=[\lim f(x)]^n$;

法则 3 $\lim\frac{f(x)}{g(x)}=\frac{\lim f(x)}{\lim g(x)}(\lim g(x)\neq0)$.

上述法则对各种情形的极限都成立,法则 1 和法则 2 还可推广至有限个函数的情形. 下面我们通过实例把求极限的方法进行归类.

一、$x_0\in D_{内}$, $\lim\limits_{x\to x_0}f(x)=f(x_0)$,能代则代,简称代

由于初等函数在其定义区间内都是连续的,故极限值等于函数值.

【例 1】 求$\lim\limits_{x\to3}(x^2-4x+1)$.

解 $\lim\limits_{x\to3}(x^2-4x+1)=3^2-4\cdot3+1=-2$.

【例 2】 求$\lim\limits_{x\to2}\frac{2x^2-1}{3x+2}$.

解 $\lim\limits_{x\to2}\frac{2x^2-1}{3x+2}=\frac{2\cdot2^2-1}{3\cdot2+2}=\frac{7}{8}$.

二、"$\frac{A}{0}$型",倒

根据无穷小与无穷大的倒数关系,分母极限为 0,分子极限不为 0,则商的极限为∞.

【例 3】 求$\lim\limits_{x\to1}\frac{4x-1}{x^2+2x-3}$.

解 因为$\lim\limits_{x\to1}(x^2+2x-3)=0$,不能直接代,又$\lim\limits_{x\to1}(4x-1)=3\neq0$,

由$\lim\limits_{x\to1}\frac{x^2+2x-3}{4x-1}=\frac{0}{3}=0$,则$\lim\limits_{x\to1}\frac{4x-1}{x^2+2x-3}=\infty$.

通常,遇到"$\frac{A}{0}$型"时,可直接写结果∞.

三、"$\frac{0}{0}$型"，能约则约，简称约

分子、分母先分解，约去零因子后，再代值.

【例 4】 求$\lim\limits_{x\to3}\frac{x^2-9}{x-3}$.

解 $\lim\limits_{x\to3}\frac{x^2-9}{x-3}=\lim\limits_{x\to3}\frac{(x-3)(x+3)}{x-3}=\lim\limits_{x\to3}(x+3)=6.$

【例 5】 求$\lim\limits_{x\to1}\frac{x^2-1}{x^2+2x-3}$.

解 $\lim\limits_{x\to1}\frac{x^2-1}{x^2+2x-3}=\lim\limits_{x\to1}\frac{(x+1)(x-1)}{(x+3)(x-1)}=\lim\limits_{x\to1}\frac{x+1}{x+3}=\frac{1}{2}.$

遇含根号情形，先有理化，再约分，最后代值.

【例 6】 求$\lim\limits_{x\to4}\frac{x^2-x-12}{\sqrt{x+5}-3}$.

解 $\lim\limits_{x\to4}\frac{x^2-x-12}{\sqrt{x+5}-3}=\lim\limits_{x\to4}\frac{(x+3)(x-4)(\sqrt{x+5}+3)}{(\sqrt{x+5}-3)(\sqrt{x+5}+3)}=\lim\limits_{x\to4}\frac{(x+3)(x-4)(\sqrt{x+5}+3)}{(x+5)-9}$

$=42.$

四、"$\frac{\infty}{\infty}$型"，除

分子、分母同除以最高次幂.

【例 7】 求下列函数的极限.

(1) $\lim\limits_{x\to\infty}\frac{3x^3+4x^2-1}{4x^3-x^2+3}$；　(2) $\lim\limits_{x\to\infty}\frac{x^3-x+7}{3x^2-1}$；　(3) $\lim\limits_{x\to\infty}\frac{3x^4-2x^3-9}{5x^6+3}$.

解 (1) $\lim\limits_{x\to\infty}\frac{3x^3+4x^2-1}{4x^3-x^2+3}=\lim\limits_{x\to\infty}\frac{3+\frac{4}{x}-\frac{1}{x^3}}{4-\frac{1}{x}+\frac{3}{x^3}}=\frac{3}{4}$；

(2) $\lim\limits_{x\to\infty}\frac{x^3-x+7}{3x^2-1}=\lim\limits_{x\to\infty}\frac{1-\frac{1}{x^2}+\frac{7}{x^3}}{\frac{3}{x}-\frac{1}{x^3}}=\infty$；

(3) $\lim\limits_{x\to\infty}\frac{3x^4-2x^3-9}{5x^6+3}=\lim\limits_{x\to\infty}\frac{\frac{3}{x^2}-\frac{2}{x^3}-\frac{9}{x^6}}{5+\frac{3}{x^6}}=0.$

由此可得如下结果

$$\lim_{x\to\infty}\frac{a_0x^n+a_1x^{n-1}+\cdots+a_n}{b_0x^m+b_1x^{m-1}+\cdots+b_m}=\begin{cases}\infty, & \text{当 } m<n,\\ \frac{a_0}{b_0}, & \text{当 } m=n\ (a_0\neq0,b_0\neq0),\\ 0, & \text{当 } m>n.\end{cases}$$

即分子高为∞，分母高为 0，相同则为最高次幂系数比. 熟悉后可直接写结果，例如：

$$\lim_{x\to\infty}\frac{2x^{13}+x^4-1}{7x^3-x^2+5}=\infty;\lim_{x\to\infty}\frac{2x^{13}+x^4-1}{7x^{30}-x^2+5}=0;\lim_{x\to\infty}\frac{2x^{30}+x^4-1}{7x^{30}-x^2+5}=\frac{2}{7}.$$

【例 8】 求$\lim\limits_{x\to\infty}\dfrac{(2x-1)^{30}(3x-2)^{20}}{(2x+1)^{50}}$.

解 $\lim\limits_{x\to\infty}\dfrac{(2x-1)^{30}(3x-2)^{20}}{(2x+1)^{50}}=\lim\limits_{x\to\infty}\dfrac{\left(2-\dfrac{1}{x}\right)^{30}\left(3-\dfrac{2}{x}\right)^{20}}{\left(2+\dfrac{1}{x}\right)^{50}}=\left(\dfrac{3}{2}\right)^{20}$.

1.5.2 两个重要极限

利用极限的定义和运算法则,已经解决了许多初等函数求极限的问题,但仍然有一些用上述方法不能解决.为此,下面我们不加证明地给出两个重要极限公式,再用它们来完成相应的极限问题.

1. $\lim\limits_{x\to 0}\dfrac{\sin x}{x}=1$

当$x\to 0$时,x与$\sin x$都是无穷小量,且它们比值的极限为1,故为等价无穷小量.即当$x\to 0$时,$\sin x\sim x$,由于**互为等价无穷小量的两个量可替换**,则无穷小量时的三角函数型极限,可以替换成相应幂函数再计算.

五、"$\dfrac{0}{0}$型",不能约,先换

公式1可演变成下面一些等价无穷小替换,来解决含三角函数型极限问题:

$f(x)\to 0$时,$\sin f(x)\sim f(x)$;$x\to 0$时,$1-\cos x\sim\dfrac{x^2}{2}$;

$x\to 0$时,$\tan x\sim x$;$g(x)\to 0$时,$\tan g(x)\sim g(x)$等.

【例 9】 求下列极限.

(1) $\lim\limits_{x\to 0}\dfrac{\sin 3x}{x}$; (2) $\lim\limits_{x\to 0}\dfrac{\sin 3x}{\tan 5x}$; (3) $\lim\limits_{x\to 0}\dfrac{1-\cos x}{x^2}$.

解 (1) $\lim\limits_{x\to 0}\dfrac{\sin 3x}{x}=\lim\limits_{x\to 0}\dfrac{3x}{x}=3$;

(2) $\lim\limits_{x\to 0}\dfrac{\sin 3x}{\tan 5x}=\lim\limits_{x\to 0}\dfrac{3x}{5x}=\dfrac{3}{5}$;

(3) $\lim\limits_{x\to 0}\dfrac{1-\cos x}{x^2}=\lim\limits_{x\to 0}\dfrac{\frac{x^2}{2}}{x^2}=\dfrac{1}{2}$.

【例 10】 求下列极限.

(1) $\lim\limits_{x\to\infty}x\sin\dfrac{1}{x}$; (2) $\lim\limits_{x\to 0}\dfrac{\tan x}{x^2+3x}$; (3) $\lim\limits_{x\to 0}\dfrac{1-\cos x}{x\sin x^3}$.

解 (1) $\lim\limits_{x\to\infty}x\sin\dfrac{1}{x}=\lim\limits_{x\to\infty}\dfrac{\sin\frac{1}{x}}{\frac{1}{x}}=\lim\limits_{\frac{1}{x}\to 0}\dfrac{\frac{1}{x}}{\frac{1}{x}}=1$;

(2) 当$x\to 0$时,$\tan x\sim x$,所以$\lim\limits_{x\to 0}\dfrac{\tan x}{x^2+3x}=\lim\limits_{x\to 0}\dfrac{x}{x^2+3x}=\lim\limits_{x\to 0}\dfrac{1}{x+3}=\dfrac{1}{3}$;

(3) $\lim\limits_{x\to 0}\dfrac{1-\cos x}{x\sin x^3}=\lim\limits_{x\to 0}\dfrac{\frac{x^2}{2}}{x\cdot x^3}=\lim\limits_{x\to 0}\dfrac{1}{2x^2}=\infty$.

2. $\lim\limits_{x\to\infty}\left(1+\frac{1}{x}\right)^{x}=\mathrm{e}$

上式中，设 $u=\frac{1}{x}$，则 $x\to\infty$ 时，$u\to 0$，于是上式又可改写为如下形式

$$\lim_{u\to 0}(1+u)^{\frac{1}{u}}=\mathrm{e}.$$

这组公式的特征为，底数极限为 1，指数为∞，我们称之为“1^{∞} 型”.

六、“1^{∞} 型”，凑

此结构底数由两部分构成，前部分为 1，关键是把指数凑为后部分的倒数，结果则为 e.

即 $\lim\limits_{\psi(x)\to\infty}\left(1+\frac{1}{\psi(x)}\right)^{\psi(x)}=\mathrm{e}$，或 $\lim\limits_{\varphi(u)\to 0}[1+\varphi(u)]^{\frac{1}{\varphi(u)}}=\mathrm{e}$.

凑的过程中注意凑平系数，适当地添加常数. 另外，1 的任何常数次方等于 1.

【例 11】 求下列极限.

(1) $\lim\limits_{n\to\infty}\left(1+\frac{1}{n}\right)^{2n}$；　(2) $\lim\limits_{x\to 0}\left(1+\frac{x}{2}\right)^{\frac{1}{x}}$；　(3) $\lim\limits_{x\to\infty}\left(1-\frac{1}{x}\right)^{3x}$；

(4) $\lim\limits_{x\to 0}(1+5x)^{\frac{1}{x}}$；　(5) $\lim\limits_{x\to\infty}\left(\frac{3+x}{x}\right)^{x+2}$；　(6) $\lim\limits_{x\to\infty}\left(\frac{x-1}{x+1}\right)^{\frac{x}{2}+4}$.

解　(1) $\lim\limits_{n\to\infty}\left(1+\frac{1}{n}\right)^{2n}=\lim\limits_{x\to\infty}\left[\left(1+\frac{1}{n}\right)^{n}\right]^{2}=\mathrm{e}^{2}$；

(2) $\lim\limits_{x\to 0}\left(1+\frac{x}{2}\right)^{\frac{1}{x}}=\lim\limits_{x\to 0}\left[\left(1+\frac{x}{2}\right)^{\frac{2}{x}}\right]^{\frac{1}{2}}=\mathrm{e}^{\frac{1}{2}}$；

(3) $\lim\limits_{x\to\infty}\left(1-\frac{1}{x}\right)^{3x}=\lim\limits_{x\to\infty}\left[\left(1-\frac{1}{x}\right)^{-x}\right]^{-3}=\mathrm{e}^{-3}$；

(4) $\lim\limits_{x\to 0}(1+5x)^{\frac{1}{x}}=\lim\limits_{x\to 0}(1+5x)^{\frac{1}{5x}\cdot 5}=\mathrm{e}^{5}$；

(5) $\lim\limits_{x\to\infty}\left(\frac{3+x}{x}\right)^{x+2}=\lim\limits_{x\to\infty}\left(1+\frac{3}{x}\right)^{\frac{x}{3}\cdot 3+2}=\mathrm{e}^{3}\cdot 1^{2}=\mathrm{e}^{3}$；

(6) $\lim\limits_{x\to\infty}\left(\frac{x-1}{x+1}\right)^{\frac{x}{2}+4}=\lim\limits_{x\to\infty}\left[\left(1-\frac{2}{x+1}\right)^{-\frac{(x+1)}{2}\cdot(-1)}\left(1-\frac{2}{x+1}\right)^{\frac{7}{2}}\right]=\mathrm{e}^{-1}$.

1.5.3　函数的渐近线

下面我们通过前面极限的概念以及求法，进一步了解当函数图像上的点无限远离原点时的性态. 这就导致了曲线渐近线的概念. 我们这里仅讨论水平渐近线和垂直渐近线.

一、水平渐近线

设函数 $y=f(x)$ 的定义域为无穷区间，如果 $\lim\limits_{x\to-\infty}f(x)=c$ 或 $\lim\limits_{x\to+\infty}f(x)=c$，则称 $y=c$ 为曲线 $y=f(x)$ 的一条水平渐近线.

水平渐近线 $y=c$ 为曲线 $y=f(x)$ 当 $x\to\infty$ 时的极限.

【例 12】 求曲线 $y=\arctan x$ 的水平渐近线.

解　因为 $\lim\limits_{x\to-\infty}\arctan x=-\frac{\pi}{2}$，$\lim\limits_{x\to+\infty}\arctan x=\frac{\pi}{2}$，

所以 $y=-\frac{\pi}{2}$，$y=\frac{\pi}{2}$ 为曲线 $y=\arctan x$ 的水平渐近线.

【例 13】 求曲线 $y=\frac{\sin x}{x}$的水平渐近线.

解 因为$\lim\limits_{x\to\infty}\frac{\sin x}{x}=0$,所以 $y=0$ 为曲线 $y=\frac{\sin x}{x}$的水平渐近线.

二、垂直渐近线

设函数 $y=f(x)$在 a 的某去心邻域内有定义,如果$\lim\limits_{x\to a}f(x)=\infty$或 $\lim\limits_{x\to a^-}f(x)=\infty$或 $\lim\limits_{x\to a^+}f(x)=\infty$,那么直线 $x=a$ 称为曲线 $y=f(x)$的垂直渐近线.

垂直渐近线 $x=a$ 为 $y=f(x)$的间断点.

【例 14】 求曲线 $y=\frac{1}{x}$的渐近线.

解 因为 $y=\frac{1}{x}$在 $x=0$ 处间断,且$\lim\limits_{x\to 0}\frac{1}{x}=\infty$,所以 $x=0$ 是曲线 $y=\frac{1}{x}$的垂直渐近线;因为$\lim\limits_{x\to\infty}\frac{1}{x}=0$,所以 $y=0$ 是曲线 $y=\frac{1}{x}$的水平渐近线.

【例 15】 求曲线 $y=\frac{x^2}{x^2-x-2}$的渐近线.

解 $y=\frac{x^2}{x^2-x-2}$的定义域为$(-\infty,-1)\cup(-1,2)\cup(2,+\infty)$,

函数在 $x=-1,2$ 处间断,且 $\lim\limits_{x\to -1}\frac{x^2}{x^2-x-2}=\infty$,$\lim\limits_{x\to 2}\frac{x^2}{x^2-x-2}=\infty$,

所以 $x=-1$ 和 $x=2$ 是曲线的垂直渐近线;

又因为$\lim\limits_{x\to\infty}\frac{x^2}{x^2-x-2}=1$,所以 $y=1$ 是曲线的水平渐近线.

习题 1.5

1. 求下列极限:

(1) $\lim\limits_{x\to 2}\frac{x^2+5}{x-3}$; (2) $\lim\limits_{x\to -1}\frac{x^2+2x+5}{x^2+1}$; (3) $\lim\limits_{x\to 2}\frac{x-2}{\sqrt{x+2}}$;

(4) $\lim\limits_{x\to -2}\frac{x^2-4}{x+2}$; (5) $\lim\limits_{x\to 1}\frac{x^2-1}{2x^2-x-1}$; (6) $\lim\limits_{x\to\infty}\frac{2x^2-x+1}{3x^2+1}$;

(7) $\lim\limits_{x\to\infty}\frac{1\,000x}{1+x^2}$; (8) $\lim\limits_{x\to\infty}\frac{x^4+2x^3-x+1}{4x^3-3x^2+1}$; (9) $\lim\limits_{x\to\infty}\frac{(3-5x)^8(2x-2)^6}{(3x+1)^5(1+7x)^9}$;

(10) $\lim\limits_{x\to 4}\frac{4-x}{3-\sqrt{2x+1}}$; (11) $\lim\limits_{x\to 0}\frac{\sqrt{1-x}-1}{x}$; (12) $\lim\limits_{x\to 2}\left(\frac{1}{x-2}-\frac{4}{x^2-4}\right)$.

2. 利用两个重要极限公式求下列极限:

(1) $\lim\limits_{x\to 0}\frac{\tan 4x}{\sin x^2}$; (2) $\lim\limits_{x\to 0}\frac{\sin 2x}{\tan 5x}$; (3) $\lim\limits_{x\to\infty}x\tan\frac{1}{x}$;

(4) $\lim\limits_{x\to -1}\frac{\sin(x+1)}{2(x+1)}$; (5) $\lim\limits_{x\to 0}\frac{\cos x-1}{x\sin x}$; (6) $\lim\limits_{x\to 0}\frac{\sin^3 x}{\sin x^3}$;

(7) $\lim\limits_{x\to 0}(1+2x)^{\frac{1}{x}}$；　(8) $\lim\limits_{x\to\infty}\left(\frac{1+x}{x}\right)^{2x}$；　(9) $\lim\limits_{x\to 0}\left(1+\frac{x}{2}\right)^{2-\frac{1}{x}}$；

(10) $\lim\limits_{x\to\infty}\left(1-\frac{2}{x}\right)^{3x}$；　(11) $\lim\limits_{x\to 0}\sqrt[x]{1+5x}$；　(12) $\lim\limits_{x\to\infty}\left(\frac{x}{1+x}\right)^{x+3}$.

3. 求下列函数的水平渐近线或垂直渐近线：

(1) $y=\frac{x^2}{3-x}$；　(2) $y=e^x$；

(3) $y=\frac{5}{x-1}$；　(4) $y=\frac{x^2}{x^2-2x-3}$.

1.6　复利与贴现

在自然界和经济管理方面，有许多事物是符合$\lim\limits_{n\to\infty}\left(1+\frac{1}{n}\right)=e$这种极限模型的. 本节将介绍这种极限在复利与贴现上的应用. 首先了解一下利率的概念.

利息是指在信用关系中债务人支付债权人的(或债权人向债务人索取的)报酬.

利息率，简称利率，是指一定时期内利息额同本金额的比率，即利率＝利息/本金.

若以 r、I、A_0 分别表示利率、利息、本金，则本期利息可记为 $I=A_0r$.

(1) 按计算日期不同，利率分为年利率、月利率、日利率等.

年利率＝12×月利率＝365×日利率；日利率＝1/30×月利率＝1/365×年利率.

(2) 按计算方法不同，利率分为单利和复利.

单利计息是指不论期限长短，利息仅按借贷本金、利率和期限一次计算. 其计算公式为：

$$利息=本金\times利率\times期限.$$

复利计息不仅本金计算利息，而且前期获得的利息也要计算利息，俗称"利滚利".

1.6.1　复利问题

通常称本金 A_0 为现在值，而 t 年末的本利和 A_t 为本金 A_0 的将来值. 已知现在值 A_0，确定将来值 A_t，这种情况就是复利问题.

设本金为 A_0，年利率为 r，有以下几种复利计算方法：

(1) 以 1 年为期计算利息，年末的本利和为 $A_1=A_0(1+r)$，t 年末的本利和为 $A_t=A_0(1+r)^t$；

(2) 如果每半年计算一次利息，相当于一年计算两次利息，那么年末的本利和为 $A_2=A_0\left(1+\frac{r}{2}\right)^2$，$t$ 年末的本利和为 $A_t=A_0\left(1+\frac{r}{2}\right)^{2t}$；

(3) 如果每月计算一次利息，相当于一年计算 12 次利息，那么年末的本利和为 $A_{12}=A_0\left(1+\frac{r}{12}\right)^{12}$，$t$ 年末的本利和为 $A_t=A_0\left(1+\frac{r}{12}\right)^{12t}$；

(4) 如果将一年分为相等的 m 个时间间隔，每时段上按利率$\frac{r}{m}$计算利息，相当于一年计算

m 次利息，则 t 年末的本利和为 $A_t=A_0\left(1+\frac{r}{m}\right)^{mt}$.

这就是一年计息 m 次的**离散型复利**计息的本利和公式.

(5) 对于同样的本金数目，随着 m 增加，年末本利和会缓慢地增加(但绝不是无限的). 其实从极限的现象来看：$\lim\limits_{m\to\infty}A_0\left(1+\frac{r}{m}\right)^m=A_0e^r$.

也就是说，如果将一年分为相等的 m 个时间段，每时段上按利率 $\frac{r}{m}$ 计算利息，当计息的时间间隔无限缩短，那么计息的次数 $m\to\infty$，这种情况称为连续复利. 这时，年末的本利和为：

$$A=\lim_{m\to\infty}A_0\left(1+\frac{r}{m}\right)^m=A_0e^r.$$

t 年末的本利和为：$A_t=\lim\limits_{m\to\infty}A_0\left(1+\frac{r}{m}\right)^{tm}=A_0e^{tr}$.

这就是**连续复利**计息的本利和计算公式.

【例 1】 设 $A_0=10\,000$ 元，年利率 $r=12\%$，试计算一年末的本利和. (1) 按一年计息一次；(2) 按一年计息 12 次；(3) 按一年计息 24 次；(4) 按连续复利计息.

解 (1) 一年计息一次，则年末的本利和为 $A_1=10\,000(1+12\%)=11\,200$(元)；

(2) 一年计息 12 次，则每次的利率为 $\frac{12\%}{12}=1\%$，

年末的本利和是 $A_{12}=A_0\left(1+\frac{r}{12}\right)^{12}=10\,000(1+1\%)^{12}=11\,268.25$(元)；

(3) 一年计息 24 次，则每次的利率为 $\frac{12\%}{24}=0.5\%$，

年末的本利和是 $A_{24}=A_0\left(1+\frac{r}{24}\right)^{24}=10\,000(1+0.5\%)^{24}=11\,271.60$(元)；

(4) 连续复利计息，则年末的本利和是 $A=A_0e^r=10\,000e^{0.12}=11\,274.97$(元).

【例 2】 若投资 2 000 元，固定年利率 7%，按连续复利计息. 那么 4 年后的本利和是多少？

解 因为 $A_0=2\,000$，$r=7\%$，$t=4$，

所以 4 年后的本利和是：$A_4=A_0e^{tr}=2\,000e^{4\times7\%}=2\,646.26$(元).

除连续复利外，人口的增长、设备折旧等也都服从这个数学模型.

【例 3】 设一台机器原来价值为 100 000 元，因为它不断折旧，每年减少价值 0.9%，问 10 年后，该机器的价值为多少？

解 由题意，$A_0=100\,000$，$r=-0.9\%$，$t=10$，则 10 年后该机器的价值为

$$A_{10}=100\,000e^{-0.9\%\times10}=100\,000e^{-0.09}=\frac{100\,000}{e^{0.09}}\approx91\,393.48(\text{元}).$$

1.6.2 贴现问题

已知现在值，确定将来值的问题是复利问题；与之相反的问题，已知将来值，求现在值，这种情况称为贴现问题，这时的利率 r 称为贴现率.

由复利公式易推得贴现公式：已知 t 年后的将来值 A_t，利率为 r，求现在值 A_0.

若以一年为期贴现，由 $A_t=A_0(1+r)^t$ 可得 $A_0=A_t(1+r)^{-t}$.

若一年分为 m 期贴现，由 $A_t=A_0\left(1+\frac{r}{m}\right)^{tm}$ 可得 $A_0=A_t\left(1+\frac{r}{m}\right)^{-tm}$.

若按连续计息，可得连续贴现公式：由 $A_t=A_0e^{tr}$ 可得 $A_0=A_te^{-tr}$

【例 4】 设年利率为 6%，现投资多少元，10 年末可得 120 000 元.

(1) 按每年计息 4 次；(2) 按连续复利计息.

解 (1)因为 $r=6\%$，$m=4$，$t=10$，$A_0=120\,000$，由 $A_0=A_t\left(1+\frac{r}{m}\right)^{-tm}$ 可得

$$A_0=120\,000\left(1+\frac{6\%}{4}\right)^{-4\times10}=\frac{120\,000}{1.015^{40}}\approx66\,151.48(\text{元})；$$

(2) 因为 $A_{10}=120\,000$，$r=6\%$，$t=10$，由 $A_0=A_te^{-tr}$ 可得

$$A_0=120\,000e^{-6\%\times10}=\frac{120\,000}{e^{0.6}}\approx65\,857.4(\text{元}).$$

【例 5】 假定固定年利率为 8%，是选择现在接受 6 000 元馈赠，还是等到 7 年后接受 10 000元?

解法一 已知现在值 $A_0=6\,000$，$r=8\%$，$t=7$，按照复利问题计算将来值，得

$$A_7=6\,000(1+8\%)^7=10\,282.8\text{ 元}.$$

显然，$A_7>10\,000$ 元，因此，应选择现在接受馈赠.

解法二 已知将来值 $A_7=10\,000$，$r=8\%$，$t=7$，求现在值 A_0^*.

根据 $A_7=A_0^*(1+r)^7$，可得 $A_0^*=\frac{10\,000}{(1+8\%)^7}=5\,834.9$ 元.

显然，$A_0^*<A_0$，故应选择现在接受馈赠.

习题 1.6

1. 某人投入 8 万元，年分红利率 6%，若按季计息，则 5 年后的本利和是____________，若按连续复利计息，则 5 年后的本利和是____________.（只列式不计算）

2. 如果期初存款 10 万元，年利率 4%，若按下列方式计息，10 年后账面上应有多少资金.

(1) 每半年计息一次；(2) 每月计息一次；(3) 连续复利计息.

3. 用分期购买的方式购买一套价值为 50 万元的商品房，设贷款期限为 10 年，年利率 4%，试计算 10 年末还款的本利和：(1) 按月计息；(2) 按连续复利计息.

4. 已知年利率为 8.9%，求 4 年后支付 10 000 元的现值.

5. 有一台机器距今 4 年后需大修一次，大修费用为 5 000 元，如果资金的年利率为 5%，这笔费用的现在值是多少?

(1) 在没有通货膨胀时；

(2) 在每年通货膨胀为 2%时.

经济案例模型赏析 1

数学建模概述

随着电子计算机的出现和科学技术的迅猛发展,数学的应用以空前的广度和深度逐步渗透到人类活动的各个领域.生物、医学、军事、社会、经济、管理等各学科、各行业都涌现出大量的实际课题,亟待人们去研究、去解决.利用数学知识研究和解决实际问题,遇到的第一项工作就是要建立恰当的数学模型(简称数学建模),数学建模正在越来越广泛地受到人们的重视.从这一意义上讲,数学建模被看作科学研究和技术开发的基础.没有一个较好的数学模型就不可能得到较好的研究结果,所以,从这一意义上讲,建立一个较好的数学模型乃是解决实际问题的关键步骤之一.所以,掌握数学模型方法是非常必要的.在此,对数学模型做一个简述.

一、数学建模概述

对于现实世界的一个特定对象,为了一个特定的目的,根据特有的内在规律,做出一些必要的简化假设,运用适当的数学工具,得到的一个数学结构,我们称之为**数学模型**.数学模型一般并非现实问题的直接翻版,它们的建立常常既需要人们对现实问题有比较深入细微的观察和分析,又需要人们能灵活巧妙地利用各种数学知识.这种应用各种知识从实际课题中抽象、提炼出数学模型的过程被称为**数学建模**(Mathematical Modeling).

数学建模的分类有多种,根据人们对实际问题了解的深入程度不同,其数学模型可以归结为白箱模型、灰箱模型或黑箱模型.根据模型中变量的特征,模型又可分为连续型模型、离散型模型或确定性模型、随机型模型等.按照建模所用的数学方法不同,可分为初等模型、微分方程模型、线性代数模型、概率统计模型等.按照模型应用领域的不同,可以分为气象模型、人口模型、生态模型等.

二、数学建模的一般步骤

建立数学模型的过程大致可以分为以下几个步骤:

(1) **模型的准备**

了解问题的**实际背景**,明确**建模目的**,收集掌握必要的**数据资料**,这一步骤可以看作建立数学模型而做的**前期准备工作**.

如果对实际问题没有较为深入的了解,就无从下手建模.而对实际问题的了解,有时还需要对实际问题作一番深入细致的调查研究.

(2) **模型的假设**

在明确建模目的,掌握必要资料的基础上,通过对资料的分析计算,找出起主要作用的**因素**,经必要的**精炼、简化,提出若干符合客观实际的假设**.

本步骤为数学建模的关键所在,因为其后的所有工作和结果都是建立在这些假设的基础之上的,也就是说,科学研究揭示的并非绝对真理,它揭示的只是:**假如这些提出的假设是正确的**,那么,**我们可以推导出一些什么样的结果.**

(3) **模型的建立**

在所作假设的基础上,**利用适当的数学工具去刻画各变量之间的关系**,**建立相应的数学结**

构,即建立数学模型.

采用什么数学结构、数学工具要看实际问题的特征,并无固定的模式.可以这样讲,几乎数学的所有分支在建模中都有可能被用到,而对同一个实际问题也可用不同的数学方法建立起不同的数学模型.一般地讲,在能够达到预期目的的前提下,所用的**数学工具越简单越好.**

(4) **模型的求解**

为了得到结果,不言而喻,还应当对数学模型进行求解,根据模型类型的不同特点,求解可能包括**解方程、图解、逻辑推理、定理证明等**不同的方面,在难以得出解析解时,还应当**借助计算机来求出数值解.**

(5) **模型的分析与检验**

正如前面所讲,用建立数学模型的方法来研究实际课题,得到的只是:假如给出的假设正确,就会有什么样的结果.那么,假设正确与否或者是否基本可靠呢?建模者还应当反过来用求解得到的结果来检验它.

建立数学模型的**目的是为了认识世界、改造世界**,建模的**结果应当能解释已知现象,预测未来的结果,提供处理研究对象**的最优决策或控制方案.

实践是检验真理的唯一标准,只有经得起实践检验的结果才能被人们广泛地接受.如牛顿的万有引力定律不仅成功地解释了大量自然现象,并精确地预报了哈雷彗星的回归和预言了海王星、冥王星等当时尚未被发现的其他行星的存在,才奠定了其作为经典力学基本定理之一的稳固地位.由此可见,模型求解并非建模的终结,**模型的检验也应当是建模的重要步骤之一.**

只有在证明了建模结果是经得起实践检验之后,才能认为数学建模基本告成,完成了自己预定的研究任务.如果检验**结果与事实不符**,只要不是在求解中存在推导或计算上的错误,那就应当检查分析在假设中是否**有不合理或不够精确之处**,发现后应**修改假设重新进行建模,直到结果满意为止.**

(6) **模型应用**

经过检验的数学模型,就可以在实际中应用了.在应用中如果又发现问题,还要对模型进行再修正,使之不断完善.

综上所述,数学建模的过程大致可以概括为下图所示的流程.

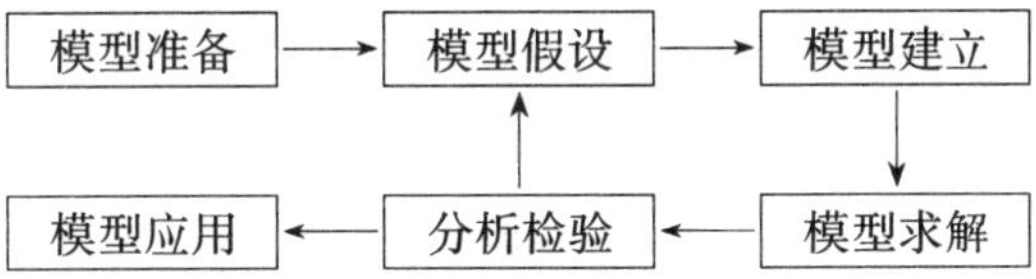

三、数学建模案例

在日常生活中,把四条腿的椅子放在不平的地面上,其中三条同时着地(不在同一条直线的三点确定一个平面),如果第四条腿不着地,椅子未放稳,那只需稍做挪动,就可以使四条腿同时着地,椅子放稳了.你如何证实这种实际现象.

(1) **模型假设**

对椅子和地面都要作一些必要的假设:

① 椅子四条腿一样长,椅脚与地面接触可视为一个点,四脚的连线呈正方形.

② 地面高度是连续变化的,沿任何方向都不会出现间断(没有像台阶那样的情况),即地

面可视为数学上的连续曲面.

③ 对于椅脚的间距和椅脚的长度而言,地面是相对平坦的,使椅子在任何位置至少有三只脚同时着地.

(2) **模型建立**

首先用变量表示椅子的位置,由于椅脚的连线呈正方形,以中心为对称点,正方形绕中心的旋转正好代表了椅子的位置的改变,于是可以用旋转角度 θ 这一变量来表示椅子的位置.

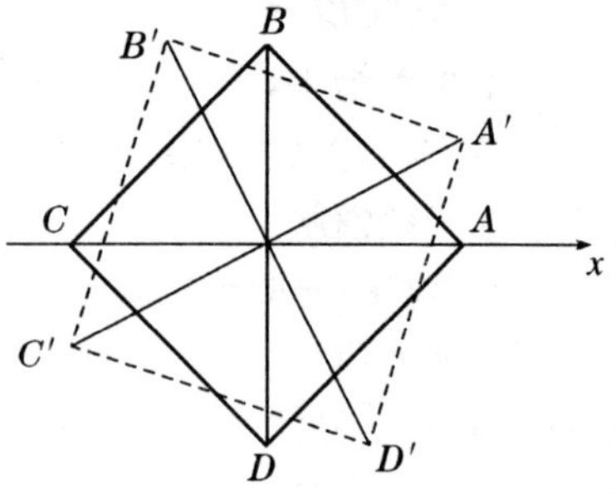

其次要把椅脚着地用数学符号表示出来,如果用某个变量表示椅脚与地面的竖直距离,当这个距离为 0 时,表示椅脚着地了.椅子要挪动位置说明这个距离是位置变量的函数.

由于正方形的中心对称性,只要设两个距离函数就行了,记 A、C 两脚与地面距离之和为 $f(\theta)$,B、D 两脚与地面距离之和为 $g(\theta)$,显然 $f(\theta)$、$g(\theta)\geqslant 0$,由假设②知 $f(\theta)$,$g(\theta)$都是连续函数,再由假设③知 $f(\theta)$、$g(\theta)$至少有一个为 0.当 $\theta=0$ 时,不妨设 $g(\theta)=0$,$f(\theta)>0$,这样改变椅子的位置使四只脚同时着地,就归结为如下命题:

命题 1 已知 $f(\theta)$、$g(\theta)$是 θ 的连续函数,对任意 θ,$f(\theta)*g(\theta)=0$,且 $g(0)=0$,$f(0)>0$,则存在 θ_0,使 $g(\theta_0)=f(\theta_0)=0$.

(3) **模型求解**

将椅子旋转 90°,对角线 AC 和 BD 互换,由 $g(0)=0$,$f(0)>0$ 可知 $g(\pi/2)>0$,$f(\pi/2)=0$.令 $h(\theta)=g(\theta)-f(\theta)$,则 $h(0)>0$,$h(\pi/2)<0$,由 $f(\theta)$,$g(\theta)$的连续性知 $h(\theta)$也是连续函数,由零点定理,必存在 $\theta_0(0<\theta_0<\pi/2)$使 $h(\theta_0)=0$,$g(\theta_0)=f(\theta_0)$,由 $g(\theta_0)*f(\theta_0)=0$,所以 $g(\theta_0)=f(\theta_0)=0$.

(4) **评注**

模型巧妙在于用变量 θ 表示椅子的位置,用 θ 的两个函数表示椅子四脚与地面的距离.利用正方形的中心对称性及旋转 90°并不是必需的,同学们可以考虑四脚呈长方形的情形.

本章内容精要 1

一、函数

1. 函数的概念

(1) 构成函数的两个要素:定义域和对应法则.

(2) 两个函数相等的充要条件:定义域相同,对应法则同等.

2. 初等函数

(1) 基本初等函数包括:常函数、幂函数、指数函数、对数函数、三角函数、反三角函数六类.

(2) 初等函数:由基本初等函数经过有限次的四则运算或有限次的复合所得到的能用一个式子表示的函数.

3. 常用经济函数

(1) 需求函数与供给函数

需求函数 $Q=Q(p)$，需求函数 Q 通常是以价格 p 为自变量单调减少的.
供给函数 $S=S(p)$，供给函数 S 通常是以价格 p 为自变量单调增加的.
(2) 成本函数
总成本函数 $C(q)=C_0+C_1(q)$（其中 C_0 是固定成本，C_1 是可变成本）.
平均成本函数 $AC=\overline{C}=\dfrac{C(q)}{q}=\dfrac{C_0}{q}+\dfrac{C_1(q)}{q}$.
(3) 收益函数
总收益函数 $R(q)=pq$，其中价格 $p=\varphi^{-1}(Q)$ 是需求函数 $Q=Q(p)$ 的反函数.
(4) 总利润函数
总利润函数 $L(q)=R(q)-C(q)$.

二、极限的概念与运算

1. 极限的概念

函数 $f(x)$ 的极限是研究自变量 x 在某一变化过程中相应函数值的变化趋势.若相应的函数值能够与某个固定的常数 A 无限接近，则称 A 为函数 $f(x)$ 在自变量的这种变化趋势下的极限.

2. 函数极限存在的两个充要条件

$$\lim_{x\to\infty} f(x)=A \Leftrightarrow \lim_{x\to+\infty} f(x)=\lim_{x\to-\infty} f(x)=A.$$
$$\lim_{x\to x_0} f(x)=A \Leftrightarrow \lim_{x\to x_0^+} f(x)=\lim_{x\to x_0^-} f(x)=A.$$

3. 两个特殊极限

若 $\lim\alpha=0$，则称 α 为无穷小量；
若 $\lim f(x)=\infty$，则称 $f(x)$ 为无穷大量.
无穷小与无穷大互为倒数关系.

4. 极限的四则运算法则

法则1　$\lim[f(x)\pm g(x)]=\lim f(x)\pm\lim g(x)$；
法则2　$\lim[f(x)\cdot g(x)]=\lim f(x)\cdot\lim g(x)$；
推论1　$\lim[cf(x)]=c\lim f(x)$（c 为常数）；
推论2　$\lim[f(x)]^n=[\lim f(x)]^n$；
法则3　$\lim\dfrac{f(x)}{g(x)}=\dfrac{\lim f(x)}{\lim g(x)}$（$\lim g(x)\neq 0$）.

5. 极限的计算方法

(1) $x_0\in D_{内}$，代；　(2) "$\dfrac{A}{0}$ 型"，倒；　(3) "$\dfrac{0}{0}$ 型"，约；
(4) "$\dfrac{\infty}{\infty}$ 型"，除；　(5) $\lim\limits_{x\to 0}\dfrac{\sin x}{x}=1$，换；　(6) $\lim\limits_{x\to\infty}\left(1+\dfrac{1}{x}\right)^x=\mathrm{e}$，凑.

三、函数的连续性

1. 函数在一点连续的定义

函数 $y=f(x)$ 在 x_0 点如果同时满足以下三个条件：

(1) 函数 $f(x)$在点 x_0 及其邻域内有定义；

(2) 函数 $f(x)$的极限$\lim\limits_{x\to x_0} f(x)$存在；

(3) $\lim\limits_{x\to x_0} f(x)=f(x_0)$. 则函数 $y=f(x)$在点 x_0 连续；反之，只要有一条不满足就间断.

2. 函数 $f(x)$在点 x_0 处左、右连续

$\lim\limits_{x\to x_0^-} f(x)=f(x_0)$，则称函数 $y=f(x)$在点 x_0 处是左连续的；

$\lim\limits_{x\to x_0^+} f(x)=f(x_0)$，则称函数 $y=f(x)$在点 x_0 处是右连续的.

3. 基本初等函数和初等函数在其定义域内都是连续的

四、复利与贴现

1. 复利问题

已知现在值 A_0，确定未来值 A_t 是复利问题.

(1) 年利率为 r，一年均匀计息 m 期，t 年末的本利和 A_t 的复利公式为 $A_t=A_0\left(1+\dfrac{r}{m}\right)^{mt}$

(2) 年利率为 r，以连续复利计算利息，t 年末的本利和 A_t 的复利公式为 $A_t=A_0 e^{tr}$

2. 贴现问题

已知未来值 A_t，确定现在值 A_0 是贴现问题.

(1) 年利率为 r，一年均分 m 期贴现，贴现公式为 $A_0=A_1\left(1+\dfrac{r}{m}\right)^{-tm}$

(2) 年利率为 r，以连续复利计算利息，贴现公式为 $A_0=A_t e^{-tr}$

复习题 1

一、填空题

1. $y=\ln(1-x)+\sqrt{x+2}$的定义域为____________.

2. 已知 $f(x)=2x-1$，则 $f[f(x)-1]=$____________.

3. 由 $y=\sin u, u=e^v, v=\sqrt{x}$复合而成的复合函数 $f(x)=$____________.

4. 函数 $f(x)=\ln 6$，则 $f(1-t)-f(2t)=$____________.

5. $\lim\limits_{x\to 0} 2\,016=$________，$\lim\limits_{x\to\infty} 2\,017=$________.

6. 设函数 $f(x)=\begin{cases}\dfrac{1}{1-x}, & x<0,\\ 0, & x=0,\\ x, & 0<x<1,\\ 1, & 1\leqslant x<2,\end{cases}$ 则 $\lim\limits_{x\to 0^+} f(x)=$______；$\lim\limits_{x\to 0^-} f(x)=$______；

$\lim\limits_{x\to 0} f(x)=$________；$f(-2)=$________；定义域为________.

7. 函数 $f(x)=\dfrac{1}{\sqrt{x^2-3x+2}}$的连续区间为________.

8. 假设某商品的供求规律是由 $Q-p=6$ 和 $Q+3p=10$ 所决定，则该商品的均衡价格为________，均衡交易量为________.

9. 已知某商品的需求函数是 $Q=60-5p$，则其总收益函数为__________，平均收益为__________.

10. 某人向银行贷款 30 万元，年利率为 6%，若按月计息，则 10 年后的本利和是__________，若按连续复利计息，则 10 年后的本利和是__________.（只列式，不计算）

二、选择题

1. 已知 $f(x)$ 的定义域为 $[1,5]$，则 $f(x^2+1)$ 的定义域为（　　）.

A. $[0,2]$　　B. $[-2,0]$　　C. $[-2,2]$　　D. 不能确定

2. 函数 $f(x)=x\cos x$ 是（　　）.

A. 奇函数　　B. 偶函数

C. 既非奇函数又非偶函数　　D. 不能确定

3. 当 $x\to 0$ 时，$\cos\dfrac{1}{x}$（　　）.

A. 极限为 ∞　　B. 极限为 0

C. 是无界变量　　D. 是有界变量

4. 当 $x\to+\infty$ 时，下列函数为无穷小量的是（　　）.

A. $x\sin\dfrac{1}{x}$　　B. $x\sin x$　　C. $\dfrac{1}{x}\cos\dfrac{1}{x}$　　D. $x\cos x$

5. 函数 $y=\sqrt{\dfrac{x^2-4}{x-2}}$ 的定义域是（　　）.

A. $[-2,+\infty)$　　B. $[-2,2)\cup(2,+\infty)$

C. $(-\infty,-2)\cup(-2,+\infty)$　　D. $(-\infty,2)\cup(2,+\infty)$

6. 函数 $f(x)=\begin{cases}\dfrac{\tan 2x}{\sin x}, & x\neq 0,\\ k, & x=0\end{cases}$ 在 $x=0$ 处连续，则 $k=$（　　）.

A. -2　　B. -1　　C. 1　　D. 2

7. 函数 $f(x)=\dfrac{|x-1|}{x-1}$，则 $\lim\limits_{x\to 1}f(x)=$（　　）.

A. 0　　B. -1　　C. 1　　D. 不存在

三、计算题

1. $\lim\limits_{x\to 4}\dfrac{x^2-6x+8}{x^2-5x+4}$；　　2. $\lim\limits_{x\to 2}\dfrac{x+2}{x^2-x-2}$；　　3. $\lim\limits_{x\to\infty}\dfrac{5x^8+x^2+1}{3x^8-x-2}$；

4. $\lim\limits_{x\to\infty}\dfrac{x^4-3x^2-1}{x^2+x}$；　　5. $\lim\limits_{x\to\frac{\pi}{4}}\dfrac{\sin x+\cos x}{\cos 2x}$；　　6. $\lim\limits_{x\to\frac{\pi}{4}}\dfrac{x^2}{\sin 2x}$；

7. $\lim\limits_{x\to+\infty}2^x\sin\dfrac{1}{2^x}$；　　8. $\lim\limits_{x\to\infty}\left(\dfrac{1+x}{x}\right)^{\frac{x}{3}}$；　　9. $\lim\limits_{x\to\infty}\left(\dfrac{x+1}{x-1}\right)^x$；

10. $\lim\limits_{n\to\infty}\left(1-\dfrac{1}{n}\right)^n$；　　11. $\lim\limits_{x\to 0}\dfrac{\tan 3x}{\sin 6x}$；　　12. $\lim\limits_{x\to 1}\dfrac{\sin(x-1)}{\sqrt{x}-1}$.

四、解答题

1. 某产品年产量为 Q 件，每销售一件，收入为 200 元，当年产量在 500 件时，可以全部售

出;当年产量超过500件时,经广告宣传又可以售出1到200件,每件平均广告费为20元;生产再多,本年就售不出去了,试将本年的销售纯收益 R 表示为年产量 Q 的函数.

2. 设函数 $f(x)=\begin{cases}\dfrac{\sin kx}{x}, & x<0,\\ k, & x=0,\\ (1+2x)^{\frac{3}{x}}, & x>0,\end{cases}$ 则 k 取何值时,$f(x)$ 在其定义域内连续.

3. 设函数 $f(x)=\begin{cases}3x+2, & x\leqslant 0,\\ x^2+1, & 0<x\leqslant 1,\\ \dfrac{2}{x}, & x>1,\end{cases}$ 分别讨论 $x\to 0$ 及 $x\to 1$ 时 $f(x)$ 的极限是否存在.

数学家小传1

牛　顿

牛顿(Newton, Isaac)是英国数学家、物理学家、天文学家.1643年1月4日生于英格兰林肯郡的伍尔索普;1727年3月31日卒于伦敦.

牛顿出身于农民家庭,幼年颇为不幸:他是一个遗腹子,又是早产儿,3岁时母亲改嫁,把他留给了外祖父母,从小过着贫困孤苦的生活.他在条件较差的地方学校接受了初等教育,中学时也没有显示出特殊的才华.1661年考入剑桥大学三一学院,由于家庭经济困难,学习期间还要从事一些勤杂劳动以减免学费.由于他学习勤奋,并有幸得到著名数学家巴罗教授的指导,认真钻研了伽利略、开普勒、沃利斯、笛卡儿、巴罗等人的著作,还做了不少实验,打下了坚实的基础,1665年获学士学位.

1665年,伦敦地区流行鼠疫,剑桥大学暂时关闭.牛顿回到伍尔索普,在乡村幽居的两年中,终日思考各种问题、探索大自然的奥秘.他平生三大发明,微积分、万有引力定律、光谱分析,都萌发于此,这时他年仅23岁.后来牛顿在追忆这段峥嵘的青春岁月时,深有感触地说:"当年我正值发明创造能力最强的年华,比以后任何时期更专心致志于数学和科学."并说:"我的成功当归功于尽力的思索.""没有大胆的猜想就作不出伟大的发现."1667年,他回到剑桥攻读硕士学位,在获得学位后,成为三一学院的教师,并协助巴罗编写讲义,撰写微积分和光学论文.他的学术成就得到了巴罗的高度评价.例如,巴罗在1669年7月向皇家学会数学顾问柯林斯(Collins)推荐牛顿的《运用无穷多项方程的分析学》时,称牛顿为"卓越的天才".巴罗还坦然宣称牛顿的学识已超过自己,并在1669年10月把"卢卡斯教授"的职位让给了牛顿,牛顿当时年仅26岁.

牛顿发现微积分,首先得助于他的老师巴罗,巴罗关于"微分三角形"的深刻思想,给他极大影响;另外费马作切线的方法和沃利斯的《无穷算术》也给了他很大启发.牛顿的微积分思想(流数术)最早出现在他1665年5月21日写的一页文件中.他的微积分理论主要体现在下述三部论著里.

《运用无穷多项方程的分析学》，在这一著作中，牛顿给出了求瞬时变化率的普遍方法，阐明了求变化率和求面积是两个互逆问题，从而揭示了微分与积分的联系，即沿用至今的所谓微积分的基本定理. 当然，牛顿的论证在逻辑上是不够严密的. 正如他所说："与其说是精确的证明，不如说是简短的说明."他还应用这一方法得到许多曲线下的面积，并解决了一些能够表示成积分和式的其他问题. 在 1669 年牛顿将这本专论印成小册子给朋友，直到 1711 年才正式出版.

《流数术和无穷级数》，在这一论著中，牛顿对他的微积分理论做了更加广泛而深入的说明，并在概念、计算技巧和应用各方面做了很大改进. 例如，他改变了过去静止的观点，认为变量是由点、线、面连续运动而产生的. 他把变量叫作"流"，把变量的变化率叫作"流数"，并引进了高阶流数的概念. 他用更清晰准确的语言阐明了微积分的基本问题：一是，已知两个流 x 与 y 之间的关系，求它们的流数之间的关系；二是，已知流数 $\dot{x}$ 与 $\dot{y}$ 之间的关系，求它们的流之间的关系，并指出这是两个互逆问题. 该书中，牛顿还把流数法用于隐函数的微分，求函数的极值，求曲线的切线、长度、曲率和拐点，并给出了直角坐标和极坐标下的曲率半径公式，附了一张积分简表. 这部著作完成于 1671 年，但却经历了半个多世纪直到 1736 年才正式出版.

《求曲边形的面积》，这是一篇研究可积分曲线的经典文献. 这篇论文的一个主要目的是为澄清一些遭到非议的基本概念. 牛顿试图排除由"无穷小"而造成的混乱局面. 为此他把流数定义为"增量消逝"时获得的最终比和"初生增量"的最初比，尽管这种说法仍然是含糊其辞而有失严格，但把求极限的思想方法作为微积分的基础在这里已初露端倪. 这篇论文完成于 1676 年，发表于 1704 年.

牛顿上述三个论著是微积分发展史上的重要里程碑，也为近代数学甚至近代科学的产生与发展开辟了新纪元.

牛顿的名著《自然哲学的数学原理》不仅首次以几何形式发表了流数术及其应用，更重要的是它完成了对日心地动说的力学解释，把开普勒的行星运动规律、伽利略的运动论和惠更斯的振动论等统一成为力学的三大定律. 这部巨著 1687 年一问世，立刻被公认为人类智慧的最高结晶，哈雷赞誉它是"无与伦比的论著". 出版后不胫而走，很快被抢购一空，有人买不到，就用手抄写. 这本书在社会上引起了强烈的反响，例如，过去许多人认为彗星是魔鬼的产物，它是预示将要发生不祥事件的信号，《自然哲学的数学原理》出版之后，受过教育的人再也不相信这种鬼话了.

由于牛顿对科学作出了巨大贡献，因而受到了人们的崇敬：1688 年当选为国会议员，1689 年被选为法国科学院院士，1703 年当选为英国皇家学会会长，1705 年被英国女王封为爵士. 牛顿的研究工作为近代自然科学奠定四个重要基础；他创建的微积分，为近代数学奠定了基础；他的光谱分析，为近代光学奠定了基础；他发现的力学三大定律，为经典力学奠定了基础；他发现的万有引力定律，为近代天文学奠定了基础. 1701 年莱布尼茨说："纵观有史以来的全部数学，牛顿做了一半多的工作."托马斯(Thomson)说："牛顿的发现对英国及人类的贡献超过所有英国国王."然而，即使像牛顿这样的伟大人物，也并非完美无缺. 例如，由于他的一些学术成就或论著常常受到同时代一些科学家的争论或抨击，使他对争论简直厌恶到病态的程度，德摩根(De. Morgan)说："一种病态的害怕别人反对的心理统治了他一生."他的大部分著作都是在朋友们的劝告和坚决请求下才勉强整理出来的. 晚年他在神学势力的影响下几乎完全放弃了科学而潜心于神学的研究,撰写了150多万字的有关宗教、神学方面的文稿,其文字之晦涩、见解之荒谬、推理之混乱简直令人不敢相信它是出自一位大科学家之手.

牛顿临终时说:“我不知道世人对我怎样看法,但是在我看来,我只不过像一个在海滨玩耍的孩子,偶尔很高兴地拾到几颗光滑美丽的石子或贝壳,但那浩瀚无涯的真理的大海,却还在我的前面未曾被我发现.”他还说:“如果我之所见比笛卡儿等人要远一点,那只是因为我是站在巨人的肩上.”

牛顿终生未娶.他死后安葬在威斯敏斯特大教堂之内,与英国的英雄们安葬在一起.当时法国大文豪伏尔泰正在英国访问,他看到英国的大人物们都争抬牛顿的灵柩时感叹地评论说:“英国人悼念牛顿就像悼念一位造福于民的国王.”牛顿墓碑上拉丁语墓志铭的最后一句是:“他是人类的真正骄傲,让我们为之欢呼吧!”

第 2 章　导数与微分

【知识目标】

- 了解导数的几何意义、经济意义、物理意义；了解函数可导、可微、连续之间的关系；了解高阶导数的概念；了解洛必达法则求未定式极限的方法.
- 理解导数和微分的概念；理解函数极值的概念；会用导数关系分析边际、弹性等经济概念.
- 掌握导数、微分的运算法则；导数的基本公式；复合函数的求导法则.
- 掌握求函数的极值、判断函数的单调与函数图形的凹向、求函数图形的拐点等方法.

【能力目标】

- 掌握导数的模型思路.
- 会利用边际与弹性分析，探讨简单的经济实例.
- 熟练运用求函数的极值的方法，解决经济问题中的最优化问题.

【内容导航】

导数与微分是一元函数微分学中最基本的两个概念，导数反映了函数相对于自变量的变化的快慢程度，微分则指明了当自变量有微小变化时，因变量大体变化多少. 本章我们主要学习导数与微分的概念以及计算方法，从而用它们来进行边际和弹性分析，解决经济优化问题.

2.1　导数的概念

2.1.1　导数的定义

导数是微分学的重要概念之一，是用来分析变化的工具. 在经济管理与工程技术中，人们经常会遇到求函数随自变量变化而变化的快慢程度(即变化率)的问题，下面我们通过两个实例来看导数概念的由来.

【引例 1】 变速直线运动的瞬时速度问题

设物体沿着直线(设为 s 轴)做变速直线运动，它在 t 时刻所在的位置为 $s=s(t)$，求它在 t_0 时刻的瞬时速度 $v(t_0)$.

那么，怎样定义并求出物体在 t_0 时刻的瞬时速度 $v(t_0)$呢？可先讨论与 t_0 时刻接近的一个小时段$[t_0, t_0+\Delta t]$上物体运动的平均速度$\dfrac{s(t_0+\Delta t)-s(t_0)}{\Delta t}$，显然 Δt 越小，上述平均速度就越接近物体在 t_0 时刻的瞬时速度，由此可知，$v(t_0)$应该理解为当 $\Delta t\to 0$ 时上述平均速度的极限，即 $v(t_0)=\lim\limits_{\Delta t\to 0}\dfrac{s(t_0+\Delta t)-s(t_0)}{\Delta t}$.

【引例 2】 边际成本问题

设工厂生产某种产品的总成本函数 $C=C(q)$，表示当产量为 q 时的成本. 当产量取增量 Δq 单位时，总成本的增加量是 $\Delta C=C(q_0+\Delta q)-C(q_0)$，当 $\Delta q\to 0$ 时，极限 $\lim\limits_{\Delta q\to 0}\dfrac{\Delta C}{\Delta q}=\lim\limits_{\Delta q\to 0}\dfrac{C(q_0+\Delta q)-C(q_0)}{\Delta q}$ 表示产量为 q_0 单位时总成本对产量 q 的变化率. 由于产量最小变化为 1 单位，经济学中通常称该极限值为产量 q_0 单位时的边际成本，即产量在 q_0 单位时再多生产 1 个单位所增加的成本.

显然，上面两个例子所运用到的数学处理方法是相同的，都是要研究一类比值的极限，该比值是函数的改变量与自变量改变量之比. 这种类型的极限在其他许多实际问题中也常会遇到，具有普遍性，有必要将它抽象成一般的数学概念来予以研究.

定义（某点的导数） 设函数 $y=f(x)$ 在 $x=x_0$ 处连续，如果极限

$$\lim_{\Delta x\to 0}\frac{\Delta y}{\Delta x}=\lim_{\Delta x\to 0}\frac{f(x_0+\Delta x)-f(x_0)}{\Delta x}\text{存在，}$$

则称这个极限值为 $f(x)$ 在点 x_0 处的导数，记为 $f'(x_0)$ 或者 $y'|_{x=x_0}$，$\left.\dfrac{\mathrm{d}y}{\mathrm{d}x}\right|_{x=x_0}$.

当极限不存在时，则称函数 $y=f(x)$ 在点 x_0 处不可导.

由导数的定义可知，求函数 $y=f(x)$ 在点 x_0 处的导数可以分为以下三个步骤：

(1) 求函数 $y=f(x)$ 的增量 $\Delta y=f(x_0+\Delta x)-f(x_0)$；

(2) 求平均变化率 $\dfrac{\Delta y}{\Delta x}=\dfrac{f(x_0+\Delta x)-f(x_0)}{\Delta x}$；

(3) 取极限，得到函数 $y=f(x)$ 在点 $x=x_0$ 处的导数 $f'(x_0)=\lim\limits_{\Delta x\to 0}\dfrac{\Delta y}{\Delta x}$.

下面按照导数定义的三个步骤来求常数（不含自变量）函数的导数：

设 $y=c$（c 为常数），$\Delta y=c-c=0$，于是 $\dfrac{\Delta y}{\Delta x}=\dfrac{0}{\Delta x}=0$，所以 $c'=\lim\limits_{\Delta x\to 0}\dfrac{\Delta y}{\Delta x}=0$.

即常数函数的导数为零.

定义（导函数） 若函数 $y=f(x)$ 在区间 (a,b) 内任意一点处都可导，则称函数 $f(x)$ 在区间 (a,b) 内可导. 若 $f(x)$ 在区间 (a,b) 内可导，则对于区间 (a,b) 内的每一个 x 值，都有一个导数值 $f'(x)$ 与之对应，所以 $f'(x)$ 也是 x 的函数，叫作 $f(x)$ 的导函数，简称导数. 记作 $f'(x)$，或 y'，或 $\dfrac{\mathrm{d}y}{\mathrm{d}x}$.

要求函数 $y=f(x)$ 在点 $x=x_0$ 处的导数 $f'(x_0)$，先求导函数 $f'(x)$，再代值.

2.1.2 基本初等函数的导数公式

如果我们每次求函数的导数都按照定义的三个步骤，就会非常烦琐. 就像做任何事情先准备工具才能提高效率一样，快速求出函数导数的工具就是下面这些基本初等函数的导数公式和下节的求导法则.

下面我们不加推证直接给出六类基本初等函数的导数公式，希望大家熟记.

1. $(c)'=0$（c 为常数）；

2. $(x^{\alpha})'=\alpha x^{\alpha-1}$（$\alpha$ 为实数）；

3. $(a^x)'=a^x\ln a(a>0,a\neq 1)$，特别地，$(\mathrm{e}^x)'=\mathrm{e}^x$；

4. $(\log_a x)'=\dfrac{1}{x\ln a}(a>0,a\neq 1)$，特别地，$(\ln x)'=\dfrac{1}{x}$；

5. $(\sin x)'=\cos x$；

6. $(\cos x)'=-\sin x$；

7. $(\tan x)'=\sec^2 x=\dfrac{1}{\cos^2 x}$；

8. $(\cot x)'=-\csc^2 x=-\dfrac{1}{\sin^2 x}$；

9. $(\arcsin x)'=\dfrac{1}{\sqrt{1-x^2}}$；

10. $(\arccos x)'=\dfrac{-1}{\sqrt{1-x^2}}$；

11. $(\arctan x)'=\dfrac{1}{1+x^2}$；

12. $(\mathrm{arccot}\, x)'=\dfrac{-1}{1+x^2}$.

【例 1】 设 $y=x^{10}$，$y=\sqrt[3]{x}$，$y=\dfrac{1}{x}$，$y=\dfrac{1}{\sqrt[4]{x^3}}$，求 y'.

解 由幂函数的求导公式得 $(x^{10})'=10x^9$；$(\sqrt[3]{x})'=(x^{\frac{1}{3}})'=\dfrac{1}{3}x^{-\frac{2}{3}}$；

$$\left(\frac{1}{x}\right)'=(x^{-1})'=-x^{-2}；\left(\frac{1}{\sqrt[4]{x^3}}\right)'=(x^{-\frac{3}{4}})'=-\frac{3}{4}x^{-\frac{7}{4}}.$$

【例 2】 设 $y=\log_2 x$，求 y'，$y'(5)$.

解 因为 $a=2$，由对数公式，可得 $(\log_2 x)'=\dfrac{1}{x\ln 2}$，$y'(5)=\dfrac{1}{5\ln 2}$.

【例 3】 设 $y_1=10^x$，$y_2=\dfrac{2^x}{3^x}$，求 y_1'，y_2'.

解 在 y_1 中，因为 $a=10$，由指数公式得 $y_1'=(10^x)'=10^x\ln 10$；

而 $y_2=\dfrac{2^x}{3^x}=\left(\dfrac{2}{3}\right)^x$，$a=\dfrac{2}{3}$，由公式得 $\left[\left(\dfrac{2}{3}\right)^x\right]'=\left(\dfrac{2}{3}\right)^x\ln\dfrac{2}{3}=\left(\dfrac{2}{3}\right)^x(\ln 2-\ln 3)$.

2.1.3　导数的意义

导数有物理、经济、几何三重意义.

一、物理意义

路程函数 $s=s(t)$ 在时刻 t_0 的导数 $s'(t_0)$ 表示该运动物体在 t_0 时刻的**瞬时速度** $v(t_0)$，即 $v(t_0)=s'(t_0)$.

【例 4】 设物体运动的位置函数为 $s=2t^2+3t+10$（米），求物体在 $t=3$ 秒时的速度.

解 $s'=(2t^2+3t+10)'=4t+3$，

则物体在 $t=3$ 秒时的速度 $v(3)=s'(3)=4\cdot 3+3=15$（米/秒）.

二、经济意义

经济学中，当产量为 q_0 单位时的**边际**成本等于成本函数 $C=C(q)$ 在 q_0 处的导数 $C'(q_0)$. 关于边际成本，本书将在 2.3 节详细介绍.

三、几何意义

我们在中学数学中曾学过，函数 $y=f(x)$ 在 $x=x_0$ 处的导数 $f'(x_0)$ 的几何意义是曲线 $y=f(x)$ 在点 $(x_0,f(x_0))$ 处的**切线的斜率 k**.

根据直线的点斜式方程，得曲线 $y=f(x)$ 过点 $M(x_0,f(x_0))$ 的切线方程为：

$$y-f(x_0)=f'(x_0)(x-x_0).$$

过点 $M(x_0,f(x_0))$ 且与切线垂直的直线叫作曲线 $y=f(x)$ 在点 $M(x_0,f(x_0))$ 处的法线，所以曲线 $y=f(x)$ 在点 $M(x_0,f(x_0))$ 处的法线方程为：

$$y-f(x_0)=-\frac{1}{f'(x_0)}(x-x_0).\ ((f'(x_0)\neq 0)$$

【例 5】 求抛物线 $y=x^2$ 上过点 $M(2,4)$ 的切线方程和法线方程.

解 抛物线 $y=x^2$ 在点(2,4)处的切线斜率为：

$$k_1=y'|_{x=2}=2x|_{x=2}=4,$$

得所求切线方程为：

$$y-4=4(x-2),\text{即 } y=4x-4.$$

抛物线 $y=x^2$ 在点(2,4)处的法线斜率为：

$$k_2=-\frac{1}{k_1}=-\frac{1}{4},$$

得所求法线方程为：

$$y-4=-\frac{1}{4}(x-2),\text{即 } x+4y-18=0.$$

四、可导与连续的关系

若函数 $f(x)$ 在点 x_0 处可导，则 $f(x)$ 必在点 x_0 处连续.

函数在某点连续只是函数在某点可导的必要条件，不是充分条件，即函数 $f(x)$ 在点 x_0 处连续，不一定在点 x_0 处可导.

习题 2.1

第2章参考答案

1. 用幂函数的导数公式求下列函数的导数：

(1) $y=x^{12}$；　(2) $y=\frac{1}{x^5}$；　(3) $y=\sqrt{x}$；　(4) $y=\sqrt[4]{x^3}$；

(5) $y=x^5\sqrt{x}$；　(6) $y=\frac{1}{\sqrt{x}}$；　(7) $y=\frac{1}{\sqrt[7]{x^6}}$；　(8) $y=\frac{\sqrt{x}}{\sqrt[3]{x^2}}$.

2. 求下列曲线在指定点处的切线方程和法线方程：

(1) $y=x^3$ 在点(−2,−8)处；

(2) $y=\sqrt[3]{x}$ 在点(1,1)处；

(3) $y=\sqrt{x}$ 在 $x=4$ 处；

(4) $y=\frac{1}{x^2}$ 在 $x=-1$ 处.

3. 单项选择题：

(1) 设 $f(x)=x^{2016}$，则 $f'(1)=$(　　).

A. 0　　B. 2 016　　C. 2 015　　D. 1

(2) 若函数 $f(x)$ 在点 x_0 不可导，则曲线 $y=f(x)$ 在点 x_0 的切线(　　).

A. 一定不存在　　B. 不一定不存在

C. 一定存在　　　　D. 一定平行于 y 轴

(3) 函数 $f(x)$在点 x_0 连续是它在该点可导的(　　).

A. 必要条件　　　　B. 充要条件

C. 充分条件　　　　D. 无关条件

(4) 曲线 $y=x^3$ 在点(2,8)处法线的斜率为(　　).

A. 12　　B. 4　　C. $-\frac{1}{12}$　　D. 8

(5) 若函数 $f(x)$在点 x_0 可导,且曲线 $y=f(x)$在点 x_0 处的切线平行于 x 轴,则 $f'(x_0)=$(　　).

A. 1　　B. ∞　　C. 无法计算　　D. 0

2.2　导数与微分的计算

前面我们已经给出了基本初等函数的导数公式,本节我们将介绍求导的四则运算法则、复合函数的求导公式以及高阶导数的求法. 有了这些法则和公式,大家求初等函数的导数以及微分就简单了.

2.2.1　导数的四则运算

设函数 $f(x)$,$g(x)$在点 x 处的导数都存在,则

一、代数和的导数

$$[f(x)\pm g(x)]'=f'(x)\pm g'(x)$$

二、乘积的导数

$$[f(x)g(x)]'=f'(x)g(x)+f(x)g'(x)$$

特殊地,$[kf(x)]'=kf'(x)$.(k 为任意常数)

三、商的导数

$$\left[\frac{f(x)}{g(x)}\right]'=\frac{f'(x)g(x)-f(x)g'(x)}{g^2(x)}.\ (g(x)\neq 0)$$

【例 1】 求 $f(x)=x^5-\cos x+5\ln x+\mathrm{e}^2$ 的导数 $f'(x)$.

解　$f'(x)=(x^5)'-(\cos x)'+5(\ln x)'+(\mathrm{e}^2)'=5x^4+\sin x+\frac{5}{x}$.

【例 2】 求 $f(x)=\mathrm{e}^x\sin x$ 的导数 $f'(x)$,$f'(0)$.

解　$f'(x)=(\mathrm{e}^x\sin x)'=(\mathrm{e}^x)'\sin x+\mathrm{e}^x(\sin x)'$

$=\mathrm{e}^x\sin x+\mathrm{e}^x\cos x=\mathrm{e}^x(\sin x+\cos x)$,

$f'(0)=\mathrm{e}^0(\sin 0+\cos 0)=1\cdot(0+1)=1$.

【例 3】 已知 $f(x)=\frac{\ln x}{x}$,求$\frac{\mathrm{d}y}{\mathrm{d}x}$.

解　$\frac{\mathrm{d}y}{\mathrm{d}x}=\left(\frac{\ln x}{x}\right)'=\frac{(\ln x)'x-\ln x(x)'}{x^2}$

$$=\frac{\frac{1}{x}\cdot x-\ln x\cdot 1}{x^2}=\frac{1-\ln x}{x^2}.$$

【例 4】 求 $y=\tan x$ 的导数 y'.

解 $y'=(\tan x)'=\left(\frac{\sin x}{\cos x}\right)'=\frac{(\sin x)'\cos x-\sin x(\cos x)'}{\cos^2 x}$

$$=\frac{\cos^2 x-\sin x(-\sin x)}{\cos^2 x}=\frac{\cos^2 x+\sin^2 x}{\cos^2 x}=\frac{1}{\cos^2 x}=\sec^2 x.$$

类似地,可得到$(\cot x)'=\frac{-1}{\sin^2 x}=-\csc^2 x$.

【例 5】 设 $y=\frac{5x^3-2x+7}{\sqrt{x}}$,求 y',$y'(1)$.

解 先化简,得 $y=5x^{\frac{5}{2}}-2x^{\frac{1}{2}}+7x^{-\frac{1}{2}}$,于是

$$y'=5\cdot\frac{5}{2}\cdot x^{\frac{3}{2}}-2\cdot\frac{1}{2}\cdot x^{-\frac{1}{2}}+7\cdot\left(-\frac{1}{2}\right)\cdot x^{-\frac{3}{2}}$$

$$=\frac{25}{2}x^{\frac{3}{2}}-x^{-\frac{1}{2}}-\frac{7}{2}x^{-\frac{3}{2}},$$

$$y'(1)=\frac{25}{2}\cdot 1^{\frac{3}{2}}-1^{-\frac{1}{2}}-\frac{7}{2}\cdot 1^{-\frac{3}{2}}=8.$$

2.2.2 复合函数的导数法则

设函数 $y=f(u)$,$u=\varphi(x)$可以复合成函数 $y=f[\varphi(x)]$,若 $u=\varphi(x)$在点 x 处可导,$y=f(u)$在点 u 处可导,则复合函数 $y=f[\varphi(x)]$在点 x 处的导数也存在,并且

$$\frac{\mathrm{d}y}{\mathrm{d}x}=\frac{\mathrm{d}y}{\mathrm{d}u}\cdot\frac{\mathrm{d}u}{\mathrm{d}x}\text{或 } y'_x=y'_u\cdot u'_x.$$

或直接写成 $y'=[f[\varphi(x)]]'=f'[\varphi(x)]\varphi'(x)$. **从外到内依次求导相乘.**

即把中间变量看成一个整体,复合函数的导数等于已知函数**对中间变量求导再乘以中间变量对自变量的导数**.这样就省去了中间变量的代换.

例如 $y=(3x+2)^{100}$,则 $y'=100(3x+2)^{99}(3x+2)'=300(3x+2)^{99}$.

利用此法则,我们非常容易就能求得复合函数的导数.

【例 6】 求下列函数的导数:

(1) $y=\sin\frac{x}{5}$;　　(2) $y=\sqrt{4-3x^2}$;　　(3) $y=\sin^3 x$;

(4) $y=\cos x^2$;　　(5) $y=\mathrm{e}^{\cos x}$;　　(6) $y=\ln\cos x$.

解 (1) $y'=\cos\frac{x}{5}\cdot\left(\frac{x}{5}\right)'=\frac{1}{5}\cos\frac{x}{5}$;

(2) $y'=\frac{1}{2}(4-3x^2)^{-\frac{1}{2}}\cdot(4-3x^2)'=\frac{-3x}{\sqrt{4-3x^2}}$;

(3) $y'=3\sin^2 x\cdot(\sin x)'=3\sin^2 x\cos x$;

(4) $y'=-\sin x^2\cdot(x^2)'=-2x\sin x^2$;

(5) $y'=(\mathrm{e}^{\cos x})'=\mathrm{e}^{\cos x}(\cos x)'=-\sin x\mathrm{e}^{\cos x}$;

(6) $y'=\dfrac{1}{\cos x}\cdot(\cos x)'=-\dfrac{\sin x}{\cos x}=-\tan x$.

有些函数求导时,需要综合运用多种运算法则.

【例 7】 求下列函数的导数:

(1) $y=\sin(x^3-e^x)$;　(2) $y=e^{-x}\sin 6x$;　(3) $y=\cos^2 x+\sin x^3$.

解 (1) $y'=\cos(x^3-e^x)\cdot(x^3-e^x)'=(3x^2-e^x)\cos(x^3-e^x)$;

(2) $y'=(e^{-x})'\sin 6x+e^{-x}(\sin 6x)'=-e^{-x}\sin 6x+6e^{-x}\cos 6x$;

(3) $y'=2\cos x\cdot(\cos x)'+\cos x^3\cdot(x^3)'=-\sin 2x+3x^2\cos x^3$.

2.2.3 高阶导数

如果 $f'(x)$在点 x 处还可再求导,则称$(f'(x))'$为 $f(x)$在点 x 处的二阶导数,记作

$$f''(x),y'',\text{或}\frac{d^2y}{dx^2}.$$

类似地,二阶导数 $f''(x)$的导数称为 $f(x)$的三阶导数,记作 $f'''(x)$,…,$(n-1)$阶导数 $f^{(n-1)}(x)$再求导称为 $f(x)$的 n 阶导数,记作 $f^{(n)}(x)$,$y^{(n)}$,$\dfrac{d^ny}{dx^n}$.

函数 $y=f(x)$在点 x 处具有 n 阶导数,也称 n 阶可导. 二阶及二阶以上各阶导数统称高阶导数. 四阶或四阶以上的导数记作 $f^{(k)}(x)(k\geqslant 4)$.

根据高阶导数的定义可知,求函数的高阶导数只需要对函数**逐阶再求导**就行了.

【例 8】 求下列函数的二阶导数.

(1) $y=2x^3-3x^2+\ln 5$;　(2) $y=x\cos x$.

解 (1) 因为 $y'=6x^2-6x$,

所以 $y''=(6x^2-6x)'=12x-6$;

(2) 因为 $y'=\cos x-x\sin x$,$y''=(\cos x-x\sin x)'$,

所以 $y''=-\sin x-(\sin x+x\cos x)=-2\sin x-x\cos x$.

【例 9】 设 $f(x)=x^2\ln x$,求 $f'''(1)$.

解 因为 $f'(x)=2x\ln x+x$,$f''(x)=2\ln x+3$,

所以 $f'''(x)=\dfrac{2}{x}$,$f'''(1)=2$.

【例 10】 求下列函数的 n 阶导数.

(1) $y=3^x$;　(2) $y=e^{-2x}$.

解 (1) 因为 $y'=3^x\ln 3$,$y''=(\ln 3)3^x(\ln 3)=3^x(\ln 3)^2$,

$y'''=(\ln 3)^2 3^x(\ln 3)=3^x(\ln 3)^3$,…,

所以 $y^{(n)}=3^x(\ln 3)^n$.

(2) 因为 $y'=(-2)e^{-2x}$,$y''=(-2)e^{-2x}(-2)=(-2)^2e^{-2x}$,

$y'''=(-2)^2e^{-2x}(-2)=(-2)^3e^{-2x}$,…,

所以 $y^{(n)}=(-2)^ne^{-2x}$.

2.2.4 函数的微分

前面我们讲过导数描述的是函数在点处的变化率. 有时我们还需要了解函数在某一点当

自变量取得微小改变时,函数取得相应改变量的大小,这就需要引入微分的概念.

一、函数微分的定义

定义(微分) 设函数 $y=f(x)$ 在点 x 处可导,则 $f'(x)\Delta x$ 称为函数 $f(x)$ 在点 x 处的微分,记为 $\mathrm{d}y$ 或 $\mathrm{d}f(x)$,即 $\mathrm{d}y=f'(x)\Delta x$.

由微分的定义可知,一个函数在某一点的微分,就是一个自变量增量 Δx 的线性函数,当 $|\Delta x|$ 充分小时,微分 $\mathrm{d}y$ 可以近似地代替函数的增量 Δy. 即 $\Delta x\to 0$ 时,$\Delta y\approx \mathrm{d}y$.

特别,当 $y=x$ 时,$\mathrm{d}x=\mathrm{d}y=\Delta x$. 这样,函数 $y=f(x)$ 在点 x 处的微分就可以表示为

$$\mathrm{d}y=f'(x)\mathrm{d}x.$$

函数在点 x 处的导数可以表示为两个微分之商,即 $\frac{\mathrm{d}y}{\mathrm{d}x}=f'(x)$. 因此,函数的导数也称为微商. 因此**可导是可微的充要条件**.

【例 11】 求函数 $y=x^2$ 在 $x=2,\Delta x=0.01$ 的改变量及微分.

解 $\Delta y=(x+\Delta x)^2-x^2=2.01^2-2^2=0.0401$.

在 $x=2$ 处,$y'|_{x=2}=2x|_{x=2}=2\times 2=4$,所以 $\mathrm{d}y=y'\Delta x=4\times 0.01=0.040$.

【例 12】 求函数 $y=x^3+\ln x$ 在 $x=1$ 处的微分.

解 $y'|_{x=1}=\left(3x^2+\frac{1}{x}\right)\Big|_{x=1}=4$,$\mathrm{d}y|_{x=1}=4\mathrm{d}x$.

二、微分的计算

从函数微分的表达式 $\mathrm{d}y=f'(x)\mathrm{d}x$ 可以看出,要计算函数的微分 $\mathrm{d}y$,只要计算出**函数的导数,再乘以自变量 x 的微分 $\mathrm{d}x$** 就可以了.

【例 13】 求函 $y=x^3\ln x$ 数的微分.

解 $\mathrm{d}y=(x^3\ln x)'\mathrm{d}x=(3x^2\ln x+x^2)\mathrm{d}x$.

【例 14】 求函数 $y=\frac{\sin x}{x^2}$ 的微分.

解 $\mathrm{d}y=\left(\frac{\sin x}{x^2}\right)'\mathrm{d}x=\left(\frac{x^2\cos x-2x\sin x}{x^4}\right)\mathrm{d}x=\left(\frac{x\cos x-2\sin x}{x^3}\right)\mathrm{d}x$.

【例 15】 求函数 $y=\mathrm{e}^{\sin x}$ 的微分.

解 $\mathrm{d}y=(\mathrm{e}^{\sin x})'\mathrm{d}x=\mathrm{e}^{\sin x}\cos x\mathrm{d}x$.

习题 2.2

1. 求下列函数的导数:

(1) $y=3x^4-5x^2+40\sin x-\mathrm{e}^8$;　(2) $y=(x^2-4)(2x^3+3)$;

(3) $y=\frac{x}{a}+\cot\frac{\pi}{3}+6\ln x$;　(4) $y=x^3\mathrm{e}^x$;

(5) $y=(1+x^2)\arctan x+\ln 5$;　(6) $y=x\cos x+2\sin x$;

(7) $y=\frac{3x^4+x-5}{\sqrt{x}}$;　(8) $y=\frac{x}{1+\sin x}$.

2. 求下列复合函数的导数:

(1) $y=(5x^2+10x-3)^6$；　(2) $y=e^{\cos x}$；

(3) $y=\ln 5x$；　(4) $y=\cos e^x$；

(5) $y=\sqrt{x^3+1}$；　(6) $y=\sin(1+9x)$；

(7) $y=e^{-x}\cos 3x$；　(8) $y=\sin^3 x+\cos x^3$.

3. 求下列函数的二阶导数：

(1) $y=3x^4-5x^2+40x-15$；　(2) $y=x^3\ln x$；

(3) $y=\ln(1+x^2)$；　(4) $y=e^x\cos x$.

4. 求下列函数的高阶导数：

(1) $y=\dfrac{x}{\ln x}$，求 $y''(e)$；　(2) $y=x^4-5\sin 3x+e^x-\cos 2$，求 $y'''(0)$；

(3) $y=x^3\ln x$，求 $y^{(4)}$；　(4) $y=xe^x$，求 $y^{(n)}$.

5. 求下列函数的微分：

(1) $y=3x^4+2$；　(2) $y=x^2\cos x$；

(3) $y=\ln\ln x-2\tan\dfrac{\pi}{6}$；　(4) $y=\arcsin x^2$.

2.3　边际分析与弹性分析

2.3.1　边际分析

边际概念是导数概念的经济解释. 由导数定义知道，函数的导数是函数的变化率. 由于产量、价格等最小变化单位都是 1，边际实质上描述了经济函数**自变量变化一个单位，因变量变化情况**. 下面介绍几个最常见的边际函数.

一、边际成本

设某产品的总成本 C 是产量 q 的函数，即 $C=C(q)$.

当产量由 q_0 变到 $q_0+\Delta q$ 时，总成本相应的改变量为 $\Delta C=C(q_0+\Delta q)-C(q_0)$，则产量由 q_0 变到 $q_0+\Delta q$ 时，总成本的平均变化率为 $\dfrac{\Delta C}{\Delta q}=\dfrac{C(q_0+\Delta q)-C(q_0)}{\Delta q}$.

当 $\Delta q\to 0$ 时，如果极限 $\lim\limits_{\Delta q\to 0}\dfrac{\Delta C}{\Delta q}=\lim\limits_{\Delta q\to 0}\dfrac{C(q_0+\Delta q)-C(q_0)}{\Delta q}$ 存在，则称此极限是产量为 q_0 时的总成本的变化率，又称边际成本，记为 $MC=C'(q)$. 即成本函数关于产量的导数就是该产品的边际成本. 因产量的最小改变为一个单位，故

$$C(q_0+1)-C(q_0)=\Delta C=C'(q_0)\Delta q=C'(q_0).$$

在经济学中，边际成本定义为产量在 q_0 的基础上再增加一个单位时所增加的成本.

【例 1】　设某产品产量为 q(单位：吨)时的总成本函数(单位：元)为

$$C(q)=1\,000+7q+50\sqrt{q}.$$

求：(1) 产量为 100 吨时的总成本；

(2) 产量为 100 吨时的平均成本；

（3）产量从 100 吨增加到 225 吨时，总成本的平均变化率；

（4）产量为 100 吨时，总成本的变化率（边际成本）.

解 (1)产量为 100 吨时的总成本为

$$C(100)=1\,000+7\times100+50\sqrt{100}=2\,200(\text{元});$$

（2）产量为 100 吨时的平均成本为

$$\overline{C}(100)=\frac{C(100)}{100}=22(\text{元/吨});$$

（3）产量从 100 吨增加到 225 吨时，总成本的平均变化率为

$$\frac{\Delta C}{\Delta q}=\frac{C(225)-C(100)}{225-100}=\frac{3\,325-2\,200}{125}=9(\text{元/吨});$$

（4）产量为 100 吨时，总成本的变化率即边际成本为

$$C'(100)=(1\,000+7q+50\sqrt{q})'\big|_{q=100}=\left(7+\frac{25}{\sqrt{q}}\right)\bigg|_{q=100}=9.5(\text{元}).$$

其经济含义是：当产量为 100 吨时，再多生产一单位产品，成本增加 9.5 元.

二、边际收入

设某产品的销售量为 q 时的收入函数为 $R=R(q)$，则收入函数关于销售量 q 的导数就是该产品的边际收入 $MR=R'(q)$. 在经济学中，边际收入定义为多销售一个单位产品所增加的销售收入.

【例 2】 设某产品的需求函数为 $q=100-5p$，求边际收入函数，以及 $q=20$ 时的边际收入并解释其经济意义.

解 需求函数为 $q=100-5p$，则销售价格 $p=\frac{1}{5}(100-q)$，

于是收入函数为 $R(q)=pq=\frac{1}{5}(100-q)q=20q-\frac{1}{5}q^2$，

边际收入函数为 $R'(q)=20-\frac{2}{5}q$，$R'(20)=12$.

经济意义是：当销量为 20 单位时，再多销售一单位产品，收入增加 12 单位.

三、边际利润

设某产品的销售量为 q 时的利润函数为 $L=L(q)$，则称 $L'(q)$ 为销售量为 q 时的边际利润. $ML=L'(q)=R'(q)-C'(q)$，即边际利润为边际收入与边际成本之差. 经济意义指销售量为 q 时再多销售一个单位产品利润的改变量.

【例 3】 某工厂进行了大量的统计分析后，得出总利润 $L(Q)$（元）与每月销量 Q（吨）的关系为 $L(Q)=250Q-5Q^2$，试确定每月销量为 20 吨、25 吨、30 吨时的边际利润，并作出经济解释.

解 边际利润函数为 $L'(Q)=(250Q-5Q^2)'=250-10Q$，则

$L'(20)=50$，当每月销量为 20 吨时，再多销售一吨利润将增加 50 元；

$L'(25)=0$，当每月销量为 25 吨时，再多销售一吨利润不改变；

$L'(30)=-50$，当每月销量为 30 吨时，再多销售一吨利润将减少 50 元.

上述结果表明，对厂家来说，并非销量越大，利润就越高，厂家应该利用相关知识作出科学的决策.

四、边际需求

边际需求为需求函数 $Q(p)$ 对价格 p 的导数 $Q'(p)$，在经济学中解释为：边际需求是当价格为 p 时，需求量对价格的变化率. 可以理解为：当价格为 p 时，价格上涨（或下降）一个单位需求量将减少（或增加）的数量.

【例 4】 某商品的需求函数为 $Q(p)=45-p^2$，求 $p=4$ 时的边际需求，并说明经济意义.

解 边际需求函数为 $Q'(p)=(45-p^2)'=-2p$

当 $p=4$ 时边际需求为 $Q'(4)=-2p|_{p=4}=-8$

它表示价格为 4 时，再增加 1 个单位价格时，需求量将减少 8 个单位，即需求量对价格的变化率为 -8.

2.3.2 弹性分析

前面讨论的导数即变化率（如边际成本，边际收益，边际利润，边际需求等）是函数的绝对改变量与自变量绝对改变量的比率问题. 实践中，仅仅研究函数的绝对变化率是不够的，还需要研究函数的**相对变化率，即自变量变化 1%，因变量变化百分之几.**

【引例】 商品甲每单位价格为 10 元，涨价 1 元；商品乙每单位价格 1 000 元，也涨价 1 元，哪种商品的涨幅更大呢？

两种商品价格的绝对改变量都是 1 元，但各与其原价相比，两者涨价的百分比却有很大不同，商品甲涨了 10%，而商品乙涨了 0.1%，显然商品甲的涨价幅度要比乙的涨幅更大. 因此有时需要用相对改变量来刻画变量的变化，并研究函数的相对改变量的比率——弹性分析. 在这里我们只介绍弹性函数、需求价格弹性、供给价格弹性和需求收入弹性.

一、弹性函数

给定变量 u，它在某处的改变量 Δu 称作绝对改变量. 给定改变量 Δu 与变量在该处的值 u 之比 $\frac{\Delta u}{u}$ 称作相对改变量.

定义 对于函数 $y=f(x)$，如果极限 $\lim\limits_{\Delta x\to 0}\frac{\Delta y/y}{\Delta x/x}$ 存在，则

$$\lim_{\Delta x\to 0}\frac{\Delta y/y}{\Delta x/x}=\lim_{\Delta x\to 0}\frac{\Delta y}{\Delta x}\cdot\frac{x}{y}=\frac{x}{y}\frac{\mathrm{d}y}{\mathrm{d}x}=\frac{x}{y}f'(x)$$

称作函数 $f(x)$ 在点 x 处的弹性，记作 E，即 $E(x)=\frac{x}{y}f'(x)$ 或 $E=\frac{x}{y}\frac{\mathrm{d}y}{\mathrm{d}x}$ 为函数 $y=f(x)$ 的弹性函数，亦称相对导数.

【例 5】 求下列函数的弹性函数：

(1) $y=500\mathrm{e}^{2x}$；　　(2) $y=x^{\mu}$.

解 (1) y 的弹性函数为 $E=x\cdot\frac{y'}{y}=x\cdot\frac{1\,000\mathrm{e}^{2x}}{500\mathrm{e}^{2x}}=2x$；

(2) y 的弹性函数为 $E=x\cdot\frac{y'}{y}=x\cdot\frac{\mu x^{\mu-1}}{x^{\mu}}=\mu$.

可以看出幂函数的弹性函数为常数，即在任意点处弹性不变，都为其指数，所以称为不变弹性函数；而指数函数的弹性函数也为其指数部分.

例如：$y=x^9$ 的弹性函数为 $E=9$；$Q=1\,000\mathrm{e}^{0.3p}$ 的弹性函数为 $E=0.3p$.

二、需求价格弹性

由弹性的定义知，函数 $y=f(x)$ 在点 x 的弹性与任何度量单位无关，并且它表示（实际上是近似表示）当自变量 x 改变 1%时，函数 $y=f(x)$ 相应改变的百分数. 需求的价格弹性又称需求弹性，指价格 p 变动的比率所引起的需求量 Q 变动的比率，即需求量变动对价格变动反应的灵敏程度，记作 E_d.

由需求函数 $Q=Q(p)$ 可得需求弹性为 $E_d=\frac{p\mathrm{d}Q}{Q\mathrm{d}p}=p\frac{Q'}{Q}$.

根据各种商品需求弹性系数的大小，可以把需求的价格弹性分为五类：

(1) 完全无弹性：即 $E_d=0$，不管价格如何变动，需求量都不变. 如胰岛素等专用品.

(2)缺乏弹性：即 $|E_d|<1$，商品涨价将使商品销售总收入增加，商品降价将使商品销售总收入减少（谷贱伤农）. 如粮食、水、电等生活必需品以及易耗品.

(3) 单位弹性：即 $|E_d|=1$，商品涨价或降价对商品销售总收入基本没有影响. 如衣物、洗衣粉等日常用品（近似认为）.

(4) 富有弹性：即 $|E_d|>1$，商品涨价将使商品销售总收入减少，商品降价将使商品销售总收入增加（薄利多销）. 如旅游、汽车、电子产品等贵重品以及耐用品.

(5) 完全弹性：即 $|E_d|\to\infty$，无论价格如何变动，需求量都无限. 如黄金等保值品.

【例 6】 设某商品的需求函数为 $Q=3\,000\mathrm{e}^{-0.02p}$，求价格 $p=30,100$ 时的需求价格弹性，并解释其经济含义.

解 $E_d(p)=\frac{pQ'(p)}{Q}=\frac{-0.02p\times 3\,000\mathrm{e}^{-0.02p}}{3\,000\mathrm{e}^{-0.02p}}=-0.02p$,

$E_d(30)=-0.6$，其经济意义是：当价格为 30 时，若价格增加 1%，则需求量减少 0.6%；

$E_d(100)=-2$，其经济意义是：当价格为 100 时，若价格增加 1%，则需求量减少 2%.

在市场经济状态下，经营企业者比较关心商品涨价（$\Delta p>0$）或降价（$\Delta p<0$）对总收益的影响程度. 在经济分析中，应用商品的需求价格弹性，可以指明当价格变动时，销售总收益的变动情况.

设 $Q=f(p)$ 是需求函数，下面我们不加证明地给出总收益 R 对于不同的弹性系数，随着价格 p 的增减而发生变化的关系式 $\Delta R\approx(1-|E_d|)Q\Delta p$. 于是得到：

(1) 当 $|E_d|<1$ 时，总收益随价格的提高而增加. 换言之，当需求是缺乏弹性时，由于需求下降的幅度小于价格提高的幅度，因而提高价格可使总收益增加.

(2) 当 $|E_d|>1$ 时，提高价格，总收益反而减少，这时需求是富有弹性的，需求下降的幅度大于价格提高的幅度，提高价格不能达到增加收入的目的，因而富有弹性的商品适合薄利多销.

(3) 当 $|E_d|=1$ 时，这时总收益函数是常数，这表明总收益不因价格的变动而变动.

以上分析说明，涨价未必增收，降价未必减收. 测定商品的需求价格弹性，进行市场分析，对确定或调整商品的价格有参考价值.

【例 7】 已知某公司生产经营的某种电器的需求弹性在 1.5～3.5 之间，如果该公司计划在下一年度内将价格降低 10%，试问这种电器的销售量将会增加多少？总收入将会增加多少？

解 由需求弹性 $E_d=\frac{p}{Q}Q'$，即 $E_d=\frac{p}{Q}\cdot\frac{\mathrm{d}Q}{\mathrm{d}p}$.

因为 $dp=\Delta p$ 很小时，$dQ\approx\Delta Q$，则 $\frac{\Delta Q}{Q}\approx E_d\frac{\Delta p}{p}$，而 $\frac{\Delta p}{p}=-0.1$，

则当 $|E_d|=1.5$ 时，$\frac{\Delta Q}{Q}\approx-1.5\times(-0.1)=0.15=15\%$；

当 $|E_d|=3.5$ 时，$\frac{\Delta Q}{Q}\approx-3.5\times(-0.1)=0.35=35\%$.

由 $\Delta R\approx(1-|E_d|)Q\Delta p$ 和 $R=pQ$，

得 $\frac{\Delta R}{R}\approx\frac{(1-|E_d|)Q\Delta p}{pQ}=(1-|E_d|)\frac{\Delta p}{p}$，

则当 $|E_d|=1.5$ 时，$\frac{\Delta R}{R}\approx(1-1.5)\times(-0.1)=0.05=5\%$；

当 $|E_d|=3.5$ 时，$\frac{\Delta R}{R}\approx(1-3.5)\times(-0.1)=0.25=25\%$.

即在下一年度内将价格降低10%后，该公司这种电器的销售量将会增加15%～35%，总收入将会增加5%～25%.

三、供给价格弹性

供给价格弹性是反映当价格变动时，相应商品的供给量变动对价格变动的敏感程度.

利用供给函数 $S=S(p)$，同样可定义供给弹性 $E_s=p\frac{S'(p)}{S(p)}$.

一般情况，因供给函数 $S=S(p)$ 是单调增加函数，即 $S'(p)>0$，又 $p>0$，$S(p)>0$，因此，供给价格弹性 E_s 取正值.

设商品的价格为 p 时，供给量为 Q，供给价格弹性 E_s 的经济意义是：在价格为 p 时，若价格提高或降低1%，供给量将由 Q 起增加或减少 $E_s\%$.

【例8】 某商品的供给函数为 $Q=-30+5p$，求供给价格弹性及价格为8时的供给价格弹性 E_s，并说明其经济意义.

解 因为
$$Q'=f'(p)=(-30+5p)'=5,$$
所以
$$E_s=p\frac{f'(p)}{f(p)}=p\frac{5}{-30+5p}=\frac{p}{p-6}.$$

当 $p=8$ 时，$E_s=\frac{8}{8-6}=4$.

由于当 $p=8$ 时，$S=10$. 上述计算结果表明：当价格为8时，若价格提高或降低1%，则供给量将由10起增加或减少4%.

四、需求收入弹性

把某时某地对某商品的需求量 Q 看作收入 R 的函数，即需求函数为 $Q=g(R)$（其中 R 为消费者收入），则需求收入弹性为

$$E_{dR}=R\frac{g'(R)}{g(R)}.$$

一般地，因为 $R>0$，$g(R)>0$，而 $g'(R)>0$（$\theta(R)$ 是单调增加函数），所以 $E_{dR}>0$.

【例9】 手机生产商的定价问题.

某手机制造商估计其产品在某地的需求价格弹性为 -1.2%，需求收入弹性为3，当年该地区的销售量为90万台. 据悉，下一年居民实际收入将增加10%，制造商决定提价5%，问手

机制造商应如何组织生产(即计划明年的生产量是多少)? 如果该手机制造商下一年的生产能力最多比当年可增加 5%,为获得最大利润,该手机制造商应如何调整价格? 提价还是降价? 调整多少?

解 (1) 设需求函数为 $Q=f(p)$(p 为价格),需求收入函数为 $Q=g(R)$(R 为收入),根据题意

$$\frac{\Delta Q/Q_0}{\Delta p/p_0}=-1.2,\frac{\Delta Q/Q_0}{\Delta R/R_0}=3,Q_0=90,\frac{\Delta R}{R}=10\%,\frac{\Delta p}{p}=5\%.$$

由$\frac{\Delta Q/Q_0}{\Delta p/p_0}=-1.2$知,价格每提升 1%,销售量将减少 1.2%,这样由于公司提价 5%,即$\frac{\Delta p}{p}=5\%$,使销售量减少为 $5\%\times1.2=6\%$,即$\frac{\Delta Q_1}{Q_0}=-6\%$;

又由于$\frac{\Delta Q/Q_0}{\Delta R/R_0}=3$,预计明年的收入将增加 10%,即$\frac{\Delta R}{R}=10\%$,这样由于居民收入增加 10%将使销售量增加 $10\%\times3=30\%$,即$\frac{\Delta Q_2}{Q_0}=30\%$.

综合上述两因素的影响可知:明年销售量将增加的百分比为

$$\frac{\Delta Q}{Q_0}=\frac{\Delta Q_1}{Q_0}+\frac{\Delta Q_2}{Q_0}=30\%-6\%=24\%.$$

又 $Q_0=90$ 万单位,由$\frac{\Delta Q}{Q_0}=\frac{Q-Q_0}{Q_0}=24\%$,得 $Q=1.24Q_0=1.24\times90=111.6$(万台).
所以该手机制造商明年的生产量大约应为 111.6 万台.

(2) 如果手机制造商下一年的生产量最多可增加 5%,即$\frac{\Delta Q}{Q_0}=5\%$,由于居民收入增加 10%将使销售量增加 $10\%\times3=30\%$,如果此时手机制造商不采取提高价格的措施,产品将供不应求,为缓解供求矛盾,也为厂家能获得最大利润,只能采取提价措施,提价多少?

由$\frac{\Delta R}{R}=10\%$及$\frac{\Delta Q/Q_0}{\Delta R/R_0}=3$ 可知,$\frac{\Delta Q_2}{Q_0}=30\%$,

要使
$$\frac{\Delta Q}{Q_0}=\frac{\Delta Q_1}{Q_0}+\frac{\Delta Q_2}{Q_0}=5\%\Rightarrow\frac{\Delta Q_1}{Q_0}=5\%-30\%=-25\%,$$

又由$\frac{\Delta Q/Q_0}{\Delta p/p_0}=-1.2$ 即$\frac{-25\%}{\frac{\Delta p}{p}}=-1.2\Rightarrow\frac{\Delta p}{p}\approx20.83\%$.

即制造商应将售价提高约 20.83%,在最大生产能力仅能提高 5%的前提下,可实现供求平衡.

习题 2.3

1. 填空题:

(1) 设商品的需求量 Q 与价格 p 有关系,$Q(p)=200e^{-0.25p}$,则需求弹性 $E_d=$__________.

(2) 设需求函数 $Q(p)=1\,000e^{-0.15p}$,则需求弹性 $E(10)=$__________,属于__________弹性,其经济意义是______________________________.

(3) 函数 $y=e^{kx}$ 的弹性为:__________.

2. 单项选择题：

(1) 设某商品的需求量 Q 是价格 p 的函数 $Q(p)=60-4p^{\frac{3}{2}}$，则边际需求是(　　).

A. $60-4p^{\frac{3}{2}}$　　B. $-4p^{\frac{3}{2}}$　　C. $-6p^{\frac{1}{2}}$　　D. $-4p^{\frac{1}{2}}$

(2) 设某商品的需求弹性 $E_d=-bp(b>0)$，那当价格 p 提高 1%时，需求量会(　　).

A. 增加 bp　　B. 减少 bp　　C. 增加 $bp\%$　　D. 减少 $bp\%$

3. 生产某产品的总成本函数为 $C(q)=100+5q+50\sqrt{q}$，求边际成本函数及产量为 100 时的边际成本.

4. 设某产品的需求函数为 $Q=60-2.5p$，求边际收益函数及生产 10 个单位产品时的边际收益.

5. 某产品每周的销量 Q(单位：台)是其价格 p(单位：元)的函数 $Q=\frac{1\,000}{(2p+1)^2}$，求当 $p=2$ 时的边际需求.

6. 某产品的成本函数为 $C(Q)=100+5Q+2Q^2$，收益函数为 $R(Q)=200Q+Q^2$，其中 Q 表示产品的产量.

(1) 试确定边际成本函数、边际收益函数、边际利润函数；

(2) 求生产第 25 个单位产品时的边际利润.

7. 某商品的需求函数为 $Q=75-p^2$，求 $p=4$ 时的需求价格弹性.

8. 某商品的供给函数为 $Q=p^2+4p-12$，求供给价格弹性及价格为 6 时的供给价格弹性 E_s，并说明其经济意义.

9. 已知某商品的需求函数为 $Q=e^{-0.1p}$，求 $p=5,10,15$ 时的需求价格弹性并说明其经济意义.

2.4　函数的单调性和极值

2.4.1　函数的单调性

某经济函数在一个区间的升降变化规律，是我们研究经济走势必须得考虑的. 在第 1 章中我们介绍了函数单调性的定义，本节通过导数的正负性来判别单调性，再通过单调性判别极性.

定理(函数单调性的判定)　设函数 $f(x)$在区间(a,b)内可导，

(1) 如果在(a,b)内，$f'(x)>0$，那么函数 $f(x)$在(a,b)内单调增加，记为“↗”；

(2) 如果在(a,b)内，$f'(x)<0$，那么函数 $f(x)$在(a,b)内单调减少，记为“↘”.

即导数大于 0 增，小于 0 减.

【例 1】　判断函数 $y=e^x$ 的单调性.

解　函数 $y=e^x$ 的定义域为$(-\infty,+\infty)$，又因为 $y'=e^x>0$，

所以 $y=e^x$ 在$(-\infty,+\infty)$内单调递增.

【例 2】　讨论函数 $y=\arctan x-x$ 的单调性.

解　函数 $y=\arctan x-x$ 为定义在$(-\infty,+\infty)$内的可导函数，

$$y'=\frac{1}{1+x^2}-1=\frac{-x^2}{1+x^2}\leqslant 0,$$

因此，$y=\arctan x-x$ 在$(-\infty,+\infty)$内单调减少.

2.4.2 函数的极值

定义(函数的极值) 设 $f(x)$在点 x_0 及其左右邻近有定义，若在点 x_0 附近，恒有

(1) 若 $f(x)<f(x_0)$，则称 $f(x_0)$为极大值，x_0 为极大值点；

(2) 若 $f(x)>f(x_0)$，则称 $f(x_0)$为极小值，x_0 为极小值点.

极大值和极小值统称为极值，极大值点和极小值点统称为极值点.

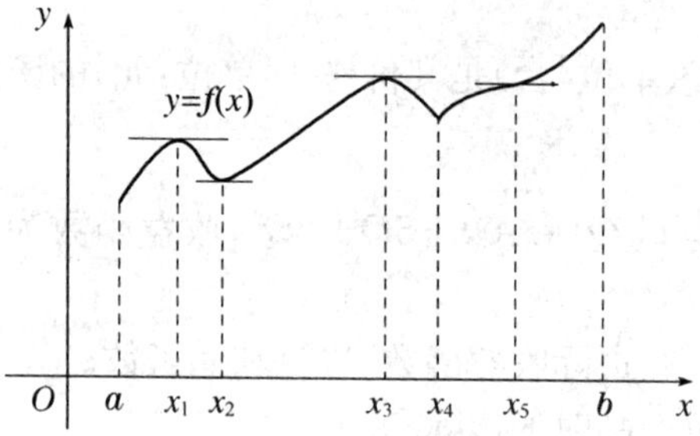

图 2.4.1 极值

如图 2.4.1 可以看出，函数的极值点通常在曲线的升、降转折处取得，也就是在“峰顶点” x_1，x_3 和“谷底点” x_2，x_4 等处取得.

如果函数在极值点可导，那么曲线在这些点应有水平切线，即在极值点处的导数值为零. 如图 2.4.1，$f'(x_1)=f'(x_2)=f'(x_3)=0$. 我们把**导数为 0 的点称为驻点**.

函数在极值点处也可能不可导，如图 2.4.1 中 x_4. 因此，寻找函数的极值点时应在驻点及不可导点中寻找. 换句话说，**驻点和不可导点称为可能极值点**.

注意：并非所有的驻点或不可导点都是极值点. 例如：虽然图 2.4.1 中 $f'(x_5)=0$，但 x_5 却不是极值点.

那么如何判断驻点或不可导点都是极值点呢？有如下两个判别法.

定理(极值存在的第一充分条件) 设 $f(x)$在点 x_0 及其左右邻近可导，x_0 为 $f(x)$的驻点或导数不存在的点，若当 x 在点 x_0 附近，从左变到右(不含 x_0 点)时，

(1) $f'(x)$由正变为负，则 $f(x_0)$为极大值；

(2) $f'(x)$由负变为正，则 $f(x_0)$为极小值；

(3) $f'(x)$不变号，则 $f(x_0)$不是极值.

也就是说**极值点是单调分界点**.

由此得出求函数单调区间和极值的步骤：

(1) 求出函数 $f(x)$的定义域；

(2) 求出 $f'(x)$，得到 $f(x)$的驻点和不可导点，以这些点为分界点将定义域分若干个子区间；

(3) 列表确定 $f'(x)$在各个子区间的符号，确定单调性，再利用极值存在的第一充分条件，从而判断并求出函数 $f(x)$的极值；

(4) 得出结论.

【例 3】 已知某产品的总利润函数为 $L=5Q-0.01Q^2-200$,求总利润函数的极值.

解 (1) 因销量非负,所以 $Q\geqslant 0$,即定义域 $D=[0,+\infty)$.

(2) $L'=5-0.02Q$.

(3) 令 $L'=5-0.02Q=0$,得 $Q=250$.

(4) 根据极值存在的第一充分条件列表判断:

Q	$[0,250)$	250	$(250,+\infty)$
$L'(Q)$	+	0	−
$L(Q)$	↗	极大值 425	↘

所以销量为 250 时,收益达到极大值,极大值为 $L(250)=425$.

【例 4】 求 $y=\frac{1}{3}x^3-4x+4$ 的单调区间和极值.

解 函数的定义域是$(-\infty,+\infty)$,

由 $y'=x^2-4=(x-2)(x+2)=0$,解得 $x=-2,2$.

x	$(-\infty,-2)$	-2	$(-2,2)$	2	$(2,+\infty)$
y'	+	0	−	0	+
y	↗	极大值$\frac{28}{3}$	↘	极小值$-\frac{4}{3}$	↗

所以 $y=\frac{1}{3}x^3-4x+4$ 的单调增加区间是$(-\infty,-2)\cup(2,+\infty)$,单调减少区间是$(-2,2)$;极大值 $y(-2)=\frac{28}{3}$,极小值 $y(2)=-\frac{4}{3}$.

定理(极值存在的第二充分条件) 设函数 $f(x)$在点 x_0 处存在二阶导数,且 $f'(x_0)=0$,$f''(x_0)\neq 0$.

(1) 若 $f''(x_0)>0$,则 $f(x)$在点 x_0 处取极小值 $f(x_0)$;

(2) 若 $f''(x_0)<0$,则 $f(x)$在点 x_0 处取极大值 $f(x_0)$.

【例 5】 已知某产品的总收益函数为 $R=10Q-\frac{Q^2}{2}$,求总收益函数的极值.

解 $R'=\left(10Q-\frac{Q^2}{2}\right)'=10-Q$,

令 $R'=10-Q=0$,求得驻点 $Q=10$,

由于 $R''(10)=-1<0$,

所以总收益函数的极大值为 $R(10)=50$.

【例 6】 求函数 $f(x)=x^3-3x^2-9x+1$ 的极值.

解 $f'(x)=3x^2-6x-9=3(x+1)(x-3)$,

令 $f'(x)=0$,解得 $x=-1,3$.

$f''(x)=6x-6$,

$f''(-1)=-12<0$,所以 $f(x)$ 极大值为 $f(-1)=6$;

$f''(3)=12>0$,所以 $f(x)$ 极小值为 $f(3)=-26$.

习题 2.4

1. 单项选择题:

(1) 函数 $y=\ln(1+x^2)$ 的单调减少区间是(　　).

A. $(-1,1)$　　B. $(-\infty,0)$　　C. $(0,+\infty)$　　D. $(-\infty,+\infty)$

(2) $f'(x_0)=0$ 是可导函数 $f(x)$ 在 x_0 点取得极值的(　　).

A. 必要条件　　B. 充分条件　　C. 充要条件　　D. 无关条件

(3) 若 $f'(x_0)=0$, $f''(x_0)>0$,则函数 $f(x)$ 在 x_0 点处(　　).

A. 一定有极大值　　B. 一定有极小值　　C. 可能有极值　　D. 一定无极值

2. 求下列函数的单调区间和极值(用第一充分条件):

(1) $y=2x^3+3x^2-12x+6$;　　(2) $y=2x^2-\ln x$;

(3) $y=xe^x$;　　(4) $y=(x+2)^2(x-1)^3$.

3. 求下列函数的极值(用第二充分条件):

(1) $y=\frac{1}{3}x^3-x^2-3x+3$;　　(2) 收益函数 $R=104Q-\frac{2}{5}Q^2$;

(3) $y=2x-\ln(4x)$;　　(4) $y=2x^2-x^4$.

2.5　导数在经济最优化问题中的应用

2.5.1　函数的最大值和最小值

一般地,在闭区间上连续函数的最大(小)值点只会在函数的驻点,以及不可导点和区间的端点这三类点中取得.

通过函数极值的求法,求连续函数在闭区间上的最值的程序如下:

(1) 求 $f'(x)$,再求出函数的所有驻点、导数不存在的点;

(2) 计算出这些驻点、导数不存在的点以及区间端点处的函数值;

(3) 比较上述各函数值的大小,则最大者为最大值,最小者为最小值.

【例 1】 求 $y=x^4-2x^2+5$ 在区间 $[-2,2]$ 上的最大值与最小值.

解 由 $y'=4x^3-4x=4x(x-1)(x+1)=0$ 解得 $x=-1,0,1$.

$$y(-2)=13, y(-1)=4, y(0)=5, y(1)=4, y(2)=13,$$

所以最大值是 $y(-2)=y(2)=13$,最小值是 $y(-1)=y(1)=4$.

另外,单调函数无极值,最值在端点处产生.

特殊情形,如图 2.5.1 中 x_0 为所讨论的函数在所给开区间 (a,b) 内唯一的极大(小)值点,则 x_0 为该函数在所给区间内唯一的最大(小)值点.

特别是在实际问题中，若由分析知实际问题确实存在最大(或最小)值，而所得到的极值函数在讨论的区间内驻点又唯一，则该驻点一定是最大(或最小)值点．经济优化问题主要就考察这个唯一驻点．

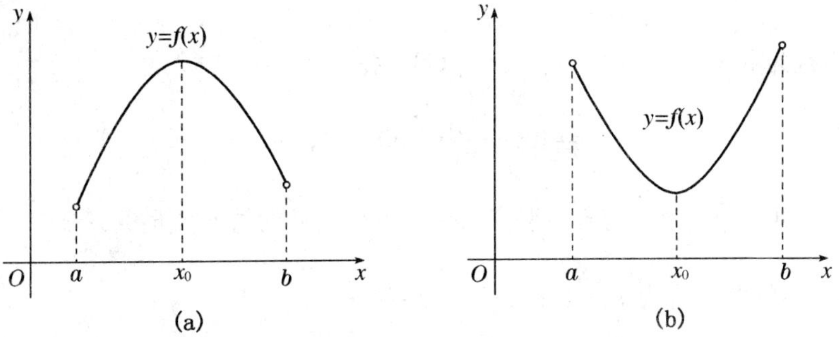

图 2.5.1　最值

2.5.2　最优化问题

在工农业生产、工程技术、科学实验以及经济生活中，常常会遇到这样一类问题：在一定条件下，怎样使"产品最多"、"用料最省"、"成本最低"、"效率最高"等优化问题，这类问题数学上有时可归结为求某一函数(通常称为目标函数)的最大值或最小值问题．

求最优化问题的步骤可归纳如下：

(1) 建立所求相应问题函数模型；

(2) 求出唯一驻点；

(3) 求该驻点的二阶导数；

(4) 用二阶导数的正负判别极小还是极大；

(5) 由于驻点唯一，极大(小)则为最大(小)．

一、最小成本问题

在市场竞争中，若厂商希望以价格优势抢占市场份额，就要以产品的平均成本最低为目标而控制产量的规模，这是确定平均成本最小值问题．

【例 2】 已知某个企业的成本函数为 $C=q^3-9q^2+30q+25$，其中 C—成本(单位：千元)，q—产量(单位：吨)，求平均可变成本 y(单位：千元)的最小值．

解　平均可变成本 $y=\dfrac{C-25}{q}=q^2-9q+30$，

$y'=2q-9$，令 $y'=0$，得 $q=4.5$(吨)．

$y''(4.5)=2>0$，所以 $q=4.5$ 时，y 取得极小值，由于是唯一的极值，

所以就是最小值．最小值 $y(4.5)=4.5^2-9\times4.5+30=9.75$(千元)．

即产量为 4.5 吨时，平均可变成本取得最小值 9 750 元．

二、最大收入问题

现在属于市场经济下的买方市场，商品相对过剩，厂(商)家为了及时把商品销售出去，就需生产规模适度且合理定价和组织生产，以使收益最大化．

【例 3】 经市场调研，三木牌抽纸在某超市每周的需求量 Q(单位：件)与其价格 P(单位：

元)之间具有如下关系:$Q=1\,600-40P$,试确定商品的价格 P、需求量 Q,以使收益最大,并求最大收益.

解 由需求量 $Q=1\,600-40P$,得价格 $P=40-\frac{1}{40}Q$,

于是总收益为 $R(Q)=P\cdot Q=\left(40-\frac{1}{40}Q\right)\cdot Q$

$$=40Q-\frac{1}{40}Q^2, Q\in(0,1\,600)$$

令 $R'(Q)=40-\frac{1}{20}Q=0$,得唯一驻点 $Q=800$(件),此时总收益最大.

这时,每盒抽纸的售价为 $P=40-\frac{1}{40}\times800=20$;

最大收益为 $R(800)=P\cdot Q=20\times800=16\,000$.

三、最大利润问题

厂商进行生产的目的是实现利润最大化.若边际收益大于边际成本,表明厂商每多生产一单位产品所增加的收益大于生产这一单位产品所增加的成本,还有潜在的利润没得到,可继续增加生产;反之,若边际收益小于边际成本,表明厂商每多生产一单位产品所增加的收益小于生产这一单位产品所增加的成本,会造成亏损,应减产;故边际成本等于边际收益,即边际利润为 0 时,利润达到最大化.

【例 4】 某厂生产某种产品,其固定成本为 3 万元,每生产一百件产品,成本增加 2 万元.其总收入 R(单位:万元)是产量 q(单位:百件)的函数:$R=5q-\frac{1}{2}q^2$,求达到最大利润时的产量及最大利润.

解 利润函数为 $L=R-C=-3+3q-\frac{1}{2}q^2$.

$L'=3-q$,令 $L'=0$,得 $q=3$(百件).

$L''(3)=-1<0$,所以当 $q=3$ 时,函数取得极大值,因为是唯一的极值点,所以就是最大值点.即产量为 3 百件时取得最大利润,最大利润 $L(3)=1.5$ 万元.

【例 5】 生产某种产品的固定费用是 1 000 万元,每多生产 1 台该种产品,其成本增加 10 万元,又知对该产品的需求为 $q=120-2p$(其中 q 是产销量,单位:台;p 是价格,单位:万元).求:(1) 使该产品利润最大的产量;(2) 使利润最大时的产量的边际收入.

解 (1) 由总成本函数为 $C(q)=10q+1\,000$,得边际成本 $C'(q)=10$.

因为需求为 $q=120-2p$,则价格 $p=60-\frac{1}{2}q$,

收入函数 $R(q)=pq=60q-\frac{1}{2}q^2$(万元),得边际收入 $R'(q)=60-q$.

当 $R'(q)=C'(q)$时,利润最大;即 $60-q=10$,$q=50$(台).

故 $q=50$ 台是所求最小值点,即生产 50 台该种产品能获最大利润.

(2) 收入函数为 $R(q)=60q-\frac{1}{2}q^2$,边际收入 $R'(q)=60-q$,

所以使利润最大时的产量的边际收入 $R'(50)=60-50=10$(万元/台).

四、库存(批量)总费用最少问题

在社会的各个系统中，库存(批量)都是一个重要的问题. 下面介绍最简单的库存模型，即**“成批到货，一致需求，不许缺货”**的库存模型.

所谓“成批到货”，就是工厂生产的每批产品，先整批存入仓库；“一致需求”，就是市场对这种产品的需求在单位时间内数量相同，因而产品由仓库均匀提取投放市场；“不许缺货”，就是当前一批产品由仓库提取完后，下一批产品立即进入仓库，并规定仓库的平均库存量为每批产量的一半. 下面我们来建立库存模型.

现假设在一个计划期内：

1. 生产(或销售)总量为 a，设批量为 x，则批次为 $n=\frac{a}{x}$；

2. 假定在均匀生产(销售)下库存量为$\frac{x}{2}$，单位库存费为 c，则总库存费为 $E_1=\frac{cx}{2}$；

3. 单位准备(或采购)费为 b，则总准备费为 $E_2=\frac{ab}{x}$；

4. 故总库存费与总准备费之和总费用为 $y=\frac{cx}{2}+\frac{ab}{x}$.

再按求最值的办法就可求得最优批量、最优批次、最小总费用.

【例 6】 某工厂每年需要某种原料 100 万吨，且对该种原料的消耗是均匀的. 已知该原料每吨的年库存费是 0.05 元，分期分批均匀进货，每次进货的费用为 1 000 元. 试求最经济的订货批量和年订货总次数.

解　设每次订货批量为 x(万吨)，则平均库存量为$\frac{x}{2}$.

总库存费用为 $E_1=0.05\cdot\frac{x}{2}\cdot 10\,000=250x$，

一年进货总次数为$\frac{100}{x}$，于是采购费用为 $E_2=\frac{100}{x}\cdot 1\,000=\frac{100\,000}{x}$，

一年内的库存费用与采购费用之和为 $y=250x+\frac{100\,000}{x}$，且 $y'=250-\frac{100\,000}{x^2}$.

令 $y'=0$，得唯一驻点 $x=20$(万吨)；又 $y''(20)=\frac{200\,000}{20^3}=25>0$，

故 $x=20$ 是极小值点. 所以每批进货 20 万吨，可使两种费用之和最小，

即 $x=20$ 是最经济的订货批量，每年进货次数为：$n=\frac{100}{20}=5$(次).

【例 7】 某企业每月需要均匀使用某种零件 4 800 件，且不允许缺货，每件每月的库存费为 1.5 元，每次订货费为 100 元，试确定每次订货量为多少时，才能使每月的库存费与订货费之和最小，并求出最小费用.

解　由已知得：$a=4\,800$ 件，$b=100$ 元，$c=1.5$ 元.

设每次订货数量为 x，则每月库存费与订货费之和为

$$y=\frac{c}{2}x+\frac{ab}{x}=\frac{x}{2}\cdot 1.5+\frac{4\,800\times 100}{x}.$$

令 $y'=0.75-\frac{480\,000}{x^2}=0$，得唯一驻点 $x=800$，

所以每月最优订货量为 800 件,最小费用 $y(800)=1\,200$ 元.

五、征收利税最大问题

企业生产经营的目的是追求利润最大化,国家希望税收最大化.下面通过实际案例就征收消费税时,生产厂家与政府的交互决策(博弈)过程进行分析.

【例 8】 某种商品的平均成本为 2,价格函数为 $P(Q)=20-4Q$,销售每件商品必须向国家交税为 t,问:

(1) 企业对销售量怎样决策,才能使利润最大?最大值是多少?

(2) 在企业取得最大利润的情况下,政府对 t 怎样决策才能使总税收最大?最大是多少?

解 (1) 总成本 $C(Q)=2Q$,

总收益 $R(Q)=Q\cdot P(Q)=Q(20-4Q)=20Q-4Q^2$,

总税收 $T(Q)=tQ$,

总利润 $L(Q)=R(Q)-C(Q)-T(Q)=(18-t)Q-4Q^2$.

由 $L'(Q)=18-t-8Q=0$ 得 $Q=\dfrac{18-t}{8}$,

而 $L''\left(\dfrac{18-t}{8}\right)=-8<0$,

所以 $L\left(\dfrac{18-t}{8}\right)=\dfrac{(18-t)^2}{16}$ 为最大利润.

(2) 企业取得最大利润的情况下,政府的总税收为

$$T(t)=tQ=\frac{t(18-t)}{8}=\frac{18t-t^2}{8}.$$

$T'(t)=\dfrac{9-t}{4}=0$,得 $t=9$,又 $T''(9)=-\dfrac{1}{4}<0$,$t=9$ 是唯一的极大值点,

所以当 $t=9$ 时,政府征收的总税收最大,最大值是

$$T(9)=\frac{18\times9-9^2}{8}=\frac{81}{8},$$

此时企业的总利润为 $L=\dfrac{(18-9)^2}{16}=\dfrac{81}{16}$.

习题 2.5

1. 求下列函数在指定范围上的最值:

(1) $y=x+\dfrac{4}{x}$,$[1,4]$; (2) $y=3x^2-x^3$,$[0,4]$.

2. 设生产某种产品 q 个单位时的成本函数为:$C(q)=100+0.25q^2+6q$(万元),求:当产量 q 为多少时,平均成本最小?

3. 某商品的需求量 Q 是价格 p 的函数,$Q=75-p^2$,问价格 p 为何值时,总收益最大?最大收益是多少?

4. 生产某产品产量为 q(单位:百台)时总成本函数为 $C(q)=3+q$(单位:万元),销售收入函数为 $R(q)=6q-\dfrac{1}{2}q^2$(单位:万元),问产量为多少时利润最大?最大利润是多少?

5. 设工厂生产一种产品的固定成本为 200(万元),每生产一个单位产品,成本增加 5(万元),且已知其需求函数 $Q=100-2p$,其中 p 为价格,Q 为产量,这种产品在市场上是畅销的商品. 试求:

(1) 试分别列出该产品的总成本函数 $C(Q)$和总收入函数 $R(Q)$的表达式;

(2) 利润最大时的产量及最大利润.

6. 某工厂每月需要使用某种零件 2 400 个,每个零件每月的库存费为 0.75 元,每次订货费为 100 元,试求每次订货量为多少时,方能使每月的库存费与订货费之和最小,并求出最小费用.(假设零件使用是均匀的,且不许短缺)

7. 某民营企业在生产一种商品 Q 件时的总收益函数为 $R(Q)=100Q-Q^2$,总成本函数为 $C(Q)=Q^2+50Q+200$,问:政府对每件商品征收税额 t 为多少时,在企业获得最大利润的情况下,总税收最大?

2.6　利用导数研究函数

2.6.1　函数曲线的凹凸与拐点

前面我们讨论了函数的单调性和函数的极值,这对我们了解函数的性态有很大的作用,但是,仅仅知道这些还不能准确地定位函数的特征. 下面我们就进一步来研究曲线的凹凸性及其判定方法.

定义(曲线的凹凸)　如果在某区间内,曲线弧位于其上任意一点的切线的上方,则称曲线在这个区间内是凹的,如图 2.6.1 中弧线 CDE;如果在某区间内,曲线弧位于其上任意一点的切线的下方,则称曲线在这个区间内是凸的,如图 2.6.1 中弧线 ABC.

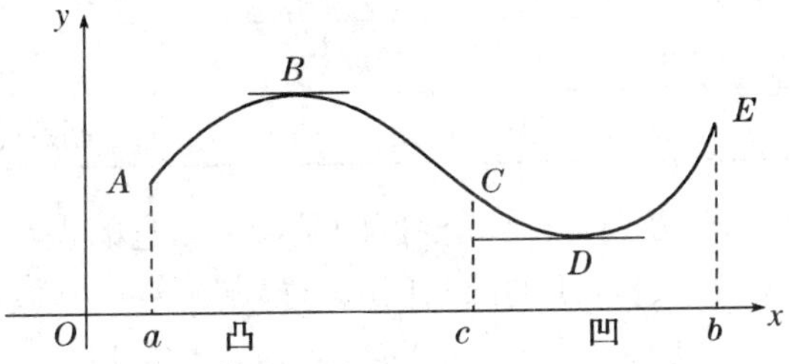

图 2.6.1　曲线的凹凸

定理(凹凸的判定)　设函数 $f(x)$在区间(a,b)内存在二阶导数,

(1) 若 $a<x<b$ 时,恒有 $f''(x)>0$,则曲线 $y=f(x)$在(a,b)内凹;

(2) 若 $a<x<b$ 时,恒有 $f''(x)<0$,则曲线 $y=f(x)$在(a,b)内凸.

【例 1】　判定曲线 $y=5x-x^2$ 的凹凸性.

解　因为 $y'=5-2x$,$y''=-2<0$,

所以曲线 $y=5x-x^2$ 在定义域$(-\infty,+\infty)$内都是凸的.

【例 2】　判定曲线 $y=x-\ln(1+x)$的凹凸性.

解 因为 $y'=1-\frac{1}{1+x}$，$y''=\frac{1}{(1+x)^2}>0$，

所以曲线 $y=x-\ln(1+x)$ 在定义域 $(-1,+\infty)$ 内都是凹的.

定义(拐点) 曲线凹与凸的分界点称为曲线的**拐点**，如图 2.6.1 中的点 C.

求凹凸区间与拐点的一般步骤：

① 求函数的二阶导数 $f''(x)$；

② 令 $f''(x)=0$，解出全部根，并求出所有二阶导数不存在的点；

③ 对步骤②求出的每一个点，检查其左、右邻近的 $f''(x)$ 的符号，如果异号，则该点为曲线的拐点；如果同号，则该点不是曲线的拐点.

【例 3】 确定曲线 $y=x^3-x$ 的凹凸区间与拐点.

解 (1) 函数 $y=x^3-x$ 的定义域是 $(-\infty,+\infty)$.

(2) $y'=3x^2-1$，$y''=6x$，由 $y''=0$ 得 $x=0$，

(3)

x	$(-\infty,0)$	0	$(0,+\infty)$
$f''(x)$	$-$	0	$+$
$f(x)$	凸	拐点 $(0,0)$	凹

由上表可得，曲线 $y=x^3-x$ 在区间 $(-\infty,0)$ 内是凸的，在区间 $(0,+\infty)$ 内是凹的，拐点是 $(0,0)$.

【例 4】 求曲线 $y=x^4-2x^3+1$ 的凹凸区间与拐点.

解 $y'=4x^3-6x^2$，$y''=12x^2-12x=12x(x-1)$

令 $y''=0$，解得 $x=0,1$.

x	$(-\infty,0)$	0	$(0,1)$	1	$(1,+\infty)$
$f''(x)$	$+$	0	$-$	0	$+$
$f(x)$	凹	拐点 $(0,1)$	凸	拐点 $(1,0)$	凹

曲线的凹区间是 $(-\infty,0)$ 及 $(1,+\infty)$，凸区间是 $(0,1)$，它的拐点是 $(0,1)$ 和 $(1,0)$.

【例 5】 求曲线 $y=(2x-1)^4+1$ 的凹凸区间与拐点.

解 $y'=8(2x-1)^3$，$y''=48(2x-1)^2$；令 $y''=0$，解得 $x=\frac{1}{2}$；

只要 $x\neq\frac{1}{2}$，恒有 $y''>0$，而函数没有二阶导数不存在的点，

所以曲线 $y=(2x-1)^4+1$ 它在整个 $(-\infty,+\infty)$ 是凹的，没有拐点.

2.6.2 洛必达法则

数学上把 $\frac{0}{0}$ 型和 $\frac{\infty}{\infty}$ 型的极限统称为未定式，理由是这种极限可能存在，也可能不存在，是初等数学不能确定的式子. 解决未定式的一种高效快速方法，就是洛必达法则(**分子分母分别求导再取极限**).

定理$\left(\text{未定式}\dfrac{0}{0}\text{型和}\dfrac{\infty}{\infty}\text{型的洛必达法则}\right)$

如果 $f(x)$、$g(x)$满足以下条件：

(1) $\lim\limits_{x\to x_0} f(x)=\lim\limits_{x\to x_0} g(x)=0$(或$\infty$)；

(2) 在点 x_0 的某一去心邻域内 $f(x)$、$g(x)$可导，且 $g'(x)\neq 0$；

(3) $\lim\limits_{x\to x_0}\dfrac{f'(x)}{g'(x)}=A$(或为$\infty$)，

则$\lim\limits_{x\to x_0}\dfrac{f(x)}{g(x)}=\lim\limits_{x\to x_0}\dfrac{f'(x)}{g'(x)}=A$(或为$\infty$).

【例 6】 用洛必达法则求下列极限：

(1) $\lim\limits_{x\to 1}\dfrac{e^x-x}{x^2+x-2}$；　　(2) $\lim\limits_{x\to 0}\dfrac{1-\cos x}{x^3}$；

(3) $\lim\limits_{x\to\infty}\dfrac{2x^3-1}{x^3+2x-3}$；　　(4) $\lim\limits_{x\to+\infty}\dfrac{\ln(x+1)}{e^x}$.

解 (1) $\lim\limits_{x\to 1}\dfrac{e^x-x}{x^2+x-2}=\lim\limits_{x\to 1}\dfrac{e^x-1}{2x+1}=\dfrac{e-1}{3}$；

(2) $\lim\limits_{x\to 0}\dfrac{1-\cos x}{x^3}=\lim\limits_{x\to 0}\dfrac{\sin x}{3x^2}=\lim\limits_{x\to 0}\dfrac{x}{3x^2}=\lim\limits_{x\to 0}\dfrac{1}{3x}=\infty$；

(3) $\lim\limits_{x\to\infty}\dfrac{2x^3-1}{x^3+2x-3}=\lim\limits_{x\to\infty}\dfrac{6x^2}{3x^2+2}=\lim\limits_{x\to\infty}\dfrac{12x}{6x}=2$；

(4) $\lim\limits_{x\to+\infty}\dfrac{\ln(x+1)}{e^x}=\lim\limits_{x\to+\infty}\dfrac{\frac{1}{x+1}}{e^x}=\lim\limits_{x\to+\infty}\dfrac{1}{(x+1)e^x}=0$.

使用洛必达法则时注意以下几点：

(1) 满足定理条件可多次使用此法则，如例 6 中的(3)小题；

(2) 当$\lim\limits_{x\to x_0}\dfrac{f(x)}{g(x)}$不属于$\dfrac{0}{0}$型和$\dfrac{\infty}{\infty}$型时，不能用此法则，如求$\lim\limits_{x\to 0}\dfrac{\cos x}{x^2}$；

(3) 当$\lim\limits_{x\to x_0}\dfrac{f'(x)}{g'(x)}$不存在且不为$\infty$时，也不能用此法则，如求$\lim\limits_{x\to\infty}\dfrac{x+\sin x}{x-\sin x}$；

(4) 此法则不能与商的求导法则混淆，它是分子、分母分别求导，不是整个分式求导.

习题 2.6

1. 单项选择题：

(1) 曲线 $y=x^4-24x^2+6x$ 的凸区间是(　　).

A. $(-2,2)$　B. $(-\infty,0)$　C. $(0,+\infty)$　D. $(-\infty,+\infty)$

(2) 函数 $y=e^{-x}$ 在其定义域内是单调(　　).

A. 增加且凹的　B. 增加且凸的　C. 减少且凹的　D. 减少且凸的

2. 讨论下列函数的凹凸性，并求出其拐点：

(1) $y=3x^4-4x^3+1$；　　(2) $y=\ln(1+x^2)$；

(3) $y=xe^{-x}$;　　(4) $y=2x^2-\ln x$;

(5) $y=x^2+\dfrac{1}{x}$;　　(6) $y=x^3-3x^2$.

3. 用洛必达法则求下列极限:

(1) $\lim\limits_{x\to\frac{\pi}{2}}\dfrac{\cos x}{x-\frac{\pi}{2}}$;　　(2) $\lim\limits_{x\to\infty}\dfrac{7x^2-x+2}{6x^2-x+1}$;

(3) $\lim\limits_{x\to0}\dfrac{e^{2x}-1}{4x}$;　　(4) $\lim\limits_{x\to1}\dfrac{x^3-3x+2}{x^3-x^2-x+1}$.

经济案例模型赏析 2

批量(库存)模型

在社会的各个系统中库存(批量)都是一个重要的问题.下面介绍最简单的库存模型,即**"成批到货,一致需求,不许缺货"**的库存模型.

所谓"成批到货",就是工厂生产的每批产品,先整批存入仓库;"一致需求",就是市场对这种产品的需求在单位时间内数量相同,因而产品由仓库均匀提取投放市场;"不许缺货",就是当前一批产品由仓库提取完后,下一批产品立即进入仓库,并规定仓库的平均库存量为每批产量的一半.

求最优化问题的步骤可归纳如下:

(1) 建立所求相应问题函数模型;

(2) 求出唯一驻点;

(3) 求该驻点的二阶导数;

(4) 用二阶导数的正负判别极小还是极大;

(5) 由于驻点唯一,极大(小)则为最大(小).

下面我们通过一个实际案例,给大家介绍怎样建立批量(库存)模型,并且通过应用导数来解决此类问题.

阿坤记海鲜店距离海港较远,其全部海鲜采购均需通过空运实现.海鲜店章老板每次都为订货发愁,因为若一次订货太多,海鲜店所采购的海鲜卖不出去,而卖不出去的海鲜死亡率高且保鲜费用也高;若一次订货太少,则一个月内订货批次必多,这样,一则造成订货采购运输费用奇高,另一方面还有可能丧失商机.章老板为此伤透了脑筋.如果你是章老板的助手,请问你打算怎样帮助他选择订货批量,才能使每月的库存费与采购订货运输费用的总和最小?

解　设批量为 x,设每月消耗量为 a,每次的采购订货运输费用为 b,每件海鲜保鲜库存费用为 c,采购订货运输费与海鲜保鲜库存费的总和为 $y(x)$.

首先,求出函数 $y(x)$.

由每月消耗量为 a,所以每月的订货批次为 $\dfrac{a}{x}$,则每月的采购订货运输费用为 $\dfrac{a}{x}\cdot b$ 元,

由于是均匀进货及销售,则库存量为 $\dfrac{x}{2}$,故每月的海鲜保鲜库存费用为 $\dfrac{x}{2}\cdot c$ 元,这样,采购订货运输费与海鲜保鲜库存费的总和 $y(x)=\dfrac{ab}{x}+\dfrac{cx}{2}$,其定义域为 $(0,a]$.

求函数可能的极值点：

令 $y'(x)=-\dfrac{ab}{x^2}+\dfrac{c}{2}=0$，得驻点为 $x=\sqrt{\dfrac{2ab}{c}}$（负值不在定义域内，舍去）.

又 $y''(x)=\dfrac{2ab}{x^3}$，可得 $y''\left(\sqrt{\dfrac{2ab}{c}}\right)>0$，

故 $x=\sqrt{\dfrac{2ab}{c}}$ 是 $y(x)$ 的极小值点.

而在定义域为 $(0,a]$ 内，$x=\sqrt{\dfrac{2ab}{c}}$ 是唯一的驻点，且是 $y(x)$ 的极小值点，

从而 $x=\sqrt{\dfrac{2ab}{c}}$ 也是 $y(x)$ 在定义域 $(0,a]$ 内的最小值点，

即海鲜店每次的进货量应为 $x=\sqrt{\dfrac{2ab}{c}}$，每月进货次数为 $n=\dfrac{a}{x}=\sqrt{\dfrac{ac}{2b}}$，此时可使海鲜店每月总费用最少.

本章内容精要 2

一、导数、微分概念及运算

1. 导数概念

(1) 函数 $f(x)$ 在点 x_0 的导数：

$$f'(x_0)=\lim_{\Delta x\to 0}\frac{f(x_0+\Delta x)-f(x_0)}{\Delta x}.$$

(2) 导数的几何意义：

$f'(x_0)$ 表示曲线 $y=f(x)$ 在点 $(x_0,f(x_0))$ 的切线的斜率.

2. 导数运算

(1) 导数的四则运算法则：

$[f(x)\pm g(x)]'=f'(x)\pm g'(x)$；

$[f(x)g(x)]'=f'(x)g(x)+f(x)g'(x)$，特殊地，$[kf(x)]'=kf'(x)$；

$\left[\dfrac{f(x)}{g(x)}\right]'=\dfrac{f'(x)g(x)-f(x)g'(x)}{g^2(x)}$. $(g(x)\neq 0)$

(2) 复合函数的导数法则：

由函数 $y=f(u)$，$u=\varphi(x)$ 复合而成的复合函数 $y=f[\varphi(x)]$ 对 x 的导数为

$$y'=[f[\varphi(x)]]'=f'[\varphi(x)]\varphi'(x).$$

(3) 高阶导数

$f(x)$ 的二阶导数 $f''(x)=(f'(x))'$；三阶导数 $f'''(x)=(f''(x))'$，…，

$(n-1)$ 阶导数 $f^{n-1}(x)$ 再求导称为 $f(x)$ 的 n 阶导数，记作 $f^{(n)}(x)$，$y^{(n)}$，$\dfrac{d^n y}{dx^n}$.

3. 微分的计算

函数微分的表达式 $dy=f'(x)dx$.

二、导数在经济方面的应用

1. 利用一阶导数可以求出边际成本、边际收益等

边际成本 $MC=C'(q)$；边际收益 $MR=R'(q)$；

边际利润 $ML=L'(q)=R'(q)-C'(q)$；边际需求 $MQ=Q'(P)$.

边际表示在某一边缘，自变量改变 1 单位，因变量的改变情况.

2. 函数 $y=f(x)$ 的弹性函数为 $E(x)=\dfrac{x}{y}f'(x)$

需求价格弹性 $E_d=p\dfrac{Q'(p)}{Q(p)}$；

供给价格弹性 $E_s=p\dfrac{S'(p)}{S(p)}$；

需求收入弹性 $E_{dR}=R\dfrac{g'(R)}{g(R)}$.

弹性表示自变量改变 1%，因变量改变的百分比.

3. 用极值知识求解经济中的优化问题的步骤

(1) 分析问题，建立目标函数；

(2) 解最值问题；

(3) 得出结论.

三、利用导数讨论函数或曲线的形态

1. 利用一阶导数判断函数的单调区间和求极值的步骤

(1) 求出函数 $f(x)$ 的定义域；

(2) 求出 $f'(x)$；

(3) 求出 $f'(x)=0$ 的点（称为驻点）和 $f'(x)$ 不存在的点（称为不可导点），以这些点为分界点将定义域分为若干个子区间；

(4) 列表确定 $f'(x)$ 在各个子区间的符号，从而判定函数 $f(x)$ 各个子区间的单调性；再利用极值存在的第一充分条件判定出函数 $f(x)$ 的极值.

2. 利用二阶导数求极值的方法

设函数 $f(x)$ 在点 x_0 处存在二阶导数，且 $f'(x_0)=0$，$f''(x_0)\neq 0$.

(1) 若 $f''(x_0)>0$，则 $f(x)$ 在点 x_0 处取极小值 $f(x_0)$；

(2) 若 $f''(x_0)<0$，则 $f(x)$ 在点 x_0 处取极大值 $f(x_0)$.

3. 利用二阶导数判断函数的凹凸区间，求函数的拐点的步骤

(1) 确定函数 $f(x)$ 的定义域；

(2) 求出使得 $f''(x)=0$ 的点和 $f''(x)$ 不存在的点，这些点将函数的定义区间分成若干个小区间；

(3) 列表讨论在各个小区间内 $f''(x)$ 的符号.

设 (a,b) 是某一小区间，若 $f''(x)>0$，则曲线 $y=f(x)$ 在区间 (a,b) 内是凹的；若 $f''(x)<0$，则曲线 $y=f(x)$ 在区间 (a,b) 内是凸的.

(4) 在某点左右两侧判断二阶导数 $f''(x)$ 的符号. 如果 $f''(x)$ 的符号相反，则该点是曲线

的拐点；如果 $f''(x)$ 的符号相同，则此点就不是曲线的拐点.

4. 求未定式 $\left(\dfrac{0}{0}\text{型和}\dfrac{\infty}{\infty}\text{型}\right)$ 极限的洛必达法则

如果 $f(x)$、$g(x)$ 满足以下条件：$\lim\limits_{x\to x_0} f(x)=\lim\limits_{x\to x_0} g(x)=0$（或$\infty$）；

则 $\lim\limits_{x\to x_0}\dfrac{f(x)}{g(x)}=\lim\limits_{x\to x_0}\dfrac{f'(x)}{g'(x)}=A$（或为$\infty$）.

复习题 2

一、单项选择题

1. 设 $y=x^2+1$，则 $y'(0)=$（　　）.

A. 2　　B. 1　　C. 0　　D. $\dfrac{1}{2}$

2. 设 $y=\sin^3 x$，则 $\mathrm{d}y=$（　　）.

A. $3\cos x\mathrm{d}x$　　B. $3\sin^2 x\cos x\mathrm{d}x$

C. $3\cos^2 x\sin x\mathrm{d}x$　　D. $3\sin^2 x\cos x$

3. 曲线 $y=x^2+4x-12$ 上切线平行于 x 轴的点为（　　）.

A. $(0,-12)$　　B. $(2,0)$　　C. $(-6,0)$　　D. $(-2,-16)$

4. 函数 $y=\mathrm{e}^x+\mathrm{e}^{-x}$ 的极小值为（　　）.

A. 0　　B. -1　　C. 1　　D. 2

5. 曲线 $y=x^3-3x^2$ 在区间 $(4,+\infty)$ 内是（　　）.

A. 单调上升且是凹的　　B. 单调上升且是凸的

C. 单调下降且是凸的　　D. 单调下降且是凹的

二、填空题

1. $\mathrm{d}(9x+1)=$________；$\mathrm{d}(\cos x^6)=$________；$\mathrm{d}(\mathrm{e}^{-3x})=$________.

2. 已知 $y=6x^4-2x^3+5x-1$，则 $y''(1)=$________；$y^{(5)}=$________.

3. $\lim\limits_{x\to 0}\dfrac{\mathrm{e}^x+\mathrm{e}^{-x}-2}{1-\cos x}=$________.

4. 某产品的需求函数为 $Q=50-2.5p$，则该产品的价格函数为________；总收益函数为________；边际收益函数为________.

5. 设某商品的需求函数是 $Q(p)=p(8-3p)$（价格为 p），则需求对价格的弹性 $E_d=$________；价格 $p=2$ 时的弹性为________.

6. 函数 $y=\dfrac{x}{1+x^2}$ 的单调增加区间是________.

7. 若函数 $f(x)=ax^2+bx$ 在 $x=1$ 处取极大值 2，则 $a=$________，$b=$________.

8. 已知点 $(0,1)$ 是曲线 $y=x^3+ax^2+b$ 的拐点，则 $a=$________，$b=$________.

三、计算题

1. 求下列函数的导数或微分：

(1) $y=\dfrac{\sin x-\cos x}{\sin x+\cos x}$，求 $\dfrac{\mathrm{d}y}{\mathrm{d}x}$；　　(2) $y=\arctan\dfrac{x}{9}$，求 y'；

(3) $y=\sqrt{2+x^3}$，求 dy；　　(4) $y=\ln(1-x)$，求 dy.

2. 求函数 $f(x)=2x^3-6x^2-18x-7$ 的极值.

3. 求函数 $y=x(x-2)^2$ 的凹凸区间和拐点.

四、应用题

1. 某厂每日生产 x 件产品的成本函数是 $C(x)=25\ 000+200x+0.025x^2$(元)，要使平均成本最小，应生产多少件产品？

2. 某厂生产某种产品，固定成本为 2 万元，每生产一台成本将增加 1 万元，销售 x 台产品的总收入函数是 $R(x)=4x-0.5x^2$. 求利润函数、边际收入函数、边际成本函数以及企业获得最大利润时的产量和最大利润.

3. 某厂每生产某种产品 x 个单位的费用为 $C(x)=5x+200$(元)，得到的收入是 $R(x)=10x-0.01x^2$(元). 问每批生产多少单位时，才能使利润最大？

数学家小传 2

洛必达

洛必达是法国数学家. 1661 年生于巴黎；1704 年 2 月 2 日卒于巴黎. 洛必达出生于法国贵族家庭，他拥有圣梅特侯爵昂特尔芒伯爵的称号. 青年时期一度任骑兵军官，因眼睛近视而自行告退，转向从事学术研究.

洛必达很早即显示出其数学才华，15 岁时解决了帕斯卡所提出的一个摆线难题. 他是莱布尼茨微积分的忠实信徒，并且是约翰·伯努利(Johann Bernoulli)的高足，成功地解答过约翰·伯努利提出的“最速降线”问题. 他是法国科学院院士.

洛必达最大的功绩是撰写了世界上第一本系统的微积分教程——《用于理解曲线的无穷小分析》，因此，美国数学史家伊夫斯(Eves)说：“第一本微积分课本出版于 1696 年，它是由洛必达写的.”后来多次修订再版，为在欧洲大陆，特别是在法国，普及微积分起了重要作用. 这本书追随欧几里得和阿基米德古典范例，以定义和公理为出发点. 在这本书中，先给出了如下定义和公理：“定义 1，称那些连续地增加或减少的量为变量……”“定义 2，一个变量在其附近连续地增加或减少的无穷小部分称为差分(微分)……”然后给出了两个公理，第一个是说，几个仅差无穷小量的量可以互相代替；第二个是说，把一条曲线看作无穷多段无穷小直线的集合……在这两个公理之后，给出了微分运算的基本法则和例子. 第二章应用这些法则去确定曲线在一个给定点处的斜率，并给出了许多例子，采用了较为一般性的方法. 第三章讨论极大、极小问题，其中包括一些从力学和地理学引来的例子，接着讨论了拐点与尖点问题，还引入了高阶微分. 以后几章讨论了渐近线和焦散曲线等问题.

洛必达这本书中的许多内容是取材于他的老师约翰·伯努利早期的著作. 其经过是这样的：约翰·伯努利在 1691 年～1692 年间写了两篇关于微积分的短论，但未发表. 不久以后，他答应为年轻的洛必达侯爵讲授微积分，定期领取薪金，作为报答. 他把自己的数学发现传授给洛必达，并允许他随时利用．于是洛必达根据约翰·伯努利的传授和未发表的论著以及自己的学习心得，撰写了《用于理解曲线的无穷小分析》．这部著作不但普及了微积分，而且帮助约翰·伯努利完成并传播了平面曲线的理论．特别值得指出，在这部书的第九章中有求分子分母同趋于零的分式极限的法则，即所谓"洛必达法则"：如果 $f(x)$ 和 $g(x)$ 是可微函数，且 $f(a)=g(a)=0$，则 $\lim\limits_{x\to a}\dfrac{f(x)}{g(x)}=\lim\limits_{x\to a}\dfrac{f'(x)}{g'(x)}$，当然，须在右端的极限存在或为 ∞ 的情况下，但当时洛必达的论证没有使用函数的符号，是用文字叙述的，相当于断言

$$\frac{f(a+\mathrm{d}x)}{g(a+\mathrm{d}x)}=\frac{f(a)+f'(a)\mathrm{d}x}{g(a)+g'(a)\mathrm{d}x}=\frac{f'(a)\mathrm{d}x}{g'(a)\mathrm{d}x}=\frac{f'(a)}{g'(a)}.$$

当 $f(a)=g(a)=0$，他的结论是：如果把给定曲线的纵坐标 y"表示为一个分式，且 $x=a$ 时分子和分母都等于零"，那么"如果求出分子的微分，再除以分母的微分，最后在其中令 $x=a$，便得到(当 $x=a$ 时的纵坐标 y 的)值"．这个法则实际上是约翰·伯努利在 1694 年 7 月 22 日写信告诉他的．至于现在一般微积分教材上用来解决其他未定式求极限的法则，是后人对洛必达法则所做的推广(例如，未定式 $\dfrac{\infty}{\infty}$，$\infty-\infty$ 的法则就是后来欧拉(Euler)给出的)，但现在都笼统地叫作"洛必达法则．"

洛必达曾计划出版一本关于积分学的书，但在得悉莱布尼茨也打算撰写这样一本书时，就放弃了自己的计划．他还写过一本关于圆锥曲线的书——《圆锥曲线分析论》，此书在他逝世之后 16 年才出版．

洛必达豁达大度，气宇不凡．由于他与当时欧洲各国主要数学家都有交往，从而成为全欧传播微积分的著名人物．

第3章　偏导数及其应用

【知识目标】

- 了解二元函数的概念,知道二元函数的条件极值的思想.
- 理解二元函数的偏导数概念,掌握求二元函数极值的方法.
- 会用偏导数求二元函数:生产函数、成本函数、需求函数的边际函数.

【能力目标】

- 能熟练求二元函数的偏导数.
- 会用二元函数极值的手段解决实际经济应用问题,提高分析问题、解决问题的能力.

【内容导航】

前面涉及的函数只有一个自变量,我们把这样的函数叫一元函数.但是在实际问题中,尤其是经济问题中,还会遇到自变量有两个或两个以上的函数,即多元函数.对于多元函数,本书将重点讨论二元函数,以及相应的偏导数的边际分析和在经济问题中的应用.

3.1　二元函数与偏导数

3.1.1　二元函数

依赖于两个自变量的函数就是二元函数.

例如,设圆柱体的底面半径为 r,高为 h,则圆柱体的体积 $V=\pi r^2 h$,这是一个以 r,h 为自变量,V 为因变量的二元函数.

又如,某企业生产某种产品的产量 Q 与投入的劳动力 L 和资金 K 有下面的关系:

$$Q=AL^{\alpha}K^{\beta},$$

其中 A,α,β 均为常数且为正数,则产量 Q 是劳动投入 L 和资金投入 K 的二元函数.

根据问题的经济意义,函数的定义域为

$$D=\{(L,K)\mid L\geqslant 0,K\geqslant 0\}.$$

定义(二元函数)　设 D 是平面上的一个非空点集,f 是一个对应法则,如果对于每个点 $(x,y)\in D$,都可由对应法则 f 得到唯一的实数 z 与之对应,则称 z 是变量 x,y 的二元函数,记为 $z=f(x,y)$,变量 x,y 称为自变量;z 称为因变量;集合 D 称为函数 $f(x,y)$ 的定义域.

函数 $z=f(x,y)$ 在点 (x_0,y_0) 的函数值记为 $f(x_0,y_0)$ 或 $z|_{(x_0,y_0)}$.

与一元函数相同,二元函数也是由对应法则 f 和定义域 D 这两个要素确定.

二元函数的定义域在几何上往往是一个平面区域.平面区域是坐标平面上满足某些条件

的点的集合，围成平面区域的曲线称为该区域的边界.

【例 1】 求函数 $Z=\sqrt{1-x^2-y^2}$ 的定义域，并用图形表示.

解　因为偶次根式需 $1-x^2-y^2\geqslant 0$，即 $x^2+y^2\leqslant 1$. 所以函数的定义域为

$$D=\{(x,y)\mid x^2+y^2\leqslant 1\}.$$

【例 2】 求函数 $Z=\ln(x+y)$ 的定义域，并用图形表示.

解　因为对数的真数 $x+y>0$，所以函数的定义域为

$$D=\{(x,y)\mid x+y>0\}.$$

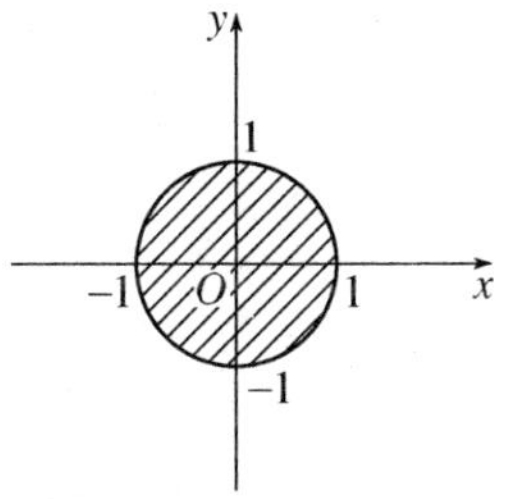

图 3.1.1　例 1

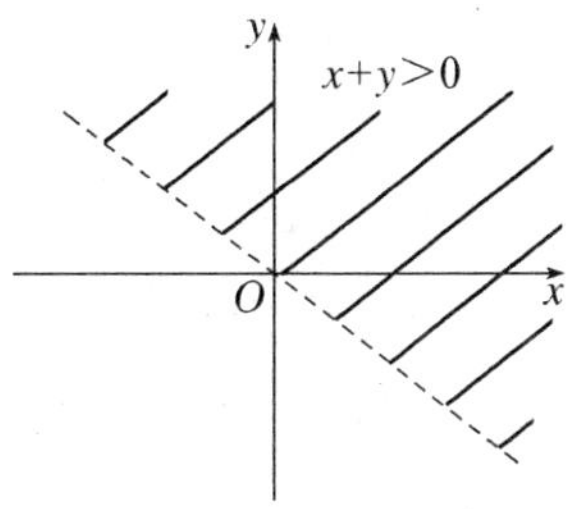

图 3.1.2　例 2

同理以 x，y 和 z 为自变量，u 为因变量的三元函数记作 $u=f(x,y,z)$.

3.1.2　偏导数

由于二元函数 $z=f(x,y)$ 有两个自变量 x 和 y，它求导时，是 z 对 x（或 y）中的一个求导，故称为偏导数.

二元函数 $z=f(x,y)$ 对 x 求偏导数时，只需把 $f(x,y)$ 中的 y 看作常量，仅把 x 作为变量，z 对 x 求偏导数记为

$$f'_x(x,y)\text{或 } z'_x \text{或}\frac{\partial z}{\partial x}\text{或}\frac{\partial f(x,y)}{\partial x}.$$

二元函数 $z=f(x,y)$ 对 y 求偏导数时，只需把 $f(x,y)$ 中的 x 看作常量，仅把 y 作为变量，z 对 y 求偏导数记为

$$f'_y(x,y)\text{或 } z'_y \text{或}\frac{\partial z}{\partial y}\text{或}\frac{\partial f(x,y)}{\partial y}.$$

即求 $z=f(x,y)$ 对于自变量 x（或 y）的偏导数时，只需将另一自变量 y（或 x）看作常数，直接利用一元函数求导公式和四则运算法则计算.

二元函数 $f(x,y)$ 在点 (x_0,y_0) 处对 x 的偏导数，记作

$$f'_x(x_0,y_0)\text{或}\frac{\partial f(x_0,y_0)}{\partial x}\text{或}\left.\frac{\partial z}{\partial x}\right|_{(x_0,y_0)}\text{或 } z'_x\big|_{(x_0,y_0)}.$$

二元函数 $f(x,y)$ 在点 (x_0,y_0) 处对 y 的偏导数，记作

$$f'_y(x_0,y_0)\text{或}\frac{\partial f(x_0,y_0)}{\partial y}\text{或}\left.\frac{\partial z}{\partial y}\right|_{(x_0,y_0)}\text{或 } z'_y\big|_{(x_0,y_0)}.$$

【例 3】 设 $f(x,y)=x^3-2x^2y+3y^4$，求 $f'_x(x,y)$，$f'_y(x,y)$，$f'_x(1,1)$ 和 $f'_y(1,-1)$.

解　$f'_x(x,y)=(x^3-2x^2y+3y^4)'_x=3x^2-4xy$，

$f'_y(x,y)=(x^3-2x^2y+3y^4)'_y=-2x^2+12y^3$，

$f'_x(1,1)=3\times1^2-4\times1\times1=-1,$

$f'_y(1,-1)=-2\times1^2+12\times(-1)^3=-14.$

【例 4】 设 $z=y^x$,求 z'_x,z'_y.

解 $z'_x=(y^x)'_x=y^x\ln y,$

$z'_y=(y^x)'_y=xy^{x-1}.$

根据二元函数的偏导数概念可以推广到三元函数.一个三元函数 $u=f(x,y,z)$ 对 x 的偏导数,就是把自变量 y 与 z 看作常量,只把 x 看作变量;其他两个偏导数与此相似.

【例 5】 设三元函数 $z=f(x,y,z)=xy^2+yz^2+zx^2$,求 $f'_x(1,1,2)$,$f'_y(0,1,-2)$,$f'_z(1,0,1)$.

解 $f'_x(x,y,z)=y^2+2zx,f'_x(1,1,2)=1+2\times2\times1=5;$

$f'_y(x,y,z)=2xy+z^2,f'_y(0,1,-2)=0+(-2)^2=4;$

$f'_z(x,y,z)=2yz+x^2,f'_z(1,0,1)=0+1^2=1.$

3.1.3 二阶偏导数

如果 $\frac{\partial z}{\partial x},\frac{\partial z}{\partial y}$ 对自变量 x 和 y 的偏导数也存在,则它们的偏导数称为 $f(x,y)$ 的二阶偏导数,记为

$$\frac{\partial^2 z}{\partial x^2}=\frac{\partial}{\partial x}\left(\frac{\partial z}{\partial x}\right),\frac{\partial^2 z}{\partial x\partial y}=\frac{\partial}{\partial y}\left(\frac{\partial z}{\partial x}\right).$$

$$\frac{\partial^2 z}{\partial y^2}=\frac{\partial}{\partial y}\left(\frac{\partial z}{\partial y}\right),\frac{\partial^2 z}{\partial y\partial x}=\frac{\partial}{\partial x}\left(\frac{\partial z}{\partial y}\right).$$

或简记为 $z''_x,z''_{xy},z''_y,z''_{yx}$ 或 $f''_x,f''_{xy},f''_y,f''_{yx}$.

二阶偏导数 z''_{xy},z''_{yx} 称为混合偏导数且 $z''_{xy}=z''_{yx}$.

【例 6】 求 $z=x^3+x^2y+xy^2+y^3$ 的二阶偏导数.

解 先求一阶偏导数

$$\frac{\partial z}{\partial x}=3x^2+2xy+y^2;\qquad \frac{\partial z}{\partial y}=x^2+2xy+3y^2.$$

再求二阶偏导数

$$\frac{\partial^2 z}{\partial x^2}=6x+2y;\qquad \frac{\partial^2 z}{\partial x\partial y}=2x+2y;$$

$$\frac{\partial^2 z}{\partial y^2}=2x+6y;\qquad \frac{\partial^2 z}{\partial y\partial x}=2x+2y.$$

【例 7】 求 $z=x^3y^3+y^2e^x+\ln5$ 的二阶偏导数.

解 由 $z'_x=3x^2y^3+y^2e^x$; $\qquad z'_y=3x^3y^2+2ye^x$.

得 $z''_x=6xy^3+y^2e^x$; $\qquad z''_y=6x^3y+2e^x$;

$z''_{xy}=z''_{yx}=9x^2y^2+2ye^x.$

习题 3.1

第3章参考答案

1. 求下列函数的定义域：

(1) $z=\ln(9-x^2-y^2)$；

(2) $z=\sqrt{3-x}+\sqrt{y}$；

(3) $z=\dfrac{1}{x+y-2}$；

(4) $z=\dfrac{xy^3}{x+2}$.

2. 设 $z=f(x,y)=x^2-2xy+3y^2$，求 $f(0,1)$，$f(1,h)$.

3. 求下列函数的一阶偏导数：

(1) $z=x^3-3xy^4+y^3$；

(2) $z=\sqrt{x^3+y}$；

(3) $z=e^{\frac{y}{x}}$；

(4) $z=\sin(x^5+y^2)$；

(5) $z=x^3+y^3-3xy$，求 $z'_x(1,2)$；

(6) $z=\dfrac{y}{x}+x^2-y^2$，求 $z'_y(2,0)$.

4. 求下列函数的二阶偏导数：

(1) $z=x^3-xy^2+y^3$；

(2) $z=xe^y$；

(3) $z=y\ln x$；

(4) $z=x+y\cos x$.

3.2　二元函数边际分析

二元函数由于有两个自变量，对某一自变量的边际是指，**保持另一个自变量不变，该自变量增加一个单位，因变量的改变量**.

3.2.1　边际产量

设某企业生产某种产品的产量 Q 与投入的劳动力 L 和资本 K 的生产函数为

$$Q=Q(L,K).$$

那么产量 $Q(L,K)$ 对劳动力 L 的偏导 $Q'_L(L,K)$，称为 $Q(L,K)$ 对劳动力 L 的边际产量. 经济意义是：$Q'_L(L,K)$ 近似等于在投入劳动力 L 和资本 K 的基础上，再多投入一个单位的劳动力所增加的产量.

产量 $Q=Q(L,K)$ 对资本 K 的偏导 $Q'_K(L,K)$，称为 $Q(L,K)$ 对资本 K 的边际产量. 它近似等于在投入劳动力 L 和资本 K 的基础上，再多投入一个单位的资本所增加的产量.

【例 1】 设某产品的生产函数为 $Q=4L^{\frac{3}{4}}K^{\frac{1}{4}}$，求 Q 对 L 和 K 的边际产量；并求投入 16 个单位劳动力和 81 个单位资本的边际产量.

解 产量 Q 对劳动力 L 的边际产量为：$Q'_L(L,K)=(4L^{\frac{3}{4}}K^{\frac{1}{4}})'_L=3L^{-\frac{1}{4}}K^{\frac{1}{4}}$；

产量 Q 对资本 K 的边际产量为：$Q'_K(L,K)=(4L^{\frac{3}{4}}K^{\frac{1}{4}})'_K=L^{\frac{3}{4}}K^{-\frac{3}{4}}$.

$Q'_L(16,81)=3\times16^{-\frac{1}{4}}\times81^{\frac{1}{4}}=4.5$，表示在投入 16 个单位劳动力和 81 个单位资本的基

础上，再多投入一个单位的劳动力所增加的产量为 4.5 个单位.

$Q'_K(16,81)=16^{\frac{3}{4}}\times 81^{-\frac{3}{4}}=\frac{8}{27}$，表示在投入 16 个单位劳动力和 81 个单位资本的基础上，再多投入一个单位的资本所增加的产量为$\frac{8}{27}$个单位.

3.2.2 边际成本

设某企业生产 A,B 两种产品，产量分别为 x,y 时的总成本函数 $C=C(x,y)$，那么总成本 C 对产量 x 和对产量 y 的偏导数 $C'_x(x,y)$ 和 $C'_y(x,y)$ 就是总成本的边际成本.

偏导数 $C'_x(x,y)$ 表示总成本 $C=C(x,y)$ 对产量 x 的边际成本，它近似等于在两种产品的产量为 (x,y) 的基础上，再多生产一个单位的 A 产品所需增加的成本.

偏导数 $C'_y(x,y)$ 表示总成本 $C=C(x,y)$ 对产量 y 的边际成本，它近似等于在两种产品的产量为 (x,y) 的基础上，再多生产一个单位的 B 产品所需增加的成本.

【例 2】 设产量分别为 x 和 y 的两种产品 A,B 的总成本为：

$$C(x,y)=300+\frac{1}{2}x^2+4xy+\frac{3}{2}y^2.$$

求：(1) 解释当 $x=50,y=50$ 时总成本 C 对产量 x 的边际成本的经济含义；

(2) 解释当 $x=50,y=100$ 时总成本 C 对产量 y 的边际成本的经济含义.

解 (1) 总成本 C 对产量 x 的边际成本函数 $C'_x(x,y)=x+4y$，$C'_x(50,50)=250$，即当两种产品的产量都是 50 个单位时，再多生产一个单位 A 产品，总成本将增加约 250 个单位.

(2) 总成本 C 对产量 y 的边际成本函数 $C'_y(x,y)=4x+3y$，$C'_y(50,100)=500$，即当 A 产品的产量是 50 个单位，B 产品的产量是 100 个单位时，再多生产一个单位的 B 产品，总成本将增加约 500 个单位.

3.2.3 边际需求

设有 A,B 两种相关的商品，它们的价格分别为 p_1 和 p_2，而需求量分别为 q_1 和 q_2. 需求量 q_1 和 q_2 随着价格 p_1 和 p_2 的变化而变动，因此，需求函数可表示为

$$q_1=q_1(p_1,p_2),q_2=q_2(p_1,p_2),$$

则需求量 q_1 和 q_2 关于价格 p_1 和 p_2 的偏导数，表示 A,B 两种商品的边际需求：

$\frac{\partial q_1}{\partial p_1}$是 A 商品的需求量 q_1 关于自身价格 p_1 的边际需求，它表示 A 商品的价格 p_1 发生变化时，商品需求量 q_1 的变化率；

$\frac{\partial q_1}{\partial p_2}$是 A 商品的需求量 q_1 关于相关商品 B 的价格 p_2 的边际需求，它表示 B 商品的价格 p_2 发生变化时，A 商品需求量 q_1 的变化率；

类似地，$\frac{\partial q_2}{\partial p_1}$是需求量 q_2 对相关价格 p_1 的边际需求，$\frac{\partial q_2}{\partial p_2}$是需求量 q_2 对自身价格 p_2 的边际需求.

对于一般的需求函数，若 q_1 的自身价格 p_1 下降，则 q_1 增加，若 q_2 的自身价格 p_2 下降，则 q_2 增加. 因此，对于所有在经济上有意义的价格 p_1 和 p_2 的值，它们的(自身)边际需求$\frac{\partial q_1}{\partial p_1}$和

$\dfrac{\partial q_2}{\partial p_2}$都是负的.

如果对于给定的价格 p_1 和 p_2,(交叉)边际需求$\dfrac{\partial q_1}{\partial p_2}$和$\dfrac{\partial q_2}{\partial p_1}$都是负的,那么两种商品是互补商品,当两种商品中任意一个价格减少,都将使需求量 q_1 和 q_2 增加;如果对于给定的价格 p_1 和 p_2,(交叉)边际需求$\dfrac{\partial q_1}{\partial p_2}$和$\dfrac{\partial q_2}{\partial p_1}$都是正的,那么两种商品就是替代商品,当两种商品中任意一个价格减少,都将使其中一个需求量增加,另一个需求量减少;交叉边际需求为 0,则两者是无关商品.

【例 3】 已知两种相关商品的需求函数分别为 $q_1=\dfrac{a}{p_1^2p_2}$,$q_2=\dfrac{b}{p_1p_2}$,其中 $a>0$,$b>0$ 且为常数.求边际需求函数,并判断这两种商品是互补还是替代商品.

解 $\dfrac{\partial q_1}{\partial p_1}=\left(\dfrac{a}{p_1^2p_2}\right)'_{p_1}=-\dfrac{2a}{p_1^3p_2}$,$\dfrac{\partial q_1}{\partial p_2}=\left(\dfrac{a}{p_1^2p_2}\right)'_{p_2}=-\dfrac{a}{p_1^2p_2^2}$;

$\dfrac{\partial q_2}{\partial p_1}=\left(\dfrac{b}{p_1p_2}\right)'_{p_1}=-\dfrac{b}{p_1^2p_2}$,$\dfrac{\partial q_2}{\partial p_2}=\left(\dfrac{b}{p_1p_2}\right)'_{p_2}=-\dfrac{b}{p_1p_2^2}$.

因为$\dfrac{\partial q_1}{\partial p_2}=-\dfrac{a}{p_1^2p_2^2}<0$,$\dfrac{\partial q_2}{\partial p_1}=-\dfrac{b}{p_1^2p_2}<0$,

所以,这两种商品是互补商品.

习题 3.2

1. 设某产品的产量 Q 是劳动力 L 和资本 K 的函数,$Q=60L^{\frac{1}{4}}K^{\frac{3}{4}}$,求当 $L=128$,$K=8$ 时,劳动力的边际产量和资本的边际产量并解释其经济意义.

2. 求生产函数 $Q=25-\dfrac{1}{x}-\dfrac{1}{y}$,在 $x=1$,$y=1$ 处的边际产量.

3. 求总成本函数 $C(x,y)=5xy-2x^3-2y^2$,在 $x=1$,$y=1$ 处的边际成本.

4. 如果生产两种产量分别为 x 和 y 的商品的总成本函数是 $C(x,y)=x\ln(5+y)$,求边际成本 C'_x,C'_y.

5. 已知两种相关商品的需求函数分别为 $q_1=ae^{p_2-p_1}$,$q_2=be^{p_1-p_2}$,其中 $a>0$,$b>0$ 为常数.试判断这两种商品是互补商品还是替代商品.

3.3　二元函数的极值

3.3.1　二元函数的极值

求二元函数的极值和最值与求一元函数极值和最值的方法类似.

定义(二元函数的极值)　设函数 $z=f(x,y)$ 在点 (x_0,y_0) 某一邻域内有定义,如果对邻域

内的任意异于(x_0,y_0)的点(x,y)，有

$$f(x,y)<f(x_0,y_0)\quad (x,y)\neq(x_0,y_0),$$

则称$f(x_0,y_0)$是函数$f(x,y)$的极大值；如果，总有

$$f(x,y)>f(x_0,y_0)\quad (x,y)\neq(x_0,y_0),$$

则称$f(x_0,y_0)$是函数$f(x,y)$的极小值.

函数$f(x,y)$的极大值和极小值统称为极值，使$f(x,y)$取得极值的点称为极值点.

若对于点(x_0,y_0)有$f'_x(x_0,y_0)=0$，$f'_y(x_0,y_0)=0$，则称点(x_0,y_0)为驻点.

即一阶偏导数均为零的点(x_0,y_0)称为驻点.

在求函数$f(x,y)$的极值时，如果没有其他任何限制条件，则此极值问题称为无条件极值问题；否则称之为条件极值问题.

3.3.2 无条件极值

当函数存在一阶偏导数时，极值点必为驻点. 但是，驻点未必是极值点. 二元函数的极值也可能在偏导数不存在的点处达到. 这与一元函数极值的有关结论是相似的.

如果函数$z=f(x,y)$在点(x_0,y_0)的某一邻域内，$f'_x(x_0,y_0)=0$，$f'_y(x_0,y_0)=0$；且有二阶连续偏导数记$A=f''_x(x_0,y_0)=0$，$B=f''_{xy}(x_0,y_0)$，$C=f''_y(x_0,y_0)$，则

(1) 当$B^2-AC>0$时，则$f(x_0,y_0)$不是极值；

(2) 当$B^2-AC<0$，且$A<0$时，则$f(x_0,y_0)$是极大值；

(3) 当$B^2-AC<0$，且$A>0$时，则$f(x_0,y_0)$是极小值；

(4) 当$B^2-AC=0$时，不能判定$f(x_0,y_0)$是否为极值. 这时，需用其他方法判定.

下面给出求二元函数$f(x,y)$极值的步骤：

(1) 确定驻点：解方程组$\begin{cases}f'_x=0,\\ f'_y=0,\end{cases}$确定函数的全部驻点；

(2) 算出A,B,C的值；

(3) 判定：按B^2-AC的符号判定驻点是否为极值点，若是，再按A的符号判定是极大值点还是极小值点；

(4) 求出函数$f(x,y)$的极值.

【例 1】 求函数$z=x^3+y^3-3xy$的极值.

解 令$\begin{cases}z'_x=3x^2-3y=0,\\ z'_y=3y^2-3x=0,\end{cases}$可得驻点(0,0)和(1,1).

又$A=z''_x=6x$，$B=z''_{xy}=-3$，$C=z''_y=6y$.

对于驻点(0,0)，$A=z''_x(0,0)=0$，$B=z''_{xy}=-3$，$C=z''_y(0,0)=0$，所以$B^2-AC>0$，则点(0,0)不是极值点；

对于驻点(1,1)，$A=z''_x(1,1)=6$，$B=z''_{xy}(1,1)=-3$，$C=z''_y(1,1)=6$，所以$B^2-AC=(-3)^2-6\times6=-27<0$，且$A=6>0$.

则函数在点(1,1)处取得极小值$z(1,1)=1^3+1^3-3\times1\times1=-1$.

【例 2】 求函数$z=x^2+y^2-2\ln x-2\ln y$的极值. 其中$x>0$，$y>0$.

解 $z'_x=2x-\dfrac{2}{x}$，$z'_y=2y-\dfrac{2}{y}$. 令$z'_x=0$，$z'_y=0$，得驻点(1,1). 又

$$z''_x=2+\frac{2}{x^2},z''_{xy}=0,z''_y=2+\frac{2}{y^2},$$

所以 $A=z''_{xx}(1,1)=4>0,B=z''_{xy}(1,1)=0,C=z''_{yy}(1,1)=4,B^2-AC=0-4\times 4=-16<0.$

所以函数在(1,1)处有极小值 $z|_{(1,1)}=2$.

解决二元函数经济优化问题，同一元函数类似. 先建立目标函数；再求唯一驻点；通过二阶偏导数判别该驻点处取得极大还是极小值；利用函数的唯一极值可以求函数的最值.

【例 3】 某企业生产甲、乙两种商品的产量分别为 x,y 单位，利润函数为 $L=-2x^2+64x+4xy-4y^2+32y-14$，求该企业的最大利润.

解 由 $L=-2x^2+64x+4xy-4y^2+32y-14$，令

$\begin{cases}L'_x=-4x+64+4y=0,\\L'_y=4x-8y+32=0,\end{cases}$ 得唯一驻点(40,24)，又

$A=L''_x=-4<0,B=L''_{xy}=4,C=L''_y=-8$，有 $B^2-AC<0$，

故点(40,24)是利润函数的极大值点，亦是最大值点. 最大值为

$L(40,24)=-2\times 40^2+64\times 40+4\times 40\times 24-4\times 24^2+32\times 24-14=1\,650.$

即该企业生产甲、乙两种商品的产量分别为 40 和 24 单位时利润最大，最大利润为 1 650 单位.

对于实际经济应用问题，若能够判定或已经知道函数在其定义域内确实有最大(或最小)值，此时若在区域 D 内，函数有唯一驻点，就可以断定，该驻点的函数值就是函数在区域 D 上的最大值(或最小值)，可以不求二阶偏导数.

【例 4】 生产函数为 $Q=8K^{\frac{1}{4}}L^{\frac{1}{2}}$，若两种生产要素的投入价格 $p_k=8,p_L=4$，而产品的价格 $p=4$，试求使利润最大的两种要素的投入水平、产出水平和最大利润.

解 根据题意，收益函数 R 与成本函数 C 分别为

$$R=pQ=32K^{\frac{1}{4}}L^{\frac{1}{2}},C=p_kK+p_LL=8K+4L,$$

于是利润函数为

$$L=R-C=32K^{\frac{1}{4}}L^{\frac{1}{2}}-8K-4L.$$

由极值存在的必要条件得

$\begin{cases}L'_K=8K^{-\frac{3}{4}}L^{\frac{1}{2}}-8=0,\\L'_L=16K^{\frac{1}{4}}L^{-\frac{1}{2}}-4=0,\end{cases}$ 解得唯一驻点(16,64).

依题意，该问题应该有最大利润，由于函数只有唯一驻点，故当两种要素的投入量分别为 $K=16,L=64$ 时，利润最大. 此时，产出水平为 $Q(16,64)=8\times 16^{\frac{1}{4}}\times 64^{\frac{1}{2}}=128$，最大利润 $L=32\times 16^{\frac{1}{4}}\times 64^{\frac{1}{2}}-8\times 16-4\times 64=128.$

3.3.3 条件极值

在求函数 $z=f(x,y)$ 的极值时，如果自变量 x,y 必须满足一定的条件 $\varphi(x,y)=0$，这样的极值问题称为条件极值问题. $\varphi(x,y)=0$ 称为约束条件或约束方程. 所求出的极值称为条件极值.

求解条件极值问题的方法——**拉格朗日乘数法**.

首先构造拉格朗日函数：$L(x,y,\lambda)=f(x,y)+\lambda\varphi(x,y)$，其中 λ 称为拉格朗日乘数.

然后，求 $L(x,y,\lambda)$ 关于 x,y,λ 的偏导数，并令它们等于零. 求解方程组：

$$\begin{cases}L'_x=f'_x(x,y)+\lambda\varphi'_x(x,y)=0,\\ L'_y=f'_y(x,y)+\lambda\varphi'_y(x,y)=0,\\ L'_\lambda=\varphi(x,y)=0.\end{cases}$$ 此方程组的解 (x_0,y_0) 就是可能极值点.

最后判别 (x_0,y_0) 是否为极值点，一般可以根据问题的实际背景直接判定.

【例 5】 某工厂生产两种型号的重型机器，总成本函数 $f(x,y)=x^2+2y^2-xy$，其中 x,y 分别为所生产的两种型号机器的台数. 如果限制两种型号的机器只能生产 8 台，要使它们的总成本最小，试问两种机器各生产几台?

解 目标函数为总成本 $f(x,y)=x^2+2y^2-xy$，约束条件函数 $x+y=8$，

故令 $F(x,y)=x^2+2y^2-xy+\lambda(x+y-8)$，则有

$$\begin{cases}F'_x=2x-y+\lambda=0,\\ F'_y=4y-x+\lambda=0,\\ F'_\lambda=x+y-8=0,\end{cases}$$ 解得 $x=5,y=3$. 得驻点 $(5,3)$.

因为驻点唯一，故当两种机器各生产 5 台和 3 台时，总成本最小.

【例 6】 某化妆品公司可以通过报纸和电视台做销售化妆品的广告. 根据统计资料，销售收入 R（百万元）与报纸广告费用 x（百万元）和电视广告费用 y（百万元）之间的关系有如下的经验公式：$R=15+14x+32y-8xy-2x^2-10y^2$.

(1) 如果不限制广告费用的支出，求最优广告策略.（无条件极值）

(2) 如果可供使用的广告费用为 150 万元，求相应的最优广告策略.（条件极值）

解 (1) 设该公司的净销售收入为

$$\begin{aligned}z=f(x,y)&=15+14x+32y-8xy-2x^2-10y^2-(x+y)\\&=15+13x+31y-8xy-2x^2-10y^2.\end{aligned}$$

令 $$\begin{cases}\dfrac{\partial z}{\partial x}=13-8y-4x=0,\\ \dfrac{\partial z}{\partial y}=31-8x-20y=0,\end{cases}$$ 得驻点 $x=0.75$（百万元），$y=1.25$（百万元）. 又

$$A=z''_x=-4<0,B=z''_{xy}=-8,C=z''_y=-20,$$

有 $B^2-AC=(-8)^2-(-4)\times(-20)<0$，

所以，函数 $z=f(x,y)$ 在 $(0.75,1.25)$ 处有极大值，因极大值点唯一，故在 $(0.75,1.25)$ 处也是最大值，即最优广告策略为报纸广告费为 75 万元，电视广告费为 125 万元.

(2) 如果广告费限定为 150 万元，则需求函数 $f(x,y)$ 在条件 $x+y=1.5$ 下的条件极值. 设 $L(x,y,\lambda)=15+13x+31y-8xy-2x^2-10y^2+\lambda(x+y-1.5)$.

令 $$\begin{cases}L'_x=-4x-8y+13+\lambda=0,\\ L'_y=-8x-20y+31+\lambda=0,\\ L'_\lambda=x+y-1.5=0,\end{cases}$$ 解得 $x=0,y=1.5$.

根据问题的实际意义，在唯一驻点 $(0,1.5)$ 处 $f(x,y)$ 有条件极值，即将广告费全部用于电视广告，可使净收入最大.

习题 3.3

1. 求下列函数的极值：

(1) $f(x,y)=x^3+y^3-9xy+27$；　　(2) $f(x,y)=4(x-y)-x^2-y^2$

2. 已知生产函数为 $Q=6K^{\frac{1}{3}}L^{\frac{1}{3}}$，产品的价格 $p=2$，投入的价格为 $p_K=4$，$p_L=3$，求使利润最大的两种要素的投入水平、产出水平和最大利润.

3. 设生产某产品的数量 z 与所用两种原材料 A，B 的数量 x，y 之间有以下关系：$z=f(x,y)=0.005x^2y$. 假定 A，B 两种原材料的单价分别是 1 元和 2 元，如果用 150 元购买原材料，问 A，B 各买多少，能使得生产函数的产量最大？最大产量是多少？

经济案例模型赏析 3

生产经营决策

阿兰·邦德在 1992 年获得工商管理专业学士学位之后，开办了一家自己的建筑企业，专门为居民建造车库. 企业发展很快，到 1998 年，共雇用了 20 名木工，他们每人每年的薪水为 25 000 美元. 这是企业的全部编制，所有的管理、会计和秘书工作均由邦德先生自己担任. 1998 年，该公司共建造了 400 个车库. 由于材料是客户自己提供的，每个车库的造价为 1 600 美元.

企业存有大量资本和设备（包括一个梯子、几件电动工具和一台空气压缩机）进行组合定为一个单位的资本. 目前，租用了 1 个单位资本的租金为每年 5 000 美元. 1998 年他共租用了 15 个单位的资本. 资本和工人成本是该企业唯一的外显成本. 人工和资本的投入量可以每天不同.

邦德是用继承来的 100 000 美元开办企业的. 他为上个月有几个人愿意按 300 000 美元的价格购买他的企业而感到高兴. 企业 1998 年的会计损益表示，在付给邦德 25 000 美元之后，利润为 40 000 美元. 如果把资金借给同样风险的其他用途使用，市场利息率为 14%.

邦德在当地社区大学的一个夜校刚学完管理经济学课程. 尽管不能保证所学的都懂了，但通过学习，他的确知道了许多以前从未考虑过的问题. 例如，邦德建筑公司是否真有盈利？目前，资本和人工的组合是否最优？

管好企业的压力开始使邦德感到烦恼. 他不知道如果他在本地的一家很大的建筑企业——海克泰尔公司——找到一份工作是否会更加愉快. 海克泰尔公司的人事经理已多次提出让他去工作，1998 年 1 月该公司许诺给邦德的薪水为每年 40 000 美元.

邦德决定聘请一位顾问来对他的公司的经营做一次深入的经济分析. 不幸的是，他保存下来的能用来做经济分析的资料很少. 不过，在 7 年的经营中，每年的产量以及每年资本和人工的投入量数据还是保留下来了，这些数据如下：

表 1　邦德公司每年的产量和资本、人工的投入量数据表

年份	产量(车库数)	资本投入数(单位:个)	劳动力投入数(工人/年)
1992	35	1	2
1993	49	1	3
1994	81	4	4
1995	156	4	9
1996	255	8	14
1997	277	12	14
1998	400	15	20

邦德认为科布—道格拉斯函数 $Q=AK^aL^b$ 可用来描述公司的生产过程.假定你被雇为邦德公司的顾问,上面提供的信息是能够取得的全部信息.

(1) 请计算 1998 年该企业获得的真正的经济利润;

(2) 如果 1998 年的经济利润为负值,那么,企业盈亏平衡时的产量是多少? 请利用已有的信息求出企业所有相关的总成本函数和单位成本函数.

(3) 用回归分析中的最小二乘法可以求出邦德公司的生产函数为

$$Q=13.07K^{0.21}L^{0.94}.$$

那么,其规模收益是递增、递减还是不变? 请解释之.

(4) 求产量为 400 单位时应当采用的最优的资本和劳动力组合.把这一组合与 1998 年用的实际组合相比较.

注意,对科布—道格拉斯生产函数来说,劳动力和资本的边际产量方程分别为:

$$Q'_L=bAK^aL^{b-1},Q'_K=aAK^{a-1}L^b.$$

解　(1) 因为邦德公司 1998 年的收益 R 为

$$R=PQ=1\,600\times400=640\,000(\text{美元}),$$

成本函数为

$$C=5\,000K+25\,000L+100\,000\times14\%,$$

其中“$100\,000\times14\%$”项是由信息“如果把开办企业的资金 100 000 美元借给同样风险的其他用途使用,市场利息率为 14%”得到,将 1998 年的资本和劳动力投入数 $K=15,L=21$(含邦德本人)代入,可得 1998 年邦德公司的成本

$$C(15,21)=5\,000\times15+25\,000\times21+100\,000\times14\%=614\,000(\text{美元}),$$

所以邦德公司 1998 年的获得的真正的经济利润为

$$R-C=640\,000-614\,000=26\,000(\text{美元}).$$

(2) 因为当经济利润为零时,即

$$R=1\,600Q=5\,000K+25\,000L+14\,000=C$$

时,企业盈亏平衡.将 $K=15,L=21$ 代入,得

$$Q=383.75,$$

故企业盈亏平衡时的产量是 384 个车库.

邦德公司的总成本函数为

$$C(K,L)=5\,000K+25\,000L+14\,000,$$

单位成本函数为

$$\overline{C}(K,L)=5\,000\frac{K}{K+L}+25\,000\frac{L}{K+L}+\frac{14\,000}{K+L}.$$

(3) 因为邦德公司的生产函数为

$$Q=13.07K^{0.21}L^{0.94},$$

且两个投入因素的指数之和

$$a+b=0.21+0.94=1.15>1,$$

所以其规模收益是递增.

(4) 这是一个企业经营决策中的要素投入最优组合问题，是一个产量既定成本最小的问题，也就是在产量 $Q=13.07K^{0.21}L^{0.94}=400$ 单位条件下，求总成本

$$C(K,L)=5\,000K+25\,000L+14\,000$$

最小的资本和劳动力组合.

令 $F(K,L,\lambda)=5\,000K+25\,000L+14\,000+\lambda(13.07K^{0.21}L^{0.94}-400)$.

由极值的必要条件

$$\begin{cases} F'_K=5\,000+\lambda\times0.21\times13.07K^{-0.79}L^{0.94}=0, & (1)\\ F'_L=25\,000+\lambda\times0.94\times13.07K^{0.21}L^{-0.06}=0, & (2)\\ F'_\lambda=13.07K^{0.21}L^{0.94}-400=0, & (3)\end{cases}$$

由(3)式得 $13.07K^{0.21}L^{0.94}=400$，将其代入(1)、(2)式，得

$$\begin{cases} 5\,000+0.21\lambda K^{-1}\times400=0,\\ 25\,000+0.94\lambda L^{-1}\times400=0,\end{cases}$$

解此方程组，得

$$0.94K=1.05L,$$

即当劳动力 L 与资本 K 的投入之比为 $L:K\approx0.9:1$ 时，产量最大.

把 $L=0.9K$，$Q=400$ 代入生产函数，得

$$400=13.07K^{0.21}(0.9K)^{0.94}=11.84K^{1.15}$$

$$K^{1.15}\approx33.78$$

$$K=21,L=19$$

即当产量为 400 单位时应采用的最优组合为资本 $K=21$ 和劳动力 $L=19$.

这一组合与 1998 年实际投入的资本 $K=15$ 和劳动力 $L=21$ 相比较，资本增加了 6 个单位，劳动力节省了 2 个单位.

本章内容精要 3

一、二元函数

依赖于两个自变量的函数就是二元函数.

如果对于每个点 $(x,y)\in D$，都可由对应法则 f 得到唯一的实数 z 与之对应，则称 z 是变量 x,y 的二元函数，记为 $z=(x,y)$，变量 x,y 称为自变量；z 称为因变量；集合 D 称为函数 $f(x,y)$ 的定义域.

二、偏导数

1. 一阶偏导数

(1) 二元函数 $z=f(x,y)$ 对 x 求偏导数 $f'_x(x,y)$ 时，是把 $f(x,y)$ 中的 y 看作常量，只把 x 作为变量.

(2) 二元函数 $z=f(x,y)$ 对 y 求偏导数 $f'_y(x,y)$ 时，是把 $f(x,y)$ 中的 x 看作常量，只把 y 作为变量.

2. 二阶偏导数

二元函数 $z=f(x,y)$ 的二阶偏导数是一阶偏导数对某一自变量再求导，共有以下四个：$z''_x,z''_{xy},z''_y,z''_{yx}$，混合偏导 $z''_{xy}=z''_{yx}$.

三、二元函数无条件极值的求法

1. 极值存在的必要条件

若函数 $z=f(x,y)$ 在点 (x_0,y_0) 存在偏导数且有极值，则必有 $f'_x(x_0,y_0)=0,f'_y(x_0,y_0)=0$，$(x_0,y_0)$ 称为驻点.

2. 极值存在的充分条件

若函数 $z=f(x,y)$ 在点 (x_0,y_0) 及其邻近具有一阶和二阶连续偏导数，且记 $A=f''_x(x_0,y_0)$，$B=f''_{xy}(x_0,y_0)$，$C=f''_y(x_0,y_0)$，则

(1) 当 $B^2-AC>0$ 时，则 $f(x_0,y_0)$ 不是极值；

(2) 当 $B^2-AC<0$，且 $A<0$ 时，则 $f(x_0,y_0)$ 是极大值；

(3) 当 $B^2-AC<0$，且 $A>0$ 时，则 $f(x_0,y_0)$ 是极小值；

(4) 当 $B^2-AC=0$ 时，不能判定 $f(x_0,y_0)$ 是否为极值. 这时，需用其他方法判定.

3. 求二元函数 $f(x,y)$ 极值的步骤

(1) 确定驻点：解方程组 $\begin{cases} f'_x=0, \\ f'_y=0, \end{cases}$ 确定函数的全部驻点；

(2) 算出 A,B,C 的值；

(3) 判定：按 B^2-AC 的符号判定驻点是否为极值点，若是，再按 A 的符号判定是极大值点还是极小值点；

(4) 求出函数 $f(x,y)$ 的极值.

4. 利用函数的驻点求函数的最大值与最小值

若在 D 内，函数只有一个驻点，就可以断定，该驻点的函数值就是函数在区域 D 上的最大值(或最小值).

四、条件极值的求法

求目标函数 $z=f(x,y)$ 在约束条件 $\varphi(x,y)=0$ 下的极值问题的**拉格朗日乘数法**：

1. 首先构造拉格朗日函数：$L(x,y,\lambda)=f(x,y)+\lambda\varphi(x,y)$.

2. 求可能极值点：

解方程组 $\begin{cases} L'_x=f'_x(x,y)+\lambda\varphi'_x(x,y)=0, \\ L'_y=f'_y(x,y)+\lambda\varphi'_y(x,y)=0, \\ L'_\lambda=\varphi(x,y)=0. \end{cases}$

此方程组的解(x_0,y_0)就是可能极值点.

3. 最后根据问题的实际背景直接判定(x_0,y_0)是否为条件极值点.

复习题 3

一、单项选择题

1. 二元函数 $z=\dfrac{1}{\ln(xy)}$ 的定义域为(　　).

A. $x>0,y>0$　　B. $x<0,y<0$

C. $xy\neq 1$　　D. $x>0,y>0$ 或 $x<0,y<0$ 且 $xy\neq 1$

2. 设二元函数 $z=f(x,y)$在点(x_0,y_0)处可导,且 $f'_x(x_0,y_0)=0,f'_y(x_0,y_0)=0$,则函数 $z=f(x,y)$在点(x_0,y_0)处(　　).

A. 必有极值,可能是极大值,也可能是极小值

B. 必有极大值

C. 可能有极值,也可能无极值

D. 必有极小值

3. 对于函数 $f(x,y)=xy$,点$(0,0)$(　　).

A. 不是驻点　　B. 是驻点却非极值点

C. 是极大值点　　D. 是极小值点

4. 已知 $f(1,1)=-1$ 是函数 $f(x,y)=ax^3+by^3+cxy$ 的极小值,则 a,b,c 分别为(　　).

A. $1,1,-1$　　B. $-1,-1,3$　　C. $-1,-1,-3$　　D. $1,1,-3$

5. 已知函数 $f(x,y)=x^2+5y^2-6x+10y+6$,则点$(3,-1)$(　　).

A. 不是驻点　　B. 是驻点却非极值点

C. 是极小值点　　D. 是极大值点

二、填空题

1. 若 $f\left(x+y,\dfrac{y}{x}\right)=x^2-y^2$,则 $f(1,1)=$________.

2. 若 $f(x,y)=(xy)^{x+y}$,则 $f(x-y,x+y)=$________.

3. 满足____________________条件的点称为 $z=f(x,y)$的驻点.

4. 已知函数 $f(x,y)=(1-y)\arcsin x+y+x^2$,则 $f'_x(0,1)=$________,$f'_y(0,100)=$________.

5. 设函数 $z=xy+x^3$,则$\dfrac{\partial z}{\partial x}+\dfrac{\partial z}{\partial y}$________.

三、计算题

1. 求下列函数的一阶偏导数:

(1) $z=\dfrac{y}{x^2}$;　　(2) $z=y^{2x}$.

2. 已知 $f(x,y)=e^x\sin(x-2y)$,求 $f'_x\left(0,\dfrac{\pi}{6}\right)$与 $f'_y\left(0,\dfrac{\pi}{6}\right)$.

3. 求下列函数的极值：

(1) $f(x,y)=x^2+xy+y^2+x-y+1$；

(2) $f(x,y)=x^3-3xy+y^3$.

4. 假设某公司生产甲、乙两种产品，其中甲、乙产品的产量分别为 x 和 y. 如果甲、乙产品的单价分别为 $p_1=4$ 和 $p_2=1$，那么公司的收益函数为 $R(x,y)=4x+y$. 另外，公司的生产总成本为 $C(x,y)=5+x^2-xy+y^2$，问如何生产才能使公司的利润最大？利润最大为多少？

5. 设某企业总成本函数为 $C(x,y)=3x^2+5y^2-2xy+2$，产品限制为 $x+y=30$，求最小成本.

6. 设生产函数和总成本函数分别为 $Q=f(K,L)=4K^{\frac{1}{2}}L^{\frac{1}{2}}$，$C=2K+8L$，求产量 $Q_0=32$ 时，总成本最低的 K 和 L 的投入组合及最低成本.

数学家小传 3

拉格朗日

拉格朗日(Lagrange, Joseph-Louis)是法国数学家、力学家、天文学家. 1736 年 1 月 25 日生于意大利西北部的都灵；1813 年 4 月 10 日卒于巴黎.

拉格朗日的祖父是法国人、祖母是意大利人. 他的父亲是一位富商，曾想把拉格朗日培养成自己商业上的接班人，因此希望他学法律. 但拉格朗日在中学时代读了天文学家哈雷写的一篇谈论计算方法的小品文——《在解决求光学玻璃的焦点问题时，近世代数优越性的一个实例》之后，就对数学和天文学产生了兴趣，不久进入都灵皇家炮兵学院学习. 通过自学的方式钻研数学，尚未毕业就担任了该院的部分数学教学工作. 18 岁时开始撰写论文，19 岁被正式聘任为该院的数学教授.

1755 年，拉格朗日开始和欧拉通信讨论"等周问题"，从而奠定了变分法的基础.

1757 年，拉格朗日和几位年轻科学家创办了都灵科学协会和学术杂志《都灵文集》，他在《都灵文集》上发表了大量论文，1764 年和 1766 年因在天文学研究中取得的成果，先后两次获得法国科学院奖，从而在世界范围赢得了很高的声誉.

1766 年，在柏林科学院物理数学所任所长的欧拉，要重回彼得堡，临行前普鲁士国王特烈大帝(Frederick the Great)要欧拉推荐一位称职的继任者. 欧拉认为非拉格朗日莫属，同时达朗贝尔也做了同样的推荐. 于是特烈大帝亲自写信给拉格朗日说："欧洲最伟大的君王希望欧洲最伟大的数学家到他的宫廷里来."于是拉格朗日到了柏林，就任柏林科学院物理数学所所长职务，这时他年仅 30 岁.

拉格朗日在柏林科学院整整工作了 20 年，在这期间，他对代数、数论、微分方程、变分法、力学和天文学都进行了广泛而深入的研究，并取得了丰硕的成果，其作品浩如烟海.

对于微积分学，拉格朗日试图抛弃自牛顿以来模糊不清的无穷小概念. 拉格朗日的学生们发现无穷小和无穷大的概念很难掌握，而传统形式的微积分学充满了这些概念. 为了克服这些困难，拉格朗日试图不用莱布尼茨的"无穷小"和牛顿的极限的特殊概念来建立微积分学，为此他写成《解析函数论》.此书的副标题是“不用无穷小,或正在消失的量或极限与流数等概念,而归结为有限的代数分析的艺术”.他试图把微分、无穷小和极限等概念从微积分中完全排除.他先用代数方法证明了泰勒展开式,接着定义导数(微商)是 $f(x+h)$ 的泰勒展开式中 h 的系数,然后建立起全部分析学.他认为这样就可以克服极限理论的困难,可是无穷级数的收敛问题,仍然无法逃避极限.尽管他的“纯代数的微分学”没有成功,但他另辟蹊径的探讨得到高度的赞赏,并推动了柯西和其他一些人去创立一种令人满意的微积分学,从而对后来微积分基础理论的逻辑发展产生了深远的影响.特别是《解析函数论》对函数的抽象处理,可说是实变函数论的起点.他还给出了泰勒级数的余项公式,研究了二元函数极值,阐明了条件极值的理论,并研究了三重积分的变量代换等问题.

在微分方程中,他也获得了很多重要结果:例如,对奇解与通解的联系做了系统的研究,用明确而漂亮的手法从通解中消去常数而得到奇解,从而给出了一般性的方法;他还发现,线性齐次方程的通解是一组独立的特解的线性组合,而且在知道了 n 阶线性齐次方程的 m 个特解后,可以把方程降低 m 阶;在解线性非齐次微分方程时,他提出了常数变易法.

拉格朗日对代数和数论曾作出过杰出贡献.他是最早意识到一般五次和一般更高次的代数方程不存在根式求解法的数学家之一.他的《关于方程的代数解的研究》开辟了代数发展的新时期.

拉格朗日最得意的著作是《分析力学》,撰写这部巨著,他倾注了大量的智慧和精力,整整经历了 37 个春秋.在这部著作中,他利用变分原理建立了优美、和谐的力学体系,把宇宙描绘成一个由数字和方程组成的有节奏的旋律.这部著作里的精辟论述,使得动力学这门科学达到了登峰造极的地步,它还把固体力学和流体力学这两个分支统一了起来,从而奠定了现代力学的基础.哈密顿(Hamilton)把这部著作誉为一部“科学诗篇”.

拉格朗日 1759 年被选为柏林科学院院士,1772 年被选为法国科学院院士,1776 年被选为彼得堡科学院名誉院士,1766 至 1786 年担任柏林科学院的主席.

拉格朗日虽然是一个伟大的天才,但他非常谦逊,虚怀若谷,善于向前辈及同时代的科学家学习,不断地从各个学科吸取营养丰富自己.他曾说:“我欣赏他人的工作更甚于我自己的工作,我总是不满自己的工作.”他的研究充满了诗人般的想象力.由于他在学术上成就辉煌、道德上品格高尚,赢得了世人的崇敬.

拉格朗日在逝世前的两天曾平静地说:“我此生没有什么遗憾,死亡并不可怕,它只不过是我要遇到的最后一个函数.”

拉格朗日去世后,意大利百科全书说他是意大利数学家,法国百科全书说他是法国数学家,德国的数学史说他一生的主要科学成就是在柏林完成的.拉格朗日的著作极为丰富,但未能全部收集齐.他去世后,法兰西研究院汇集了他留在该学院内的全部著作,编辑出版了十四卷《拉格朗日文集》.拿破仑(Napoleon)赞美“拉格朗日是一座高耸在数学世界的金字塔”.

第 4 章　不定积分与定积分

【知识目标】

- 理解原函数和不定积分以及定积分的概念和性质.
- 掌握不定积分的基本公式,掌握不定积分的直接积分法和凑微分法.
- 掌握变上限定积分的导数计算方法.
- 了解无穷积分的概念,会判别无穷积分的敛散性.

【能力目标】

- 熟练运用牛顿—莱布尼茨公式计算定积分.
- 掌握积分的经济和几何方面的应用.
- 掌握定积分的模型思想,树立以直代曲、逐步逼近的辩证观点.

【内容导航】

在微分学中我们讨论了如何求一个已知函数的导数问题.但是在科学技术和经济生活中常常会遇到与之相反的问题,即已知一个函数的导数,求原来的函数,以及求在某个区间上的增量.这个问题正是本章积分学所要介绍的主要内容.

4.1　不定积分的概念及其性质

4.1.1　原函数和不定积分的概念

根据导数的定义,我们知道边际成本函数是总成本函数 $C(q)$ 对产量 q 的导数 $C'(q)$.但在实际问题中我们也会遇到与之相反的问题,已知边际成本函数 $C'(q)$,求产品的总成本函数 $C(q)$.类似的问题还有许多,其实质就是**已知一个函数的导数,求原来的函数**.

为了便于研究这类问题,我们首先引入原函数和不定积分的概念.

定义(原函数)　设 $f(x)$ 是定义在区间 (a,b) 内的已知函数.如果存在函数 $F(x)$,使对于任意的 $x\in(a,b)$,都有 $F'(x)=f(x)$ 或 $\mathrm{d}F(x)=f(x)\mathrm{d}x$,则称 $F(x)$ 是 $f(x)$ 在 (a,b) 上的一个原函数.

【例 1】　设函数 $f(x)=\sin x, x\in(-\infty,+\infty)$.由于函数 $F(x)=-\cos x$ 满足 $F'(x)=(-\cos x)'=\sin x$,所以 $F(x)=-\cos x$ 是 $\sin x$ 的一个原函数.

不难看出:$-\cos x+1, -\cos x+2, -\cos x+C$($C$ 为任意常数)都是 $\sin x$ 的原函数.

由此例可以看出:如果函数 $f(x)$ 有一个原函数,则 $f(x)$ 就有无穷多个原函数,而这些原函数之间仅差一个常数.

简单证明如下：如果 $F(x)$是 $f(x)$的一个原函数，则$[F(x)+C]'=F'(x)=f(x)$(C 为任意常数)，所以 $F(x)+C$ 也是 $f(x)$的原函数. 一般地，如果 $F(x)$是 $f(x)$的一个原函数，则 $f(x)$的全部原函数就是 $F(x)+C$(C 为任意常数).

定义(不定积分)　函数 $f(x)$的全部原函数，称为 $f(x)$的不定积分，记作 $\int f(x)\mathrm{d}x$. 其中“$\int$”称为积分号，x 称为积分变量，$f(x)$称为被积函数，$f(x)\mathrm{d}x$ 称为被积表达式.

如果 $F(x)$是 $f(x)$的一个原函数，则 $\int f(x)\mathrm{d}x = F(x)+C$ (C 为任意常数)，其中 C 称为积分常数.

因此，我们可利用求导，逆向运算通过配系加常得到不定积分.

【例 2】　求 $\int x^2\mathrm{d}x$.

解　由于$\left(\dfrac{x^3}{3}\right)'=x^2$，所以$\dfrac{x^3}{3}$是 x^2 的一个原函数，从而 $\int x^2\mathrm{d}x=\dfrac{x^3}{3}+C$.

【例 3】　求函数 $f(x)=x^\alpha$ 的不定积分，其中 α 为常数且 $\alpha\neq-1$.

解　因为$\left(\dfrac{1}{\alpha+1}x^{\alpha+1}\right)'=x^\alpha$，所以 $\int x^\alpha\mathrm{d}x=\dfrac{1}{\alpha+1}x^{\alpha+1}+C$($C$ 为任意常数).

【例 4】　求函数 $f(x)=\dfrac{1}{x}$的不定积分.

解　当 $x>0$ 时，$(\ln x)'=\dfrac{1}{x}$，所以

$$\int\frac{1}{x}\mathrm{d}x=\ln x+C(x>0).$$

当 $x<0$ 时，$(\ln(-x))'=-\dfrac{1}{x}\cdot(-1)=\dfrac{1}{x}$，所以 $\int\dfrac{1}{x}\mathrm{d}x=\ln(-x)+C$.

所以 $\int\dfrac{1}{x}\mathrm{d}x=\ln|x|+C(x\neq0)$($C$ 为任意常数).

【例 5】　求函数 $f(x)=\cos x+3$ 的不定积分.

解　因为$(\sin x+3x)'=\cos x+3$，所以$\int(\cos x+3)\mathrm{d}x=\sin x+3x+C$ (C 为任意常数).

如果 $F(x)$ 是 $f(x)$ 的一个原函数，则 $f(x)$ 的不定积分$\int f(x)\mathrm{d}x=F(x)+C$.

对于每一给定的常数 C，$F(x)+C$ 表示坐标平面上的一条确定的曲线，这条曲线称为 $f(x)$的一条积分曲线. 由于 C 可以取任意值，因此不定积分$\int f(x)\mathrm{d}x$ 表示 $f(x)$的一族积分曲线.

如图 4.1.1 所示，积分曲线族 $y=F(x)+C$ 有如下特点：

(1) 积分曲线族中的任何一条曲线，都可由其中一条曲线沿 y 轴上下平移所得.

(2) 由于$[F(x)]'=f(x)$，则在同一横坐标 x_0 处，每一条积分曲线上相应点的切线斜率都相等且为 $F'(x_0)$，从而使相应点的切线相互平行，这就是**不定积分的几何意义**.

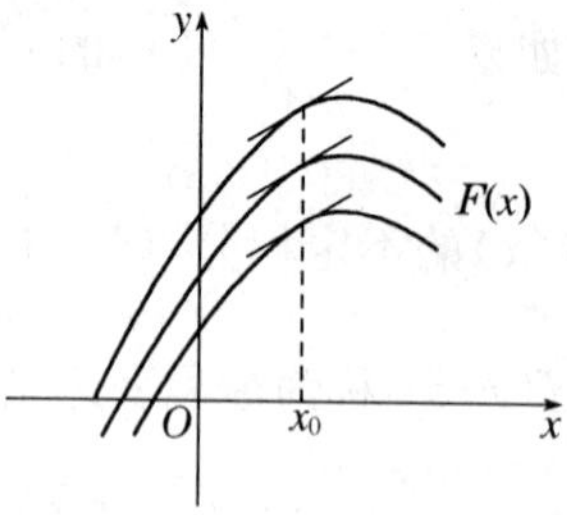

图 4.1.1　积分曲线族

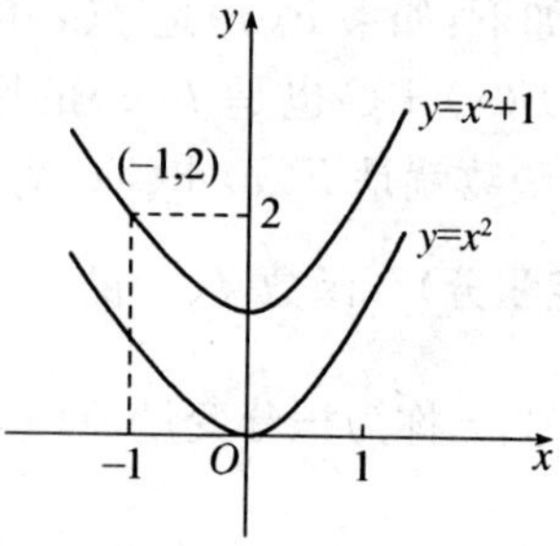

图 4.1.2　例 6

【例 6】　如图 4.1.2 所示，设曲线过点(−1,2)，并且曲线上任意一点处切线的斜率等于这点横坐标的两倍，求此曲线的方程.

解　设所求曲线方程为 $y=f(x)$.

过曲线上任意一点(x,y)的斜率为 $k=\dfrac{\mathrm{d}y}{\mathrm{d}x}=2x$，

所以，$f(x)$是 $2x$ 的一个原函数，

因为 $\int 2x\mathrm{d}x = x^2 + C$，故 $f(x) = x^2 + C$.

又曲线 $y=f(x)$过点$(-1,2)$，有 $2=(-1)^2+C$，即 $C=1$.

于是所求曲线方程为 $y=x^2+1$.

4.1.2　不定积分的性质

由不定积分的定义，可知积分运算与微分运算有下列关系：

性质 4.1　设 $F(x)$是 $f(x)$的一个原函数，则

(1) $[\int f(x)\mathrm{d}x]' = f(x)$ 或 $\mathrm{d}[\int f(x)\mathrm{d}x] = f(x)\mathrm{d}x$；

(2) $\int F'(x)\mathrm{d}x = F(x) + C$ 或 $\int \mathrm{d}F(x) = F(x) + C$.

此性质表明，先求积分再求导数或微分，两者的作用互相抵消. 先求微分后求积分，两者的作用互相抵消后，再加上任意常数 C. 因此积分与微分在运算上是互逆的.

性质 4.2　两个函数代数和的不定积分等于各个函数不定积分的代数和，即

$$\int[f(x) \pm g(x)]\mathrm{d}x = \int f(x)\mathrm{d}x \pm \int g(x)\mathrm{d}x.$$

此性质可以推广到有限个函数的情形，即

$$\int[f_1(x) \pm f_2(x) \pm \cdots \pm f_n(x)]\mathrm{d}x = \int f_1(x)\mathrm{d}x \pm \int f_2(x)\mathrm{d}x \pm \cdots \pm \int f_n(x)\mathrm{d}x.$$

性质 4.3　被积函数中不为零的常数因子可以提到积分号的外面，即

$$\int kf(x)\mathrm{d}x = k\int f(x)\mathrm{d}x(k \neq 0 \text{ 为任意常数}).$$

由于 C 为任意常数，故最后结果有且只保留一个 C.

4.1.3　不定积分的基本公式

由于求不定积分是求导数的逆运算，因此，由导数的基本公式，就可以直接得到相应的基

本积分公式.

例如,由于$(\arctan x)'=\dfrac{1}{1+x^2}$,所以 $\arctan x$ 是$\dfrac{1}{1+x^2}$的一个原函数.

从而$\displaystyle\int \frac{1}{1+x^2}\mathrm{d}x = \arctan x + C$. 同理可得其他基本积分公式.

下面列出的基本积分公式,通常称之为基本积分表,为了便于对照,右边同时列出了求导公式.

基本积分表	导数公式
1. $\int k\mathrm{d}x = kx + C$ (k 为常数);	$(C)'=0$;
2. $\int x^{\alpha}\mathrm{d}x = \dfrac{1}{\alpha+1}x^{\alpha+1} + C$;	$(x^{\alpha})' = \alpha x^{\alpha-1}$;
3. $\int \dfrac{1}{x}\mathrm{d}x = \ln\mid x\mid + C$;	$(\ln x)' = \dfrac{1}{x}$;
4. $\int a^{x}\mathrm{d}x = \dfrac{1}{\ln a}a^{x} + C$;	$(a^{x})' = a^{x}\ln a$;
5. $\int \mathrm{e}^{x}\mathrm{d}x = \mathrm{e}^{x} + C$;	$(\mathrm{e}^{x})' = \mathrm{e}^{x}$;
6. $\int \sin x\mathrm{d}x = -\cos x + C$;	$(\cos x)' = -\sin x$;
7. $\int \cos x\mathrm{d}x = \sin x + C$;	$(\sin x)' = \cos x$;
8. $\int \sec^2 x\mathrm{d}x = \tan x + C$;	$(\tan x)' = \sec^2 x$;
9. $\int \csc^2 x\mathrm{d}x = -\cot x + C$;	$(\cot x)' = -\csc^2 x$;
10. $\int \dfrac{\mathrm{d}x}{\sqrt{1-x^2}} = \arcsin x + C$;	$(\arcsin x)' = \dfrac{1}{\sqrt{1-x^2}}$;
11. $\int \dfrac{1}{1+x^2}\mathrm{d}x = \arctan x + C$;	$(\arctan x)' = \dfrac{1}{1+x^2}$.

以上基本积分公式是计算不定积分的基础,必须熟记.

习题 4.1

第4章参考答案

1. 利用不定积分的定义填空:

(1) 函数 x^3 的原函数是________,x^3 是________的原函数;

(2) 若$\int f(x)\mathrm{d}x = \sin 3x + C$,则 $f(x) =$ ________,$f'(x) =$ ________.

2. 利用不定积分的性质填空:

(1) $\dfrac{\mathrm{d}}{\mathrm{d}x}\displaystyle\int \frac{2x}{\tan x}\mathrm{d}x =$ ________; (2) $\int (\ln 6x)'\mathrm{d}x =$ ________;

(3) $\mathrm{d}\int \cos x\mathrm{d}x =$ ________; (4) $\int \mathrm{d}\mathrm{e}^{x} =$ ________.

3. 利用基本积分公式填空：

(1) $\int \frac{1}{x^2}dx =$ ________；(2) $\int \frac{1}{x}dx =$ ________；(3) $\int \sqrt[4]{x^3}dx =$ ________；

(4) $\int \frac{1}{3}dx =$ ________；(5) $\int 3^x dx =$ ________；(6) $\int x^3\sqrt{x}dx =$ ________；

(7) $\int \frac{6}{1+x^2}dx =$ ________；(8) $\int 3\cos x dx =$ ________；(9) $\int 5^x e^x dx =$ ________.

4. 设曲线过点(1,0)，且曲线上任意一点处切线的斜率为 $4x+1$，求此曲线的方程.

4.2 不定积分的计算方法

本节给大家介绍不定积分的计算方法，着重是直接积分法和凑微分法.

4.2.1 直接积分法

直接利用基本积分公式和性质计算不定积分，或先对被积函数进行恒等变形，然后再直接利用基本积分公式和性质计算不定积分，我们把这种方法称为直接积分法.

【例 1】 求$\int(2e^x+5\sin x)dx$.

解 $$\int(2e^x+5\sin x)dx = 2\int e^x dx + 5\int \sin x dx = 2e^x - 5\cos x + C.$$

【例 2】 求$\int \frac{1-x+x^2-x^3}{x^2}dx$.

解 $$\begin{aligned}\int \frac{1-x+x^2-x^3}{x^2}dx &= \int\left(\frac{1}{x^2}-\frac{1}{x}+1-x\right)dx \\ &= \int \frac{1}{x^2}dx - \int \frac{1}{x}dx + \int dx - \int x dx \\ &= -\frac{1}{x} - \ln|x| + x - \frac{1}{2}x^2 + C.\end{aligned}$$

【例 3】 求$\int(\sqrt[3]{x}-1)^2 dx$.

解 $$\begin{aligned}\int(\sqrt[3]{x}-1)^2 dx &= \int(\sqrt[3]{x^2}-2\sqrt[3]{x}+1)dx \\ &= \int \sqrt[3]{x^2}dx - 2\int \sqrt[3]{x}dx + \int dx \\ &= \frac{3}{5}x^{\frac{5}{3}} - \frac{3}{2}x^{\frac{4}{3}} + x + C.\end{aligned}$$

【例 4】 求$\int x^2(x+\sqrt{x})dx$.

解 $$\begin{aligned}\int x^2(x+\sqrt{x})dx &= \int(x^3+x^{\frac{5}{2}})dx \\ &= \int x^3 dx + \int x^{\frac{5}{2}}dx = \frac{1}{4}x^4 + \frac{2}{7}x^{\frac{7}{2}} + C.\end{aligned}$$

【例 5】　求$\int \frac{1-x^2}{1+x^2}\mathrm{d}x$.

解　$\int \frac{1-x^2}{1+x^2}\mathrm{d}x = \int \frac{2-(1+x^2)}{1+x^2}\mathrm{d}x = 2\int \frac{\mathrm{d}x}{1+x^2} - \int \mathrm{d}x = 2\arctan x - x + C.$

注意：当不定积分不能直接应用基本积分表和不定积分的性质进行计算时，需先将被积函数化简或变形再进行计算. 计算的结果是否正确，只需对结果求导，看其导数是否等于被积函数. 例如，要检查例 5 的结果是否正确，只需计算$(2\arctan x - x + C)' = \frac{2}{1+x^2} - 1 = \frac{1-x^2}{1+x^2}$，就可以肯定计算结果一定正确.

【例 6】　通过各种生产技术试验，制造商发现产品的边际成本是由函数 $MC=4q+3$（千元/台）给出的，式中 q 是产品的单位数量. 已知生产的固定成本为 5 千元，求生产成本函数.

解　生产成本的导数 $C'(q)$ 是边际成本 MC，即 $C'(q)=4q+3$，所以

$$C(q) = \int (4q+3)\mathrm{d}q = 2q^2 + 3q + C,$$

其中 C 是任意常数，由固定成本的定义可得 $C(0)=5$ 千元，解得 $C=5$.

因此生产成本函数 $C(q)=2q^2+3q+5$.

4.2.2　凑微分法

前面我们学习了直接积分法，但这种方法所能计算的不定积分是非常有限的，对于许多常见的甚至很简单的函数的积分，如

$$\int \cos 2x\mathrm{d}x, \int \sqrt{4x-5}\mathrm{d}x, \int \mathrm{e}^{\frac{x}{3}}\mathrm{d}x$$

都无法用直接积分法计算. 因此有必要进一步地研究计算不定积分的方法，其中换元积分法和分部积分法就是两种重要的方法. 本书只介绍第一换元积分法（**凑微分法**）.

换元积分法是通过对积分变量的代换，使所求的积分化为能用直接积分法计算的形式.

设所求的不定积分可以写成$\int f[\varphi(x)]\varphi'(x)\mathrm{d}x$ 或$\int f[\varphi(x)]\mathrm{d}\varphi(x)$ 的形式，则引入新变量 u，令 $u=\varphi(x)$，上面的不定积分就化为$\int f(u)\mathrm{d}u$.

定理 4.1（凑微分法）　设$\int f(u)\mathrm{d}u = F(u)+C$，且函数 $u=\varphi(x)$ 有连续的导数，则有

$$\int f[\varphi(x)]\varphi'(x)\mathrm{d}x = \int f[\varphi(x)]\mathrm{d}\varphi(x) = F[\varphi(x)] + C.$$

第一换元积分法也叫凑微分法. 在运算熟练后，可以省略令 $u=\varphi(x)$ 这一步，直接凑成基本积分公式的形式.

一、$\int f[\varphi(x)]\mathrm{d}\varphi(x)$ 型. 只有一个复合函数，中间变量是什么凑什么.

【例 7】　求$\int \cos 2x\mathrm{d}x$.

解　$\int \cos 2x\mathrm{d}x = \frac{1}{2}\int \cos 2x\mathrm{d}(2x) = \frac{1}{2}\int \cos 2x\mathrm{d}(2x) = \frac{1}{2}\sin 2x + C.$

【例 8】　求$\int \frac{1}{\sqrt{3-2x}}\mathrm{d}x$.

解 $\int \frac{1}{\sqrt{3-2x}}\mathrm{d}x = -\frac{1}{2}\int (3-2x)^{-\frac{1}{2}}\mathrm{d}(3-2x) = -\sqrt{3-2x}+C.$

【例 9】 求$\int (5x-3)^{11}\mathrm{d}x$.

解 $\int (5x-3)^{11}\mathrm{d}x = \frac{1}{5}\int (5x-3)^{11}\mathrm{d}(5x-3) = \frac{1}{60}(5x-3)^{12}+C$.

【例 10】 求$\int \frac{1}{x+3}\mathrm{d}x$.

解 $\int \frac{1}{x+3}\mathrm{d}x = \int \frac{1}{x+3}\mathrm{d}(x+3) = \ln|x+3|+C.$

【例 11】 求$\int \frac{1}{a^2+x^2}\mathrm{d}x(a>0)$.

解
$$\int \frac{1}{a^2+x^2}\mathrm{d}x = \frac{1}{a^2}\int \frac{1}{1+\frac{x^2}{a^2}}\mathrm{d}x$$
$$= \frac{1}{a}\int \frac{1}{1+\left(\frac{x}{a}\right)^2}\mathrm{d}\left(\frac{x}{a}\right) = \frac{1}{a}\arctan\frac{x}{a}+C.$$

用类似的方法还可以求得$\int \frac{1}{\sqrt{a^2-x^2}}\mathrm{d}x = \arcsin\frac{x}{a}+C.$

二、$\int f[\varphi(x)]\varphi'(x)\mathrm{d}x$ 型. 两函数相乘，把非复合函数还原成复合函数的中间变量.

【例 12】 求$\int x\mathrm{e}^{-x^2}\mathrm{d}x$.

解 由于 $x\mathrm{d}x=-\frac{1}{2}\mathrm{d}(-x^2)$，所以
$$\int x\mathrm{e}^{-x^2}\mathrm{d}x = -\frac{1}{2}\int \mathrm{e}^{-x^2}\mathrm{d}(-x^2) = -\frac{1}{2}\mathrm{e}^{-x^2}+C.$$

【例 13】 求$\int \frac{\cos\sqrt{x}}{\sqrt{x}}\mathrm{d}x$.

解 $\int \frac{\cos\sqrt{x}}{\sqrt{x}}\mathrm{d}x = 2\int \cos\sqrt{x}\mathrm{d}\sqrt{x} = 2\sin\sqrt{x}+C.$

【例 14】 求$\int x\sin(x^2-1)\mathrm{d}x$.

解 $\int x\sin(x^2-1)\mathrm{d}x = \frac{1}{2}\int \sin(x^2-1)\mathrm{d}(x^2-1) = -\frac{1}{2}\cos(x^2-1)+C.$

【例 15】 求$\int \frac{\mathrm{e}^x}{1+\mathrm{e}^x}\mathrm{d}x$.

解 $\int \frac{\mathrm{e}^x}{1+\mathrm{e}^x}\mathrm{d}x = \int \frac{1}{1+\mathrm{e}^x}\mathrm{d}(1+\mathrm{e}^x) = \ln(1+\mathrm{e}^x)+C.$

【例 16】 求$\int \frac{\ln^2 x}{x}\mathrm{d}x$.

解　$\int \frac{\ln^2 x}{x}dx = \int \ln^2 x \cdot \frac{1}{x}dx = \int \ln^2 x d\ln x = \frac{1}{3}\ln^3 x + C.$

【例 17】　求$\int \tan x dx$.

解　因为 $\tan x dx = \frac{\sin x}{\cos x}dx$，而 $\sin x dx = -d\cos x$. 所以

$$\int \tan x dx = \int \frac{\sin x}{\cos x}dx = -\int \frac{1}{\cos x}d\cos x = -\ln|\cos x| + C.$$

类似地，可以得到$\int \cot x dx = \ln|\sin x| + C$.

【例 18】　求$\int \cos x \sin^5 x dx$.

解　$\int \cos x \sin^5 x dx = \int \sin^5 x d\sin x = \frac{1}{6}\sin^6 x + C$

应用第一类换元法的常见的积分类型如下：(**中间变量是什么就凑什么**)

1. $\int f(ax+b)dx = \frac{1}{a}\int f(ax+b)d(ax+b)$；如例 7 ~ 11

2. $\int x^{n-1}f(ax^n+b)dx = \frac{1}{na}\int f(ax^n+b)d(ax^n+b)$；如例 12 ~ 14

3. $\int e^x f(e^x)dx = \int f(e^x)de^x$；如例 15

4. $\int \frac{1}{x}f(\ln x)dx = \int f(\ln x)d(\ln x)$；如例 16

5. $\int \cos x f(\sin x)dx = \int f(\sin x)d\sin x$；如例 17 ~ 18

6. $\int \frac{1}{\cos^2 x}f(\tan x)dx = \int f(\tan x)d\tan x$；

7. $\int \frac{1}{1+x^2}f(\arctan x)dx = \int f(\arctan x)d\arctan x$.

4.2.3　第二类换元法

在第一换元积分法中，是通过凑微分的方法把原积分化为符合基本积分公式的形式，然后再进行积分. 如果不定积分$\int f(x)dx$不易直接应用基本积分表计算，也可以引入新变量 t，并选择代换 $x=\varphi(t)$，其中 $\varphi(t)$可导，且 $\varphi'(t)$连续，将不定积分$\int f(x)dx$化为$\int f[\varphi(t)]\varphi'(t)dt$.

定理(第二换元积分法)　设 $x=\varphi(t)$单调可导，其反函数是 $t=\varphi^{-1}(x)$，且 $\varphi'(t)\neq 0$. 如果$\int f[\varphi(t)]\varphi'(t)dt = F(t)+C$，则

$$\int f(x)dx = \int f[\varphi(t)]\varphi'(t)dt = F[\varphi^{-1}(x)] + C.$$

【例 19】　求$\int \frac{1}{1+\sqrt{x}}dx$.

解　令 $t=\sqrt{x}$，得 $x=t^2$，则 $dx=2tdt$，

$$\int \frac{1}{1+\sqrt{x}}dx = \int \frac{1}{1+t} \cdot 2tdt = 2\int \frac{1+t-1}{1+t}dt$$

$$= 2\int \left(1-\frac{1}{1+t}\right)dt = 2(t-\ln|1+t|)+C$$

$$=2(\sqrt{x}-\ln|1+\sqrt{x}|)+C.$$

使用第二换元积分法的关键是如何选择函数 $x=\varphi(t)$，使 $x=\varphi(t)$ 代入被积表达式后能起到去掉根号的作用或化为符合基本积分公式的形式.

【例 20】 求 $\int \frac{1}{1+\sqrt{x-3}}dx$.

解 设 $t=\sqrt{3-x}$，则 $x=3-t^2$，$dx=-2tdt$.

$$\int \frac{1}{1+\sqrt{x-3}}dx = -\int \frac{2t}{1+t}dt = -2\int \frac{1+t-1}{1+t}dt$$

$$= -2\int \left(1-\frac{1}{1+t}\right)dt = -2(t-\ln|1+t|)+C$$

$$=-2[\sqrt{3-x}-\ln(1+\sqrt{3-x})]+C.$$

应注意，在最后的结果中必须代入 $t=\sqrt{3-x}$，返回到原积分变量 x.

【例 21】 求 $\int \frac{\sqrt{x-1}}{x}dx$.

解 令 $t=\sqrt{x-1}$，则 $x=t^2+1$，$dx=2tdt$，

$$\int \frac{\sqrt{x-1}}{x}dx = \int \frac{t}{t^2+1} \cdot 2tdt = 2\int \frac{t^2}{t^2+1}dt$$

$$= 2\int \left(1-\frac{1}{t^2+1}\right)dt = 2t-2\arctan t+C$$

$$=2\sqrt{x-1}-2\arctan\sqrt{x-1}+C.$$

4.2.4 分部积分法

换元积分法能解决一些不定积分问题，但对于形如 $\int x^{\alpha}a^{x}dx$，$\int x^{\alpha}\sin\beta x dx$，$\int x^{n}\ln x dx$ 等问题，换元法就不管用. 为此，我们利用乘法的微分法则，来引进另一个求积分的基本方法——**分部积分法.**

设函数 $u=u(x)$，$v=v(x)$ 具有连续导数，根据乘积的微分法则，有

$$d(uv)=udv+vdu$$

$$udv=d(uv)-vdu$$

$$\int udv = uv-\int vdu$$

上式叫作分部积分公式，它将求不定积分 $\int udv$ 转化为求不定积分 $\int vdu$ 的问题. 通常 $\int vdu$ 比 $\int udv$ 容易求得，这样，分部积分法就起到化难为简的作用.

选择 u 和 dv 的原则：

(1) v 容易求得;

(2) $\int v\mathrm{d}u$ 比 $\int u\mathrm{d}v$ 容易积出.

一、$\int x^n e^{ax}dx$, $\int x^n\sin axdx$, $\int x^n\cos axdx$ 型, 可设 $u=x^n$.

【例 22】 求 $\int x\sin x\mathrm{d}x$.

解 $\int x\sin x\mathrm{d}x=\int x\mathrm{d}(-\cos x)=-x\cos x-\int(-\cos x)\mathrm{d}x$

$$=-x\cos x+\int\cos x\mathrm{d}x=-x\cos x+\sin x+C.$$

【例 23】 求 $\int x^2\mathrm{e}^x\mathrm{d}x$.

解 $\int x^2\mathrm{e}^x\mathrm{d}x=\int x^2\mathrm{d}(\mathrm{e}^x)=x^2\mathrm{e}^x-\int\mathrm{e}^x\mathrm{d}(x^2)=x^2\mathrm{e}^x-2\int x\mathrm{e}^x\mathrm{d}x$

$$=x^2\mathrm{e}^x-2\int x\mathrm{d}(\mathrm{e}^x)=x^2\mathrm{e}^x-2\left(x\mathrm{e}^x-\int\mathrm{e}^x\mathrm{d}x\right)$$

$$=x^2\mathrm{e}^x-2x\mathrm{e}^x+2\mathrm{e}^x+C.$$

二、$\int x^n\ln xdx$, $\int x^n\arcsin xdx$, $\int x^n\arctan xdx$ 型, 可设 $u=\ln x, \arcsin x, \arctan x$.

另外 1 可当作幂函数 x^0.

【例 24】 求 $\int\arcsin x\mathrm{d}x$.

解 $\int\arcsin x\mathrm{d}x=x\arcsin x-\int x\mathrm{d}\arcsin x=x\arcsin x-\int\frac{x}{\sqrt{1-x^2}}\mathrm{d}x$

$$=x\arcsin x+\frac{1}{2}\int\frac{1}{\sqrt{1-x^2}}\mathrm{d}(1-x^2)=x\arcsin x+\sqrt{1-x^2}+C.$$

【例 25】 求 $\int x\arctan x\mathrm{d}x$.

解 $\int x\arctan x\mathrm{d}x=\int\arctan x\mathrm{d}\left(\frac{1}{2}x^2\right)=\frac{1}{2}x^2\arctan x-\int\left(\frac{1}{2}x^2\right)\mathrm{d}(\arctan x)$

$$=\frac{1}{2}x^2\arctan x-\frac{1}{2}\int\frac{x^2}{1+x^2}\mathrm{d}x$$

$$=\frac{1}{2}x^2\arctan x-\frac{1}{2}\int\left(1-\frac{1}{1+x^2}\right)\mathrm{d}x$$

$$=\frac{1}{2}x^2\arctan x-\frac{1}{2}x+\frac{1}{2}\arctan x+C.$$

【例 26】 求 $\int x^3\ln x\mathrm{d}x$.

解 $\int x^3\ln x\mathrm{d}x=\int\ln x\mathrm{d}\left(\frac{1}{4}x^4\right)=\frac{1}{4}x^4\ln x-\int\frac{1}{4}x^4\mathrm{d}(\ln x)$

$$=\frac{1}{4}x^4\ln x-\frac{1}{4}\int x^3\mathrm{d}x=\frac{1}{4}x^4\ln x-\frac{1}{16}x^4+C.$$

三、$\int x^n e^{ax}dx$，$\int x^n \sin axdx$，$\int x^n \cos axdx$ 型，可设 $u=\sin bx,\cos bx$；也可设 $u=e^{ax}$，但一经选定，再次分部积分时，必须按原来的选择.

【例 27】 求$\int e^x \cos x dx$.

解
$$\begin{aligned}\int e^x\cos x dx &= \int \cos x d(e^x) = e^x\cos x - \int e^x d(\cos x)\\ &= e^x\cos x + \int e^x \sin x dx = e^x \cos x + \int \sin x de^x\\ &= e^x\cos x + e^x\sin x - \int e^x d\sin x\\ &= e^x(\cos x+\sin x) - \int e^x\cos x dx\end{aligned}$$

移项，得

$$2\int e^x\cos x dx = e^x(\sin x+\cos x)+2C,$$

所以
$$\int e^x\cos x dx = \frac{e^x}{2}(\sin x+\cos x)+C.$$

上面分别介绍了不定积分的几种常用计算方法，事实上，在解决不定积分的问题时，需要几种方法交错使用.有时同一道题可用几种方法解决.

【例 28】 求$\int \frac{x}{\sqrt{1-x}}dx$.

解法一 凑微法

$$\begin{aligned}\int \frac{x}{\sqrt{1-x}}dx &= -\int \frac{1-x-1}{\sqrt{1-x}}dx = -\int \frac{1-x}{\sqrt{1-x}}dx + \int \frac{1}{\sqrt{1-x}}dx\\ &= \int \sqrt{1-x}d(1-x) - \int \frac{1}{\sqrt{1-x}}d(1-x)\\ &= \frac{2}{3}\sqrt{(1-x)^3} - 2\sqrt{1-x}+C.\end{aligned}$$

解法二 第二类换元法

设 $t=\sqrt{1-x}$，则 $x=1-t^2$，$dx=-2tdt$，

$$\begin{aligned}\int \frac{x}{\sqrt{1-x}}dx &= \int \frac{1-t^2}{t}\cdot(-2t)dt = 2\int (t^2-1)dt\\ &= \frac{2}{3}t^3 - 2t + C = \frac{2}{3}\sqrt{(1-x)^3} - 2\sqrt{1-x}+C.\end{aligned}$$

解法三 分部积分法

$$\begin{aligned}\int \frac{x}{\sqrt{1-x}}dx &= -2\int x d(\sqrt{1-x}) = -2x\sqrt{1-x} + 2\int \sqrt{1-x}dx\\ &= -2x\sqrt{1-x} - 2\int \sqrt{1-x}d(1-x)\\ &= -2x\sqrt{1-x} - \frac{4}{3}\sqrt{(1-x)^3}+C.\end{aligned}$$

同一积分用不同方法求解时，得出的结果在形式上可以不同.我们不难验证每个结果都是正确的，且彼此之间只相差一个常数.

习题 4.2

1. 求下列不定积分：

(1) $\int (x^3-2x+5)\mathrm{d}x$；　(2) $\int (x^3+3^x)\mathrm{d}x$；

(3) $\int \frac{(t+1)^2}{t^2}\mathrm{d}t$；　(4) $\int (\mathrm{e}^x-2\cos x)\mathrm{d}x$；

(5) $\int \mathrm{e}^{x-3}\mathrm{d}x$；　(6) $\int \left(3^x+\frac{2}{x}\right)\mathrm{d}x$；

(7) $\int \frac{x^2+3x-\sqrt{x}+1}{x}\mathrm{d}x$；　(8) $\int \frac{\mathrm{e}^{2x}-1}{\mathrm{e}^x-1}\mathrm{d}x$；

(9) $\int \frac{x^2}{1+x^2}\mathrm{d}x$；　(10) $\int \frac{\cos 2x}{\cos x+\sin x}\mathrm{d}x$；

(11) $\int \sqrt{x}(6-x)\mathrm{d}x$；　(12) $\int \frac{2x^2+1}{x^2(1+x^2)}\mathrm{d}x$.

2. 某工厂生产某产品的边际成本函数为 $C'(q)=4q^3-6q+50$，固定成本 $C(0)=8\,000$，求生产 q 个产品的总成本函数.

3. 求下列不定积分：

(1) $\int (1+2x)^3\mathrm{d}x$；　(2) $\int \frac{1}{3x-5}\mathrm{d}x$；

(3) $\int \mathrm{e}^{3x}\mathrm{d}x$；　(4) $\int \frac{x}{(1+x^2)^2}\mathrm{d}x$；

(5) $\int \frac{1}{\sqrt{x}}\mathrm{e}^{\sqrt{x}}\mathrm{d}x$；　(6) $\int \frac{\sin\sqrt{x}}{\sqrt{x}}\mathrm{d}x$；

(7) $\int \sin^5 x\cos x\mathrm{d}x$；　(8) $\int x\sqrt{x^2+1}\mathrm{d}x$；

(9) $\int \frac{1}{x\ln x}\mathrm{d}x$；　(10) $\int \frac{\mathrm{e}^x}{1+\mathrm{e}^x}\mathrm{d}x$；

(11) $\int \frac{x+1}{x^2+2x+5}\mathrm{d}x$；　(12) $\int \frac{\ln^3 x}{x}\mathrm{d}x$；

(13) $\int \sin(5x-7)\mathrm{d}x$；　(14) $\int \frac{x^2}{1+x}\mathrm{d}x$；

(15) $\int \frac{\sin x}{\cos^3 x}\mathrm{d}x$；　(16) $\int \frac{\arctan x}{1+x^2}\mathrm{d}x$；

(17) $\int \frac{\mathrm{d}x}{(\arcsin x)^2\sqrt{1-x^2}}$；　(18) $\int \frac{\mathrm{e}^{\frac{1}{x}}}{x^2}\mathrm{d}x$.

4. 求下列不定积分.

(1) $\int \frac{x}{\sqrt{1+x}}\mathrm{d}x$；　(2) $\int \frac{1}{\sqrt{x}+\sqrt[3]{x}}\mathrm{d}x$；

(3) $\int \frac{1}{\sqrt{x}-3}\mathrm{d}x$;　　　　(4) $\int x\sqrt{x-1}\mathrm{d}x$.

5. 求下列不定积分.

(1) $\int x\cos x\mathrm{d}x$;　　　　(2) $\int x\mathrm{e}^{-x}\mathrm{d}x$;

(3) $\int x\ln x\mathrm{d}x$;　　　　(4) $\int \arctan x\mathrm{d}x$;

(5) $\int \sin\sqrt{x}\mathrm{d}x$;　　　　(6) $\int \mathrm{e}^{x}\sin x\mathrm{d}x$.

4.3　定积分的概念和性质

定积分是积分学中的另一个重要概念，它是从解决大量的实际问题中抽象出来的，在许多领域有着广泛的应用.本节将从实际问题出发引入定积分的概念，然后讨论它的性质、计算及其应用.

4.3.1　定积分的概念

一、问题的提出

1. 曲边梯形的面积

如图 4.3.1，所谓曲边梯形，是指由直线 $x=a$、$x=b$、x 轴及连续函数 $y=f(x)$（$f(x)\geqslant 0$）所围成的平面图形.

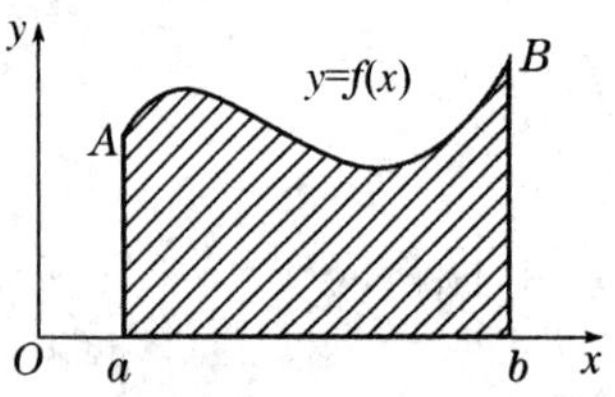

图 4.3.1　曲边梯形

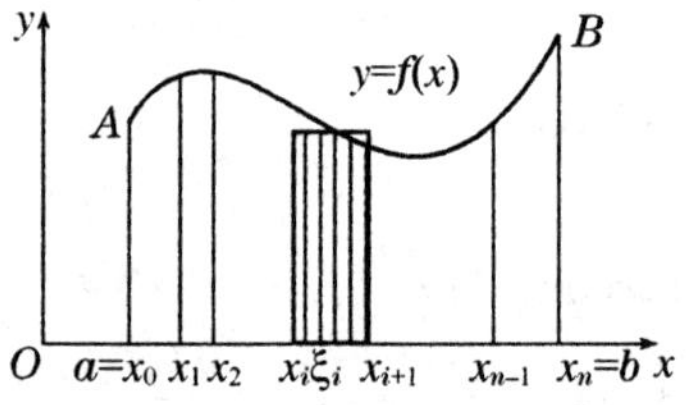

图 4.3.2　分割曲边梯形

由于曲边梯形不是我们学过的规则图形，也不能分割成一些规则图形的组合，故不能直接用公式来计算其面积.那么它们的面积怎么计算呢？

函数 $y=f(x)$在区间$[a,b]$上是连续的，这表明在一微小的区间上，曲边梯形的高 $y=f(x)$近似不变，每一个小区间上对应的窄曲边梯形可以看作窄矩形（因为高近似于不变）.这样，曲边梯形的面积就是所有窄矩形面积之和的近似值.

为计算曲边梯形 $AabB$ 的面积，可按下述方法进行：

分割　在区间$[a,b]$内插入若干个分点，$a=x_0<x_1<x_2<\cdots<x_{n-1}<x_n=b$，把区间$[a,b]$分成 n 个小区间：

$$[x_0,x_1],[x_1,x_2],\cdots,[x_{i-1},x_i],\cdots,[x_{n-1},x_n].$$

它们的长度依次为

$$\Delta x_1=x_1-x_0,\Delta x_2=x_2-x_1,\cdots,\Delta x_i=x_i-x_{i-1},\cdots,\Delta x_n=x_n-x_{n-1}.$$

如图 4.3.2 所示，经过每一个分点作平行于 y 轴的直线，把曲边梯形分成 n 个窄曲边梯形.

近似替代　在每个小区间 $[x_{i-1},x_i]$ 上任取一点 ξ_i，以 $[x_{i-1},x_i]$ 为底，$f(\xi_i)$ 为高的小矩形面积为

$$\Delta S_i=f(\xi_i)\Delta x_i.$$

求和　曲边梯形面积的近似值为

$$S\approx f(\xi_1)\Delta x_1+f(\xi_2)\Delta x_2+\cdots+f(\xi_n)\Delta x_n=\sum_{i=1}^{n}f(\xi_i)\Delta x_i.$$

取极限　记 $\lambda=\max\{\Delta x_1,\Delta x_2,\cdots,\Delta x_n\}$，则曲边梯形面积为

$$S=\lim_{\lambda\to 0}\sum_{i=1}^{n}f(\xi_i)\Delta x_i.$$

2. 收益问题

设某商品的价格 P 是销售量 x 的连续函数，即 $P=P(x)$，问当销售量从 a 连续变化到 b 时的收益 R 为多少?

由于价格是随销售量连续变化的，所以不能直接用销售量乘以价格来计算收益. 但是我们可用解决曲边梯形面积的方法来解决这个问题.

分割　在区间 $[a,b]$ 内插入若干个分点，$a=x_0<x_1<x_2<\cdots<x_{n-1}<x_n=b$，则把区间 $[a,b]$ 分成 n 个小区间 $[x_{i-1},x_i]$ $(i=1,2,\cdots,n)$，在每个小区间 $[x_{i-1},x_i]$ 上的销售量为

$$\Delta x_i=x_i-x_{i-1}.$$

近似替代　设每个小区间 $[x_{i-1},x_i]$ 上的收益为 ΔR_i，在 $[x_{i-1},x_i]$ 上任取一点 ξ_i，把 $P(\xi_i)$ 作为该段上的近似价格，于是

$$\Delta R_i\approx P(\xi_i)\Delta x_i.$$

求和　收益的近似值

$$R\approx\sum_{i=1}^{n}P(\xi_i)\Delta x_i.$$

取极限　记 $\lambda=\max\{\Delta x_1,\Delta x_2,\cdots,\Delta x_n\}$，则所求的收益为

$$R=\lim_{\lambda\to 0}\sum_{i=1}^{n}P(\xi_i)\Delta x_i.$$

上面两个问题尽管具体内容不同，但解决问题的方法与思路是相同的，都可归结为：**分割**、**近似替代**、**求和**、**取极限**这四个步骤，并且最终都是求和式的极限. 在科学技术和经济生活中还有许多问题，最终也是归结为求这类极限. 数学上把这种和式的极限称为定积分.

二、定积分的定义

定义(定积分)　设函数 $f(x)$ 在区间 $[a,b]$ 上有界，在 $[a,b]$ 中任意插入 $(n-1)$ 个分点

$$a=x_0<x_1<x_2<\cdots<x_{n-1}<x_n=b,$$

把区间 $[a,b]$ 分成 n 个小区间，各小区间的长度为 $\Delta x_i=x_i-x_{i-1}$ $(i=1,2,\cdots,n)$，在每个小区间上任取一点 ξ_i $(x_{i-1}\leqslant\xi_i\leqslant x_i)$，作乘积 $f(\xi_i)\Delta x_i$ $(i=1,2,\cdots,n)$ 并作和

$$S=\sum_{i=1}^{n}f(\xi_i)\Delta x_i.$$

记 $\lambda=\max\{\Delta x_1,\Delta x_2,\cdots,\Delta x_n\}$，如果不论对 $[a,b]$ 怎样的分法，也不论在小区间 $[x_{i-1},x_i]$ 上点 ξ_i 怎样的取法，只要当 $\lambda\to 0$ 时，和 S 总趋于确定的极限 I，则称函数 $f(x)$ 在区间 $[a,b]$ 上可积，此极限值叫作函数 $f(x)$ 在区间 $[a,b]$ 上的定积分，记为 $\int_a^b f(x)\mathrm{d}x$，即

$$\int_a^b f(x)\mathrm{d}x=\lim_{\lambda\to 0}\sum_{i=1}^{n}f(\xi_i)\Delta x_i,$$

其中 $f(x)$ 称为**被积函数**，$f(x)\mathrm{d}x$ 称为**被积表达式**，x 称为**积分变量**，a 称为**积分下限**，b 称为**积分上限**，$[a,b]$ 称为**积分区间**.

按照定积分的定义，我们前面所提的问题可以分别表示如下：

由直线 $x=a$、$x=b$、x 轴及连续函数 $y=f(x)$（$f(x)\geqslant 0$）所围成的曲边梯形的面积是

$$S=\int_a^b f(x)\mathrm{d}x.$$

某商品的价格 P 是销售量 x 的连续函数，即 $P=P(x)$ 当销售量从 a 连续变化到 b 时的收益 R 是

$$R=\int_a^b P(x)\mathrm{d}x.$$

说明 (1) 积分值 $\int_a^b f(x)\mathrm{d}x$ 仅与被积函数 $f(x)$ 及积分区间 $[a,b]$ 有关，而与积分变量用什么字母表示无关，即

$$\int_a^b f(x)\mathrm{d}x=\int_a^b f(t)\mathrm{d}t=\int_a^b f(u)\mathrm{d}u.$$

例如：$\int_3^5 (x+\cos x)\mathrm{d}x=\int_3^5(t+\cos t)\mathrm{d}t$；　$\int_1^8 \mathrm{e}^x\mathrm{d}x-\int_1^8\mathrm{e}^q\mathrm{d}q=0$.

(2) 在定积分的定义中，总是假设 $a<b$，为了今后使用方便，对于 $a>b$，$a=b$ 的情况，作如下规定：

当 $a>b$ 时，$\int_a^b f(x)\mathrm{d}x=-\int_b^a f(x)\mathrm{d}x$，即定积分上下限互换，定积分反号；

特殊情形，当 $a=b$ 时，$\int_a^b f(x)\mathrm{d}x=0$，即定积分上下限相同，其值为 0.

例如：　$\int_2^9 x\sin x\mathrm{d}x+\int_9^2 x\sin x\mathrm{d}x=0$；　$\int_3^{-2}\mathrm{e}^x\mathrm{d}x=-\int_{-2}^3\mathrm{e}^x\mathrm{d}x$；

$\int_7^7(\ln x+\arccos x)\mathrm{d}x=0$；　$\int_{10}^{10}\dfrac{2+x^3\sin x}{\mathrm{e}^x-\tan x}\mathrm{d}x=0$.

4.3.2 定积分的几何意义

(1) 如图 4.3.3 所示，当 $f(x)\geqslant 0$ 时，定积分 $\int_a^b f(x)\mathrm{d}x$ 在几何上表示曲线 $y=f(x)$ 与直线 $x=a$、$x=b$ 及 x 轴所围成的曲边梯形的面积，即

$$\int_a^b f(x)\mathrm{d}x=S.$$

(2) 如图 4.3.4 所示，当 $f(x)\leqslant 0$ 时，定积分 $\int_a^b f(x)\mathrm{d}x$ 在几何上表示曲线 $y=f(x)$ 与直线 $x=a$、$x=b$ 及 x 轴所围成的曲边梯形面积的负值，即

$$\int_a^b f(x)\mathrm{d}x = -S.$$

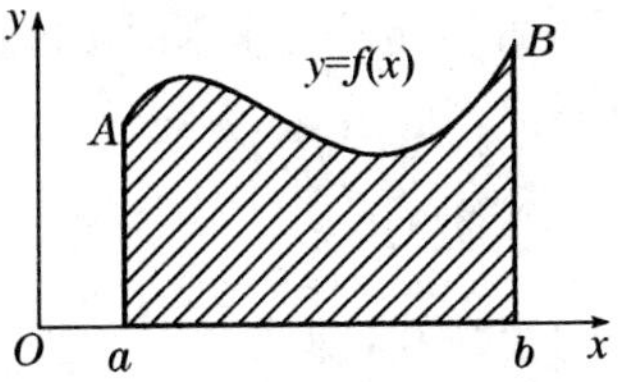

图 4.3.3　上曲边梯形

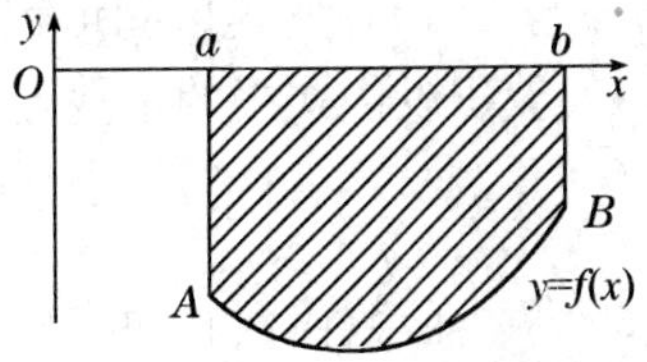

图 4.3.4　下曲边梯形

(3) 如图 4.3.5，当 $f(x)$ 在 $[a,d]$ 上，既有 $f(x)\geqslant 0$，又有 $f(x)<0$ 时，定积分 $\int_a^d f(x)\mathrm{d}x$ 在几何上表示曲线 $y=f(x)$ 与直线 $x=a$、$x=d$ 及 x 轴所围成图形面积的代数和，在 x 轴上方的图形面积取正值，在 x 轴下方的图形面积取负值，即

$$\int_a^d f(x)\mathrm{d}x = A_1 - A_2 + A_3.$$

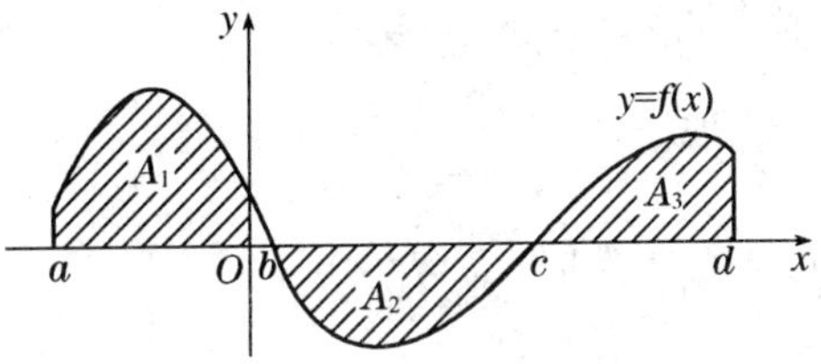

图 4.3.5　上下曲边梯形

【例 1】 用几何图形说明下列等式成立：

(1) $\int_0^1 x\mathrm{d}x = \dfrac{1}{2}$；　　(2) $\int_{-1}^1 \sqrt{1-x^2}\mathrm{d}x = \dfrac{\pi}{2}$.

解　(1) 按定积分的几何意义，定积分 $\int_0^1 x\mathrm{d}x$ 表示图 4.3.6 中阴影部分三角形的面积，该三角形的面积是 $\dfrac{1}{2}$，故有等式 $\int_0^1 x\mathrm{d}x = \dfrac{1}{2}\times 1\times 1 = \dfrac{1}{2}$ 成立.

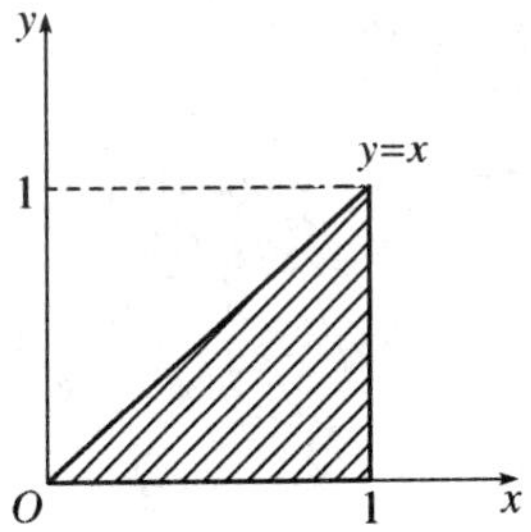

图 4.3.6　例 1(1)

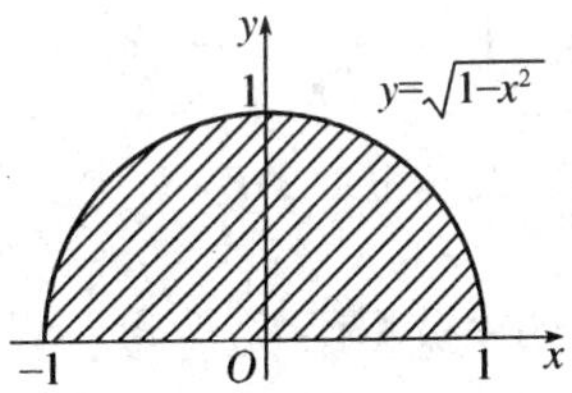

图 4.3.7　例 1(2)

(2) 曲线 $y=\sqrt{1-x^2}$，$x\in[-1,1]$ 是单位圆在 x 轴上方的部分(如图 4.3.7)，按定积分的几何意义，上半圆的面积是作为曲边的函数 $y=\sqrt{1-x^2}$ 在区间 $[-1,1]$ 上的定积分，而上半圆的面积是 $\dfrac{\pi}{2}$，所以有等式 $\int_{-1}^1 \sqrt{1-x^2}\mathrm{d}x = \dfrac{1}{2}\pi\times 1^2 = \dfrac{\pi}{2}$ 成立.

4.3.3 定积分的性质

假定 $f(x)$与 $g(x)$在所述区间可积，由定积分的定义，可得定积分有如下的性质：

性质 4.4 被积表达式中的常数因子可以提到积分号前，即

$$\int_a^b kf(x)\mathrm{d}x = k\int_a^b f(x)\mathrm{d}x(k\text{ 为常数}).$$

性质 4.5 两个函数代数和的积分等于各函数积分的代数和，即

$$\int_a^b [f(x) \pm g(x)]\mathrm{d}x = \int_a^b f(x)\mathrm{d}x \pm \int_a^b g(x)\mathrm{d}x.$$

该性质可推广到有限个函数的情形.

性质 4.6 对任意的点 c，有

$$\int_a^b f(x)\mathrm{d}x = \int_a^c f(x)\mathrm{d}x + \int_c^b f(x)\mathrm{d}x.$$

这一性质称为定积分的可加性，应注意，c 的任意性意味着，不论 $c\in[a,b]$还是 $c\notin[a,b]$，这一性质均成立.

推论，设函数 $f(x)$在区间$[-a,a]$上连续$(a>0)$，则

(1) 如图 4.3.8，当 $f(x)$为偶函数时，$\int_{-a}^a f(x)\mathrm{d}x = 2\int_0^a f(x)\mathrm{d}x$;

(2) 如图 4.3.9，当 $f(x)$为奇函数时，$\int_{-a}^a f(x)\mathrm{d}x = 0$.

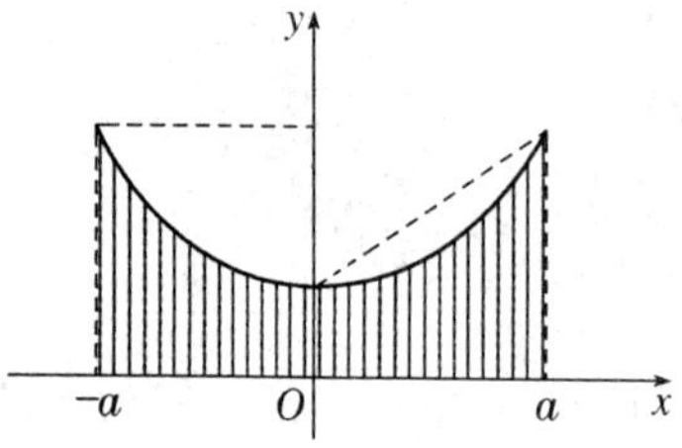

图 4.3.8 偶函数

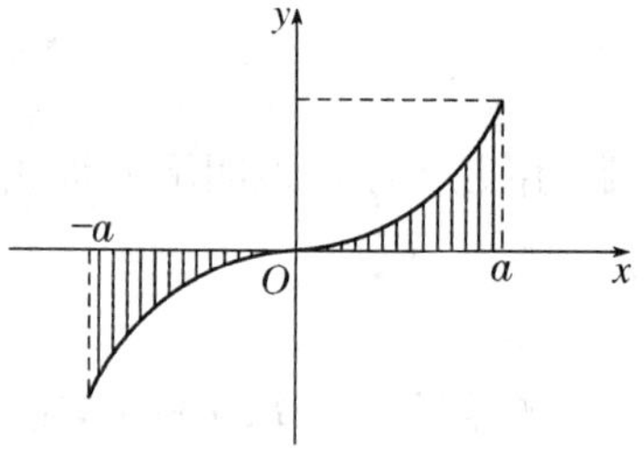

图 4.3.9 奇函数

例如：$\int_{-1}^1 x^2\tan x\mathrm{d}x = 0$，　$\int_{-3}^3 \frac{5+\cos x}{x+\sin x}\mathrm{d}x = 0$;

$$\int_{-2}^2 |x|\mathrm{d}x = 2\int_0^2 x\mathrm{d}x,\quad \int_{-\frac{\pi}{6}}^{\frac{\pi}{6}} \cos x\mathrm{d}x = 2\int_0^{\frac{\pi}{6}} \cos x\mathrm{d}x;$$

$$\int_{-1}^1 (x^2+\sin x+3)\mathrm{d}x = 2\int_0^1 (x^2+3)\mathrm{d}x + \int_{-1}^1 \sin x\mathrm{d}x = 2\int_0^1 (x^2+3)\mathrm{d}x.$$

性质 4.7 如果被积函数 $f(x)=1$，则 $\int_a^b \mathrm{d}x = b-a$.

例如：$\int_1^7 \mathrm{d}x = 7-1 = 6$；$\int_{-1}^1 \mathrm{d}x = 1-(-1) = 2$；$\int_0^2 5\mathrm{d}x = 5\times(2-0) = 10$.

性质 4.8 如果在区间$[a,b]$上，恒有 $f(x)\leqslant g(x)$，则

$$\int_a^b f(x)\mathrm{d}x \leqslant \int_a^b g(x)\mathrm{d}x.$$

【例 2】 比较下列积分值的大小.

(1) $\int_0^1 x\mathrm{d}x$ 与 $\int_0^1 x^2\mathrm{d}x$；

(2) $\int_3^4 \ln x\mathrm{d}x$ 与 $\int_3^4 (\ln x)^2\mathrm{d}x$.

解　(1) 因为在区间[0,1]上有 $x \geqslant x^2$，由性质 4.8 知，

$$\int_0^1 x\mathrm{d}x \geqslant \int_0^1 x^2\mathrm{d}x.$$

(2) 因为在区间[3,4]上有 $\ln x > 1$，所以 $\ln x < (\ln x)^2$，由性质 4.8 知，

$$\int_3^4 \ln x\mathrm{d}x < \int_3^4 (\ln x)^2\mathrm{d}x.$$

习题 4.3

1. 填空题：

(1) 由曲线 $y=\mathrm{e}^x$ 与直线 $x=0, x=2, y=0$ 所围成的曲边梯形的面积，用定积分可表示为__________；

(2) $\int_{-2}^3 (2x^2-5)\mathrm{d}x + \int_3^{-2} (2x^2-5)\mathrm{d}x =$ ________；

(3) $\int_1^4 \ln x\mathrm{d}x - \int_1^4 \ln t\mathrm{d}t =$ ________；

(4) $\int_2^2 (\ln x + \sin x)\mathrm{d}x =$ ________；

(5) $\int_{-1}^2 \mathrm{d}x =$ ________，$\int_{-1}^1 3\mathrm{d}x =$ ________，$\int_0^3 \mathrm{d}x =$ ________；

(6) $\int_{-3}^3 \sqrt{9-x^2}\mathrm{d}x =$ ________；

(7) $\int_{-2}^2 x^2\sin x\mathrm{d}x =$ ________，$\int_{-\frac{\pi}{2}}^{\frac{\pi}{2}} \frac{\sin^3 x}{x^2-1}\mathrm{d}x =$ ________；

(8) $\int_{-1}^1 (x^2\sin^5 x + 4)\mathrm{d}x =$ ________.

2. 用定积分的几何意义及性质判断下列各式是否正确：

(1) $\int_0^{2\pi} \sin x\mathrm{d}x = 0$　(　　)

(2) $\int_0^{\frac{\pi}{2}} \cos x\mathrm{d}x < 0$　(　　)

(3) $\int_{-3}^3 (\sin x + x^3)\mathrm{d}x = 0$　(　　)

(4) $\int_1^3 x^3\mathrm{d}x \leqslant \int_1^3 x^2\mathrm{d}x$　(　　)

(5) $\int_{-1}^1 (1+x^2)\mathrm{d}x = 2\int_0^1 (1+x^2)\mathrm{d}x$　(　　)

(6) $\int_{\frac{\pi}{4}}^{\frac{\pi}{2}} \sin x\mathrm{d}x > \int_{\frac{\pi}{4}}^{\frac{\pi}{2}} \cos x\mathrm{d}x$　(　　)

3. 单项选择题：

(1) 以下定积分为正值的是(　　).

A. $\int_{-2}^{0} x^3 \mathrm{d}x$　　B. $\int_{2}^{0} x^3 \mathrm{d}x$　　C. $\int_{-2}^{2} x^3 \mathrm{d}x$　　D. $\int_{0}^{2} x^3 \mathrm{d}x$

(2) 设函数 $f(x)$在区间$[a,b]$上连续,则曲线 $f(x)$与直线 $x=a,x=b,y=0$ 所围成的平面图形的面积等于(　　).

A. $\int_{a}^{b} f(x)\mathrm{d}x$　　B. $\int_{a}^{b} |f(x)| \mathrm{d}x$　　C. $\left|\int_{a}^{b} f(x)\mathrm{d}x\right|$　　D. $-\int_{a}^{b} f(x)\mathrm{d}x$

(3) 定积分 $\int_{a}^{b} f(x)\mathrm{d}x$ 是(　　).

A. $f(x)$的一个原函数　　B. 任意常数

C. $f(x)$的全体原函数　　D. 确定常数

4. 利用定积分的几何意义计算 $\int_{-1}^{2} |x| \mathrm{d}x$.

4.4　定积分的计算

利用定积分的定义求定积分的值,是非常复杂困难的事,通常我们不用这种方法来求.本节将介绍牛顿—莱布尼兹公式,该公式将不定积分与定积分联系起来,使定积分的计算变得简单直接.

4.4.1　变上限定积分及其导数

设函数 $f(x)$在区间$[a,b]$上连续,$x\in[a,b]$,当 x 在区间$[a,b]$上任意变动时,定积分 $\int_{a}^{x} f(t)\mathrm{d}t$ 的值被唯一确定,这样在区间$[a,b]$上就产生了一个新的函数称为积分上限函数或**变上限定积分**,记为 $\Phi(x)$,即

$$\Phi(x)=\int_{a}^{x} f(t)\mathrm{d}t.$$

类似地,$\int_{x}^{b} f(t)\mathrm{d}t$ 也是一个关于 x 的函数,称为**变下限定积分**,变上限定积分和变下限定积分统称为变限积分.

定理　如果 $f(x)$在$[a,b]$上连续,则积分上限函数 $\Phi(x)$在$[a,b]$上可导,且

$$\Phi'(x)=\frac{\mathrm{d}}{\mathrm{d}x}\int_{a}^{x} f(t)\mathrm{d}t=f(x),x\in[a,b].$$

这个定理沟通了导数和定积分这两个从表面看去似不相干的概念之间的内在联系.

【例 1】　计算$\frac{\mathrm{d}}{\mathrm{d}x}\int_{0}^{x} \mathrm{e}^{-t}\sin t\mathrm{d}t$.

解　$\frac{\mathrm{d}}{\mathrm{d}x}\int_{0}^{x} \mathrm{e}^{-t}\sin t\mathrm{d}t=\left(\int_{0}^{x} \mathrm{e}^{-t}\sin t\mathrm{d}t\right)'=\mathrm{e}^{-x}\sin x$.

【例 2】　已知 $\Phi(x)=\int_{x}^{0} \mathrm{e}^{\sqrt{t}}\mathrm{d}t$,求 $\Phi'(x)$.

解　$\Phi'(x)=-\left[\int_0^x e^{\sqrt{t}}dt\right]'=-e^{\sqrt{x}}$.

【例 3】　已知 $F(x)=\int_0^{x^2}\sqrt{1+t^3}dt$，求 $F'(x)$.

解　$F(x)$的积分上限是 x^2，x^2 是 x 的函数，所以变上限积分 $F(x)$是 x 的复合函数，由复合函数求导法则，得

$$F'(x)=\left(\int_0^{x^2}\sqrt{1+t^3}dt\right)'_{x^2}\cdot(x^2)'=\sqrt{1+(x^2)^3}\cdot 2x=2x\sqrt{1+x^6}.$$

一般地，如果 $g(x)$可导，则

$$\left(\int_a^{g(x)}f(t)dt\right)'=f[g(x)]\cdot g'(x).$$

【例 4】　计算$\frac{d}{dx}\int_0^{x^2}\cos t dt$.

解　$\frac{d}{dx}\int_0^{x^2}\cos t dt=\cos x^2\cdot(x^2)'=2x\cos x^2$.

4.4.2　微积分基本公式

定理（微积分基本定理）　设 $f(x)$在区间$[a,b]$上连续，$F(x)$是 $f(x)$的一个原函数，则

$$\int_a^b f(x)dx=F(x)\Big|_a^b=F(b)-F(a).$$

微积分基本定理通常称为**牛顿—莱布尼兹公式**，它揭示了定积分与不定积分之间的关系，把定积分的计算转化为求被积函数的原函数，从而避免了直接用定义计算定积分所带来的烦琐运算，较好地解决了定积分的计算问题.

【例 5】　计算$\int_1^4\sqrt{x}dx$.

解　$\int_1^4\sqrt{x}dx=\frac{2}{3}x^{\frac{3}{2}}\Big|_1^4=\frac{2}{3}\times(4^{\frac{3}{2}}-1)=\frac{14}{3}$.

【例 6】　计算$\int_0^2(2x-5)dx$.

解　$\int_0^2(2x-5)dx=(x^2-5x)\Big|_0^2=2^2-10=-6$.

【例 7】　计算$\int_{-3}^1|x|dx$.

解　$\int_{-3}^1|x|dx=\int_{-3}^0|x|dx+\int_0^1|x|dx=-\int_{-3}^0 xdx+\int_0^1 xdx$

$$=-\frac{1}{2}x^2\Big|_{-3}^0+\frac{1}{2}x^2\Big|_0^1=5.$$

4.4.3　定积分的凑微分法

应用微积分基本公式计算定积分，首先要求被积函数的原函数，而求复合函数的原函数常常要用凑微分法，下面我们同样可用牛顿—莱布尼兹公式计算复合函数的定积分.

【例 8】　计算$\int_0^{\frac{\pi}{2}}\cos^3 x\sin x dx$.

解 $\int_0^{\frac{\pi}{2}} \cos^3 x \sin x \mathrm{d}x = -\int_0^{\frac{\pi}{2}} \cos^3 x \mathrm{d}\cos x$

$$= -\frac{1}{4}\cos^4 x \Big|_0^{\frac{\pi}{2}} = -\frac{1}{4}\left[\left(\cos\frac{\pi}{2}\right)^4 - (\cos 0)^4\right]$$

$$= -\frac{1}{4}[0^4 - 1^4] = \frac{1}{4}.$$

【例 9】 计算$\int_0^{\ln 3} \mathrm{e}^x (1+\mathrm{e}^x)^2 \mathrm{d}x$.

解 $\int_0^{\ln 3} \mathrm{e}^x (1+\mathrm{e}^x)^2 \mathrm{d}x$

$$= \int_0^{\ln 3} (1+\mathrm{e}^x)^2 \mathrm{d}(1+\mathrm{e}^x) = \frac{1}{3}(1+\mathrm{e}^x)^3 \Big|_0^{\ln 3}$$

$$= \frac{1}{3}[(1+\mathrm{e}^{\ln 3})^3 - (1+\mathrm{e}^0)^3] = \frac{56}{3}.$$

【例 10】 求$\int_0^{\sqrt{2}} x \sin x^2 \mathrm{d}x$.

解 $\int_0^{\sqrt{2}} x \sin x^2 \mathrm{d}x = \frac{1}{2}\int_0^{\sqrt{2}} \sin x^2 \mathrm{d}x^2 = -\frac{1}{2}\cos x^2 \Big|_0^{\sqrt{2}} = \frac{1}{2}(1-\cos 2).$

【例 11】 求$\int_{\frac{1}{2}}^1 \frac{\mathrm{e}^{\frac{1}{x}}}{x^2} \mathrm{d}x$.

解 $\int_{\frac{1}{2}}^1 \frac{\mathrm{e}^{\frac{1}{x}}}{x^2} \mathrm{d}x = -\int_{\frac{1}{2}}^1 \mathrm{e}^{\frac{1}{x}} \mathrm{d}\frac{1}{x} = -\mathrm{e}^{\frac{1}{x}} \Big|_{\frac{1}{2}}^1 = \mathrm{e}^2 - \mathrm{e}.$

4.4.4 无穷限广义积分

函数 $f(x)$在闭区间$[a,b]$上的积分$\int_a^b f(x)\mathrm{d}x$ 是定积分，其中积分区间是有限区间$[a,b]$. 现在将积分区间由有限区间$[a,b]$推广到无限区间$[a,+\infty)$，$(-\infty,b]$和$(-\infty,+\infty)$上，这就是无限区间上的反常积分.

定义(无穷限积分) 设函数 $f(x)$在$[a,+\infty)$上连续，取 $b>a$，极限 $\lim\limits_{b\to+\infty}\int_a^b f(x)\mathrm{d}x$ 称为 $f(x)$在$[a,+\infty)$上的广义积分，记为

$$\int_a^{+\infty} f(x)\mathrm{d}x = \lim_{b\to+\infty}\int_a^b f(x)\mathrm{d}x.$$

如果极限$\lim\limits_{b\to+\infty}\int_a^b f(x)\mathrm{d}x$存在，称广义积分$\int_a^{+\infty} f(x)\mathrm{d}x$ 收敛；如果极限$\lim\limits_{b\to+\infty}\int_a^b f(x)\mathrm{d}x$不存在，称广义积分$\int_a^{+\infty} f(x)\mathrm{d}x$ 发散.

类似地，我们可以定义 $f(x)$在$(-\infty,b]$和$(-\infty,+\infty)$上的广义积分.

事实上，在计算广义积分的问题时，可以使用常义积分的牛顿—莱布尼兹公式，不过在使用中要注意验证所涉及极限的存在性. 另外，为了书写方便，常常省去极限符号，且把∞当成一个“数”来处理. 这样，前面的广义积分定义可以简单地记为

$$\int_a^{+\infty} f(x)\mathrm{d}x = [F(x)]_a^{+\infty} = F(+\infty) - F(a),$$

$$\int_{-\infty}^{b} f(x)\mathrm{d}x = [F(x)]_{-\infty}^{b} = F(b) - F(-\infty),$$

$$\int_{-\infty}^{+\infty} f(x)\mathrm{d}x = [F(x)]_{-\infty}^{+\infty} = F(+\infty) - F(-\infty),$$

其中 $F(x)$是 $f(x)$的一个原函数,符号 $F(+\infty)$,$F(-\infty)$是极限运算:

$$F(+\infty) = \lim_{x\to+\infty} F(x), F(-\infty) = \lim_{x\to-\infty} F(x).$$

【例 12】 求无穷限积分$\int_{1}^{+\infty} \frac{\mathrm{d}x}{x\sqrt{x}}$.

解 $\int_{1}^{+\infty} \frac{\mathrm{d}x}{x\sqrt{x}} = \int_{1}^{+\infty} x^{-\frac{3}{2}}\mathrm{d}x = [-2x^{-\frac{1}{2}}]_{1}^{+\infty} = -2\left[\lim_{x\to+\infty}\frac{1}{\sqrt{x}} - 1\right] = -2(0-1) = 2.$

【例 13】 讨论$\int_{0}^{+\infty} \sin x\mathrm{d}x$ 的敛散性.

解 因为$\int_{0}^{+\infty} \sin x\mathrm{d}x = [-\cos x]_{0}^{+\infty} = -[\lim_{x\to+\infty}\cos x - 1]$,

而极限 $\lim_{x\to+\infty}\cos x$ 不存在,

所以无穷限积分$\int_{0}^{+\infty} \sin x\mathrm{d}x$ 是发散的.

【例 14】 计算无穷限积分$\int_{0}^{+\infty} \mathrm{e}^{-2x}\mathrm{d}x$.

解 $\int_{0}^{+\infty} \mathrm{e}^{-2x}\mathrm{d}x = -\frac{1}{2}\int_{0}^{+\infty} \mathrm{e}^{-2x}\mathrm{d}(-2x)$

$$= -\frac{1}{2}(\lim_{x\to+\infty}\mathrm{e}^{-2x} - 1) = -\frac{1}{2}(0-1) = \frac{1}{2}.$$

【例 15】 计算无穷限积分$\int_{-\infty}^{+\infty} \frac{1}{1+x^2}\mathrm{d}x$.

解 $\int_{-\infty}^{+\infty} \frac{1}{1+x^2}\mathrm{d}x = \arctan x\Big|_{-\infty}^{+\infty}$

$$= \lim_{x\to+\infty}\arctan x - \lim_{x\to-\infty}\arctan x = \frac{\pi}{2} - \left(-\frac{\pi}{2}\right) = \pi.$$

习题 4.4

1. 求下列定积分:

(1) $\int_{0}^{1} x^{100}\mathrm{d}x$;　　(2) $\int_{1}^{4} \sqrt{x}\mathrm{d}x$;　　(3) $\int_{0}^{1} \mathrm{e}^{x}\mathrm{d}x$;

(4) $\int_{0}^{\frac{\pi}{2}} \sin x\mathrm{d}x$;　　(5) $\int_{-1}^{3} |2-x|\mathrm{d}x$;　　(6) $\int_{0}^{\frac{\pi}{2}} \left|\frac{1}{2} - \sin x\right|\mathrm{d}x$.

2. 求下列定积分:

(1) $\int_{-1}^{2} (x+1)^2\mathrm{d}x$;　　(2) $\int_{0}^{1} \frac{1}{\sqrt{2x+1}}\mathrm{d}x$;　　(3) $\int_{0}^{\frac{\pi}{3}} \frac{\sin x}{\sqrt{\cos x}}\mathrm{d}x$;

(4) $\int_0^{\frac{\pi}{2}}\sin^3 x\cos x\mathrm{d}x$； (5) $\int_1^{\mathrm{e}}\frac{1+\ln x}{x}\mathrm{d}x$； (6) $\int_0^{\pi}\cos^2 x\mathrm{d}x$；

(7) $\int_0^1(\mathrm{e}^x-1)^4\mathrm{e}^x\mathrm{d}x$； (8) $\int_0^{\frac{\pi}{2}}\mathrm{e}^{\sin x}\cos x\mathrm{d}x$； (9) $\int_1^3\mathrm{e}^{-2x}\mathrm{d}x$.

3. 计算下列反常积分：

(1) $\int_0^{+\infty}\mathrm{e}^{-2x}\mathrm{d}x$； (2) $\int_1^{+\infty}\frac{1}{x^3}\mathrm{d}x$；

(3) $\int_{-\infty}^0\mathrm{e}^{3x}\mathrm{d}x$； (4) $\int_{\mathrm{e}}^{+\infty}\frac{1}{x\ln^2 x}\mathrm{d}x$.

4. 已知反常积分$\int_0^{+\infty}\frac{k}{1+x^2}\mathrm{d}x=1$，其中 k 为常数，求 k.

5. 计算下列变限函数的导数：

(1) $\Phi(x)=\int_0^x\sin(t-3)\mathrm{d}t$； (2) $\Phi(x)=\int_x^1 t^2\ln t\mathrm{d}t$；

(3) $\Phi(x)=\int_2^{3x}\sqrt{5+t^2}\mathrm{d}t$； (4) $\Phi(x)=\int_{\cos x}^{\sin x}\mathrm{e}^t\mathrm{d}t$.

4.5 定积分的应用

定积分在几何上和经济上都有很广泛的应用.

4.5.1 平面图形的面积

在本章 4.3 节中，介绍了曲线 $y=f(x)$ 与直线 $x=a$、$x=b$ 及 x 轴所围成的曲边梯形的面积为 $S=\int_a^b f(x)\mathrm{d}x$. 下面我们讨论更一般的情形.

如图 4.5.1，设函数 $f(x)$，$g(x)$ 在区间 $[a,b]$ 上连续，并且在 $[a,b]$ 上有

$$0\leqslant g(x)\leqslant f(x),x\in[a,b],$$

则曲线 $f(x)$，$g(x)$ 与直线 $x=a$，$x=b$ 所围成的图形面积 S 应该是两个曲边梯形面积的差.

$S=$ 曲边梯形 $AabB$ 的面积 $-$ 曲边梯形 $A'abB'$ 的面积 $=\int_a^b f(x)\mathrm{d}x-\int_a^b g(x)\mathrm{d}x$ ，根据代数和的积分等于积分的代数和，即得 $S=\int_a^b[f(x)-g(x)]\mathrm{d}x$.

这一公式也适用于曲线 $f(x)$，$g(x)$ 不全在 x 轴上方的情形. 如图 4.5.2，如果将图形轴向上平移，使两条曲线都位于 x 轴上方，这时，曲线方程就变成为 $y=f(x)+c$ 和 $y=g(x)+c$. 所以，该图形的面积

$$S=\int_a^b[(f(x)+c)-(g(x)+c)]\mathrm{d}x=\int_a^b[f(x)-g(x)]\mathrm{d}x.$$

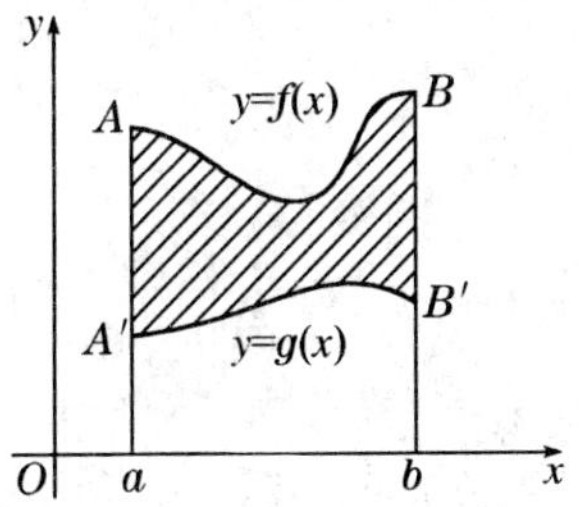

图 4.5.1

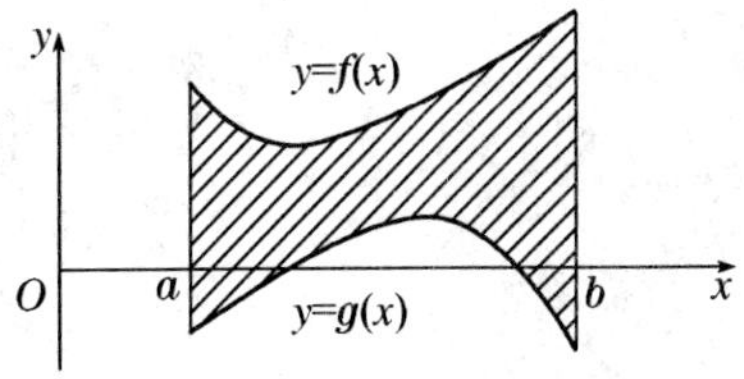

图 4.5.2

特别地，如图 4.5.3，当 $f(x)\leqslant 0(x\in[a,b])$时，由曲线 $y=f(x)$，x 轴与直线 $x=a$，$x=b$ 所围成的图形面积为 $S=\int_a^b[0-f(x)]\mathrm{d}x=-\int_a^b f(x)\mathrm{d}x$.

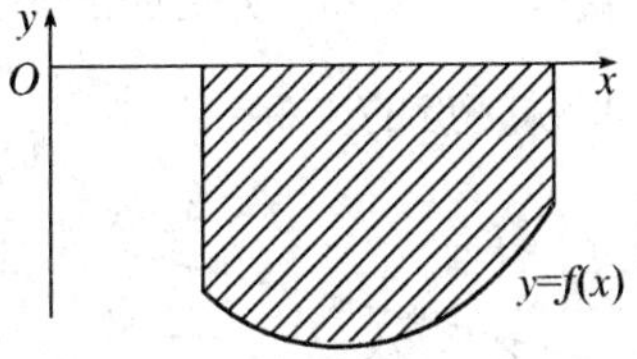

图 4.5.3

一般地，由曲线 $y=f(x)$，$y=g(x)$与直线 $x=a$，$x=b$ 围成的平面图形面积为

$$S=\int_a^b|f(x)-g(x)|\mathrm{d}x.$$

类似的分析可以得到如图 4.5.4：由连续曲线 $x=\varphi(y)$，$x=\psi(y)$与直线 $y=c$，$y=d$ 所围成的平面图形的面积为 $S=\int_c^d|\varphi(y)-\psi(y)|\mathrm{d}y$.

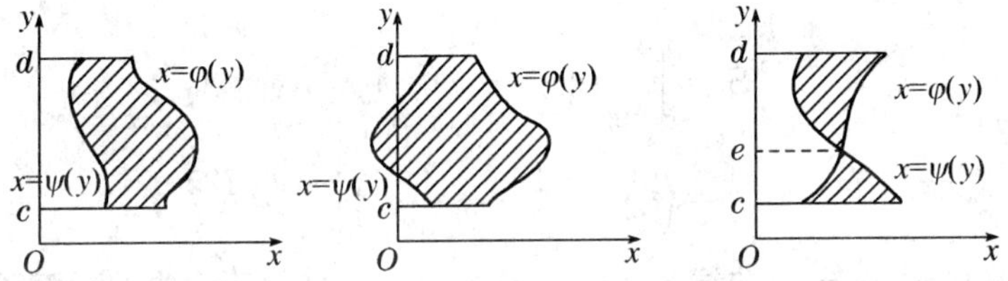

图 4.5.4

下面介绍求若干条曲线围成的平面图形面积的步骤：

(1) 画草图：在平面直角坐标系中，画出有关曲线，确定各曲线所围成的平面区域；

(2) 求各曲线交点的坐标：求解每两条曲线方程所构成的方程组，得到各交点的坐标；

(3) 求面积：适当地选择积分变量，确定积分的上、下限，列式计算出平面图形面积.

【例 1】 求曲线 $y=\mathrm{e}^x$，$y=\mathrm{e}^{-x}$与直线 $x=1$ 所围成的平面图形的面积.

解　如图 4.5.5.

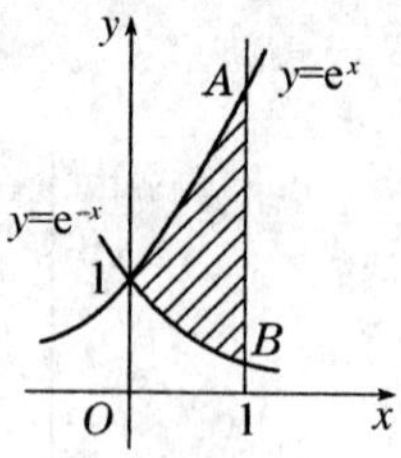

图 4.5.5

曲线 $y=e^x$，$y=e^{-x}$与直线 $x=1$ 的交点分别为 $A(1,e)$，$B(1,e^{-1})$，则所求面积

$$S=\int_0^1(e^x-e^{-x})dx=(e^x+e^{-x})\Big|_0^1=e+e^{-1}-2.$$

【例 2】 求由曲线 $4y^2=x$ 与直线 $x+y=\dfrac{3}{2}$ 所围成的平面图形的面积.

解 如图 4.5.6，先确定两条曲线交点的坐标.

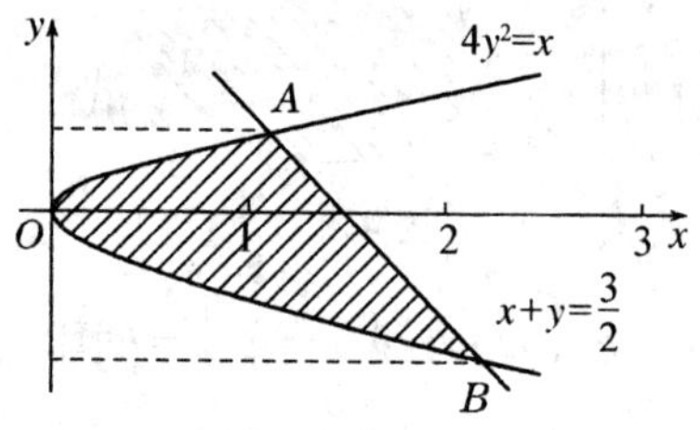

图 4.5.6

解方程组 $\begin{cases}4y^2=x,\\ x+y=\dfrac{3}{2},\end{cases}$ 得交点 $A\left(1,\dfrac{1}{2}\right)$，$B\left(\dfrac{9}{4},-\dfrac{3}{4}\right)$，则所求面积

$$S=\int_{-\frac{3}{4}}^{\frac{1}{2}}\left[\left(\frac{3}{2}-y\right)-4y^2\right]dy$$

$$=\left(\frac{3}{2}y-\frac{1}{2}y^2-\frac{4}{3}y^3\right)\Bigg|_{-\frac{3}{4}}^{\frac{1}{2}}=\frac{125}{96}.$$

【例 3】 求在区间$[0,\pi]$上曲线 $y=\cos x$ 与 $y=\sin x$ 之间所围成的平面图形的面积.

解 如图 4.5.7.

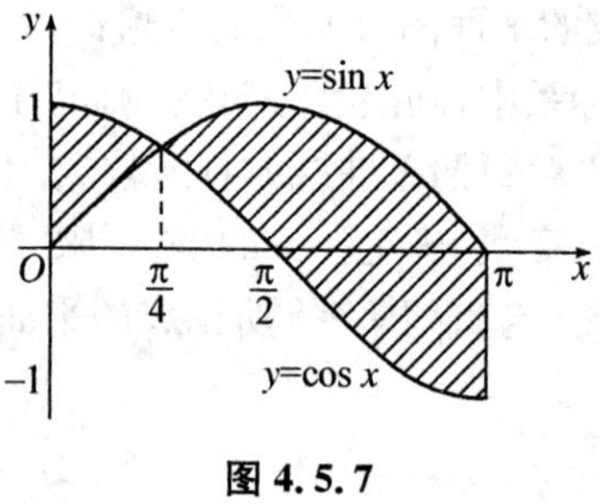

图 4.5.7

曲线 $y=\cos x$ 与 $y=\sin x$ 的交点坐标为 $\left(\dfrac{\pi}{4},\dfrac{\sqrt{2}}{2}\right)$. 因此，所求面积

$$S=\int_0^{\frac{\pi}{4}}(\cos x-\sin x)\mathrm{d}x+\int_{\frac{\pi}{4}}^{\pi}(\sin x-\cos x)\mathrm{d}x$$
$$=(\sin x+\cos x)\Big|_0^{\frac{\pi}{4}}+(-\cos x-\sin x)\Big|_{\frac{\pi}{4}}^{\pi}$$
$$=\left(\frac{\sqrt{2}}{2}+\frac{\sqrt{2}}{2}\right)-(0+1)+(1-0)-\left(-\frac{\sqrt{2}}{2}-\frac{\sqrt{2}}{2}\right)$$
$$=2\sqrt{2}.$$

4.5.2　不定积分求经济函数

已知导数求原函数,可用不定积分,因此,当已知边际函数或变化率,求原经济函数,经常应用不定积分进行计算,但需确定积分常数.

成本函数中由 $C(0)=C_0$,故常数为固定成本;

收入函数中由 $R(0)=0$ 来确定常数.

【例 4】　设某厂生产某种商品的边际收入函数为 $R'(Q)=50-2Q$,其中 Q 为该种产品的产出量.如果该产品可在市场上全部售出,求总收入函数 $R(Q)$.

解　由边际收入 $R'(Q)=50-2Q$ 两边积分得

$$R(Q)=\int(50-2Q)\mathrm{d}Q=50Q-Q^2+C.$$

当 $Q=0$,应有 $R(0)=0$,由此可得 $C=0$.

所以,总收入函数为 $R(Q)=50Q-Q^2$.

【例 5】　边际成本为 $2q+2$,固定成本为 1 000,边际收益为 $4q-1$,求利润函数.

解　总成本 $C(q)=\int(2q+2)\mathrm{d}q=q^2+2q+C_0$

由于固定成本 $C(0)=1\,000$,由此可得 $C_0=1\,000$

故成本函数 $C(q)=q^2+2q+1\,000$;

由边际收益为 $4q-1$,得

$$R(q)=\int(4q-1)\mathrm{d}q=2q^2-q+C,$$

由 $R(0)=0$,由此可得 $C=0$.

则收益函数 $R(q)=2q^2-q$;

故利润函数 $L(q)=R(q)-C(q)=q^2-3q-1\,000$.

4.5.3　定积分求增量

定积分用来计算被积函数在某一积分区间上的增量.当已知边际函数或变化率,求总量函数在某个范围内的增量时,经常应用定积分进行计算.

【例 6】　设某产品是连续生产的,总产量 Q 是时间 t 的函数.如果总产量的变化率为 $Q'(t)=\frac{324}{t^2}\mathrm{e}^{-\frac{9}{t}}$(单位:吨/日),求投产后从 $t=3$ 到 $t=30$ 这 27 天的总产量.

解　总产量 $Q(t)$ 是其变化率 $Q'(t)$ 的原函数,所以从 $t=3$ 到 $t=30$ 这 27 天的总产量为

$$\int_3^{30}Q'(t)\mathrm{d}t=\int_3^{30}\frac{324}{t^2}\mathrm{e}^{-\frac{9}{t}}\mathrm{d}t=36\int_3^{30}\mathrm{e}^{-\frac{9}{t}}\mathrm{d}\left(-\frac{9}{t}\right)$$

$$=36\cdot e^{-\frac{9}{t}}\Big|_{3}^{30}=36(e^{-\frac{3}{10}}-e^{-3})\approx 24.9(\text{吨}).$$

【例 7】 生产某种产品 q 台时的边际成本 $C'(q)=2.5q+1\,000$(元/台),固定成本 500 元,若已知边际收入为 $R'(q)=2q+2\,000$,试求:

(1) 获得最大利润时的产量;

(2) 从最大利润的产量的基础再生产 100 台,利润有何变化?

解 (1) 设利润函数为 $L(x)$,那么边际利润

$$L'=R'-C'=2q+2\,000-(2.5q+1\,000)$$
$$=-0.5q+1\,000$$

令 $L'=0$,求得唯一驻点 $q=2\,000$.

因为驻点唯一,且利润存在最大值,所以当产量为 2 000 时,可使利润达到最大.

(2) 在最大利润的产量的基础上再增加 100 台,利润的改变量为

$$\Delta L=\int_{2\,000}^{2\,100}(-0.5q+1\,000)\mathrm{d}q$$
$$=\left(-\frac{1}{4}q^2+1\,000q\right)\Big|_{2\,000}^{2\,100}=-2\,500$$

即利润将减少 2 500 元.

习题 4.5

1. 某商品的边际收入为 $20-2q$,且 $R(0)=0$,则收入函数 $R(q)=$________;又边际成本为 $4q+3$,固定成本为 500,则成本函数 $C(q)=$________;利润函数 $L(q)=$________.

2. 若某产品总产量的变化率是时间 t 的函数:$f(t)=2t+5$,且当 $t=0$ 时产量为零,则从 $t=0$ 到 $t=5$ 的总产量=________.

3. 某工厂每天生产商品 q 个单位时的边际成本为 $MC=2q-2$(元/单位),而固定成本为 200 元,边际收入为 $MR=200-0.02q$(元/单位),那么总成本函数 $C(q)=$________,总利润函数 $L(q)=$________.

4. 某产品的边际成本为 $C'(x)$,固定成本为 C_0,边际收入为 $R'(x)$,则总利润函数 $L(x)$ =(   ).

A. $\int_0^q[R'(x)-C'(x)]\mathrm{d}x$ B. $\int_0^q[C'(x)-R'(x)]\mathrm{d}x-C_0$

C. $\int_0^q[R'(x)-C'(x)]\mathrm{d}x+C_0$ D. $\int_0^q[R'(x)-C'(x)]\mathrm{d}x-C_0$

5. 生产某产品的边际成本为 $C'(x)=8x$(万元/百台),边际收入为 $R'(x)=100-2x$(万元/百台),其中 x 为产量,问:

(1) 求产量由 1 百台增加到 5 百台时,总成本、总收入各增加多少?

(2) 产量为多少时,利润最大?

(3) 从利润最大时的产量再生产 2 百台,利润有什么变化?

6. 已知生产某产品的边际成本为 $C'(q)=4+q$(万元/百台),收入函数为 $R(q)=10q-$

$\frac{1}{2}q^2$(万元)，求使利润达到最大时的产量，如果在最大利润的产量的基础上再增加生产 200 台，利润将会发生怎样的变化？

7. 某水泥厂生产水泥的边际成本为 $C'(Q)=100+\frac{50}{\sqrt{Q}}$(元/吨)，其中 Q 为产量(吨)．求当产量从 6 400 吨增加到 10 000 吨时，总成本的增加量．

8. 求由下列曲线所围成平面图形的面积：

(1) $y=\sqrt{x}, y=x$；　　(2) $y=x^2, x=y^2$；

(3) $y=e^x, y=0, x=0, x=1$；　　(4) $y=x^3, y=0, x=-1, x=2$；

(5) $y=x^2, y=\sqrt{x}$；　　(6) $y=\ln x, y=0, x=e$；

(7) $y=\frac{1}{x}, y=x, y=2$；　　(8) $y^2=x, x+y-2=0$.

4.6　微分方程初步

在经济管理和科学研究中，经常要寻求变量间的函数关系．而在大量的实际问题中，往往不能直接得到所求的函数关系．但根据问题所提供的情况，却能比较容易地得到待求函数及其导数(或微分)之间的关系式．

这样的关系式数学上称之为微分方程，对微分方程进行研究，求出未知函数，这就是解微分方程．本节主要介绍微分方程的一些基本概念和几种特殊类型的一阶微分方程的常见解法．

4.6.1　基本概念

定义(微分方程)　含有未知函数的导数或微分的方程，称为**微分方程**．未知函数是一元函数的微分方程，称为**常微分方程**．微分方程中出现的未知函数导数(或微分)的最高阶数，称为微分方程的**阶**．

例如 $y'=y+\sqrt{y^2-x^2}$，$(x-y^2)dx+2xydy=0$ 都是一阶微分方程；

$y''+(y')^3=0$ 是二阶微分方程；

$x^3y'''+x^2y''-4xy'=3x^2$ 是三阶微分方程．

定义(微分方程的解)　如果一个函数代入微分方程后，使得方程两端恒等，则此函数称为该微分方程的解．

例如，$y=x^3+C$，$y=x^3-1$ 都是微分方程 $y'=3x^2$ 的解．其中，$y=x^3+C$ 含有一个任意常数，它称为该微分方程的**通解**，而 $y=x^3-1$ 是 $C=-1$ 时，该微分方程的解，它称为该微分方程的**特解**．

一般，如果一阶微分方程的解中含有一个任意常数，则称此解为微分方程的通解，在通解中，如果可确定任意常数的值，所得到的解则称为微分方程的特解．

为了确定任意常数的值，通常需给出 $x=x_0$ 时未知函数对应的值 $y=y_0$，记作 $y(x_0)=y_0$ 或 $y|_{x=x_0}=y_0$．这一条件称为**初始条件**．

4.6.2 可分离变量的一阶微分方程

如果一阶微分方程 $F(x,y,y')=0$ 可以化为

$$g(y)\mathrm{d}y=f(x)\mathrm{d}x \tag{4.6.1}$$

的形式，则 $F(x,y,y')=0$ 称为**可分离变量的微分方程**. 微分方程(4.6.1)称为变量已分离的微分方程.

在(4.6.1)式两边积分，得

$$\int g(y)\mathrm{d}y=\int f(x)\mathrm{d}x+C, \tag{4.6.2}$$

其中 C 是任意常数. (4.6.2)就是微分方程(4.6.1)的通解表达式.

可以化为(4.6.1)的形式的可分离变量的微分方程，往往具有如下形式：

$y'=f(x)g(x)$ 或 $M_1(x)M_2(y)\mathrm{d}x+N_1(x)N_2(y)\mathrm{d}y=0$.

应注意，不定积分 $\int g(y)\mathrm{d}y$, $\int f(x)\mathrm{d}x$ 分别表示 $g(y)$ 和 $f(x)$ 的一个原函数，任意常数 C 要单独写出来.

【例 1】 解微分方程 $y'=2x(y+3)$.

解 原方程可改写为 $\dfrac{\mathrm{d}y}{\mathrm{d}x}=2x(y+3)$,

分离变量，得 $\dfrac{1}{y+3}\mathrm{d}y=2x\mathrm{d}x$,

两边积分，得 $\displaystyle\int\frac{1}{y+3}\mathrm{d}y=\int 2x\mathrm{d}x+C_1$,

$\ln|y+3|=x^2+C_1$，即 $y=\pm e^{x^2+C_1}-3$.

记 $C=\pm e^{C_1}$，则方程的通解为 $y=Ce^{x^2}-3$.

为简便起见，积分后会出现对数情形，任意常数可写成 $\ln C$.

【例 2】 解微分方程 $e^y(1+x^2)\mathrm{d}y=2x(1+e^y)\mathrm{d}x$.

解 分离变量，原微分方程化为 $\dfrac{e^y}{1+e^y}\mathrm{d}y=\dfrac{2x}{1+x^2}\mathrm{d}x$,

两边积分，得 $\displaystyle\int\frac{e^y}{1+e^y}\mathrm{d}y=\int\frac{2x}{1+x^2}\mathrm{d}x+\ln C$,

所以 $\ln(1+e^y)=\ln(1+x^2)+\ln C$，即 $1+e^y=C(1+x^2)$.

得 $y=\ln[C(1+x^2)-1]$.

【例 3】 求微分方程 $y'\sin x-y\cos x=0$ 满足初始条件 $y|_{x=\frac{\pi}{2}}=3$ 的特解.

解 原方程可化为 $\dfrac{\mathrm{d}y}{\mathrm{d}x}\cdot\sin x=y\cos x$,

分离变量，得 $\dfrac{1}{y}\mathrm{d}y=\dfrac{\cos x}{\sin x}\mathrm{d}x$,

两边积分，得 $\ln y=\ln\sin x+\ln C$,

所以，$y=C\sin x$ 是原方程的通解.

由初始条件 $y|_{x=\frac{\pi}{2}}=3$，可得 $C=3$. 故所求特解为 $y=3\sin x$.

【例 4】 设某厂生产某种商品的边际收入函数为 $R'(Q)=50-2Q$，其中 Q 为该种产品的

产出量. 如果该产品可在市场上全部售出. 求总收入函数 $R(Q)$.

解　$R'(Q)=50-2Q$ 是变量已分离的微分方程.

两边积分得 $R(Q)=\int(50-2Q)\mathrm{d}Q+C=50Q-Q^2+C$,

当 $Q=0$,应有 $R(0)=0$,由此可得 $C=0$.

所以,总收入函数为 $R(Q)=50Q-Q^2$.

【例 5】　设某水库的现有库存量为 V(单位:km^3),水库已被严重污染. 经计算,目前污染物总量已达 Q_0(单位:吨),且污染物均匀地分散在水中. 如果现已不再向水库排污,清水以不变的速度 r(单位:km^3/年)流入水库,并立即和水库的水相混合,水库的水也以同样的速度 r 流出. 如果当前的时刻为 $t=0$.

(1) 求在时刻 t,水库中残留污染物的数量 $Q(t)$.

(2) 问需经多少年才能使用水库中污染物的数量降至原来的 10%.

解　(1) 根据题意,在时刻 $t(t\geqslant 0)$,$Q(t)$的变化率$=-$污染物的流出速度.

污染物流出速度=污水流出速度$\times\frac{Q}{V}=\frac{rQ}{V}$. 由此可得微分方程$\frac{\mathrm{d}Q}{\mathrm{d}t}=-\frac{r}{V}Q$,分离变量得$\frac{\mathrm{d}Q}{Q}=-\frac{r}{V}\mathrm{d}t$.

两边积分,得 $\ln Q=-\frac{r}{V}t+C_1$,即 $Q=C\mathrm{e}^{-\frac{r}{V}t}$,$C=\mathrm{e}^{C_1}$.

由题意,初始条件为 $Q|_{t=0}=Q_0$,代入上式,得 $C=Q_0$,

故微分方程的特解为 $Q=Q_0\mathrm{e}^{-\frac{r}{V}t}$.

(2) 当污染物降至原来 10%时,有 $Q(t)=0.1Q_0$. 代入上式得 $0.1Q_0=Q_0\mathrm{e}^{-\frac{r}{V}t}$,解得 $t=-\frac{V}{r}\ln 0.1\approx\frac{2.30}{r}V$(年).

例如,当水库的库存量 $V=500(\mathrm{km}^3)$,流入(出)速度为 $150(\mathrm{km}^3/$年$)$时,可得 $t\approx 7.6$(年).

习题 4.6

1. 指出下列微分方程的阶数.

(1) $x^2y''-xy'+y=0$;　　(2) $x(y')^2-2yy'+x=0$;

(3) $(7x-6y)\mathrm{d}x+(x+y)\mathrm{d}y=0$;　　(4) $y^{(4)}-5x^2y'=0$.

2. 求下列微分方程的通解或特解.

(1) $(1+y)\mathrm{d}x+(x-1)\mathrm{d}y=0$;　　(2) $xy'-y\ln y=0$;

(3) $y'=\mathrm{e}^{2x-y}$,满足初始条件 $y|_{x=0}=0$ 的特解;

(4) $x\mathrm{d}y+2y\mathrm{d}x=0$,满足初始条件 $y|_{x=2}=1$ 的特解.

经济案例模型赏析 4

工程投资回报问题

我们在开发某一项目时，总要考虑投资回报问题，即在一定的收入率与一定的期限内要预期达到某一目标，必须投入现值；或在一定的收入率下，投入一定的现值，要达到某预期的目标，项目的投资回收期等问题.

我们通过建立数学模型，对这一动态经济问题加以分析，便于对投资项目有一个了解.

1. 模型假设

(1) 假设项目资金的年利率 r 不变，且作连续复利计算；

(2) 该项目在 t(年)时的收入率为 $f(t)$(万元)，则贴现率为 $f(t)e^{-rt}$；

(3) 项目在投资过程中不考虑其他干扰的因素.

2. 模型建立

该项目在时间$[0,T]$内的总收入为

$$R=\int_0^T f(t)e^{-rt}\,dt.$$

3. 模型求解

如果收入率 $f(t)=A$(A 为常数)，称此时为均匀收入率，则总收入的现值为

$$R=\int_0^T Ae^{-rt}\,dt=\frac{-A}{r}e^{-rt}\Big|_0^T=\frac{A}{r}(1-e^{-rt}).$$

如果期初的投资额为 a，则该投资的纯收入贴现值为

$$R^*=R-a=\frac{A}{r}(1-e^{-rt})-a.$$

收回投资，即为总收入的现值等于投资额：$\frac{A}{r}(1-e^{-rt})=a$，于是收回投资的时间为

$$T=\frac{1}{r}\ln\frac{A}{A-ar}.$$

4. 模型应用

(1) 若连续 3 年内保持收入率为 200(万元/年)不变，且年利率为 5%，问其现值是多少？

由公式得

$$R=\frac{200}{0.05}\times(1-e^{-0.05\times3})=400\times(1-e^{-0.05\times3})\approx557.2,$$

其现值为 557.2 万元.

(2) 若对某项工程投资 800 万元，年利率为 5%，10 年内的均匀收入率为 200(万元/年)，求投资所得的纯收入与投资回收期分别是多少？

由公式得

$$R=\frac{200}{0.05}\times(1-e^{-0.05\times10})=400\times(1-e^{-0.5})\approx2\,528.5,$$

因而投资所得纯收入为

$$R^*=R-a=2\,528.5-800=1\,728.5,$$

投资回收期为

$$T=\frac{1}{0.05}\ln\frac{200}{200-800\times 0.05}=20\ln 1.25\approx 4.46.$$

由此可知，该投资在 10 年中可得纯利润为 1 728.5 万元，投资回收期约为 4.46 年.

本章内容精要 4

一、积分的概念与性质

1. 不定积分的概念与性质

(1) 原函数定义

若在某区间上有 $F'(x)=f(x)$，则称函数 $F(x)$ 是 $f(x)$ 在该区间上的一个原函数.

(2) 不定积分的定义

函数 $f(x)$ 的所有原函数称为 $f(x)$ 的不定积分，记作 $\int f(x)\mathrm{d}x$. 若 $F(x)$ 是 $f(x)$ 的一个原函数，则 $\int f(x)\mathrm{d}x=F(x)+C$.

(3) 不定积分的性质

$$\left[\int f(x)\mathrm{d}x\right]'=f(x)\text{ 或 }\mathrm{d}\left[\int f(x)\mathrm{d}x\right]=f(x)\mathrm{d}x;$$

$$\int F'(x)\mathrm{d}x=F(x)+C\text{ 或}\int \mathrm{d}F(x)=F(x)+C;$$

$$\int[f(x)\pm g(x)]\mathrm{d}x=\int f(x)\mathrm{d}x\pm\int g(x)\mathrm{d}x;$$

$$\int kf(x)\mathrm{d}x=k\int f(x)\mathrm{d}x(k\neq 0\text{ 为任意常数}).$$

2. 定积分的概念与性质

(1) 定积分定义

定积分 $\int_a^b f(x)\mathrm{d}x$ 是一个数值，该数值只取决于被积函数 $f(x)$ 和积分区间 $[a,b]$，而与积分变量用什么字母表示无关.

(2) 定积分的几何意义

由连续曲线 $y=f(x)\geqslant 0$，直线 $x=a, x=b$ 和 x 轴所围成的曲边梯形，其面积 S 是作为曲边的函数 $y=f(x)$ 在闭区间 $[a,b]$ 上的定积分，即 $\int_a^b f(x)\mathrm{d}x=S$.

(3) 定积分的性质

$$\int_a^b kf(x)\mathrm{d}x=k\int_a^b f(x)\mathrm{d}x;$$

$$\int_a^b[f(x)\pm g(x)]\mathrm{d}x=\int_a^b f(x)\mathrm{d}x\pm\int_a^b g(x)\mathrm{d}x;$$

$$\int_a^b f(x)\mathrm{d}x=\int_a^c f(x)\mathrm{d}x+\int_c^b f(x)\mathrm{d}x;$$

若在闭区间 $[a,b]$ 上总有 $f(x)\leqslant g(x)$，则 $\int_a^b f(x)\mathrm{d}x\leqslant\int_a^b g(x)\mathrm{d}x$.

二、积分的计算

1. 不定积分的基本公式

直接积分法：直接用基本积分公式以及运算性质.

2. 定积分的基本公式(牛顿—莱布尼兹公式)

若函数 $f(x)$ 在闭区间 $[a,b]$ 上连续，且 $F(x)$ 是 $f(x)$ 在区间 $[a,b]$ 上的一个原函数，则 $\int_a^b f(x)\mathrm{d}x = F(x)\Big|_a^b = F(b) - F(a)$，即定积分的值等于被积函数的任一个原函数在积分上限与积分下限的函数值之差.

3. 不定积分的凑微分法

设 $\int f(u)\mathrm{d}u = F(u) + C$，且函数 $u = \varphi(x)$ 有连续的导数，则有

$$\int f[\varphi(x)]\varphi'(x)\mathrm{d}x = \int f[\varphi(x)]\mathrm{d}\varphi(x) = F[\varphi(x)] + C.$$

4. 无限区间上的反常积分

$$\int_a^{+\infty} f(x)\mathrm{d}x = [F(x)]_a^{+\infty} = F(+\infty) - F(a);$$

$$\int_{-\infty}^{b} f(x)\mathrm{d}x = [F(x)]_{-\infty}^{b} = F(b) - F(-\infty);$$

$$\int_{-\infty}^{+\infty} f(x)\mathrm{d}x = [F(x)]_{-\infty}^{+\infty} = F(+\infty) - F(-\infty).$$

三、积分的应用

1. 求平面图形的面积

(1) 由连续曲线 $y=f(x)$，直线 $x=a, x=b$ 和 x 轴所围成的平面图形的面积表示为 $S = \int_a^b | f(x) | \mathrm{d}x$.

(2) 由两条连续曲线 $y = f(x), y = g(x)$ 与直线 $x = a, x = b$ 围成的平面图形面积为 $S = \int_a^b | f(x) - g(x) | \mathrm{d}x$.

(3) 由连续曲线 $x = \varphi(y)$，直线 $y = c, y = d$ 和 y 轴所围成的平面图形的面积表示为 $S = \int_c^d | \varphi(y) | \mathrm{d}y$.

(4) 由两条连续曲线 $x = \varphi(y), x = \psi(y)(\varphi(y) \geqslant \psi(y))$ 与直线 $y = c, y = d$ 所围成的平面图形的面积为 $S = \int_c^d | \varphi(y) - \psi(y) | \mathrm{d}y$.

2. 已知边际函数求总函数

若已知边际收益函数 MR 和边际成本函数 MC，则

(1) 总收益函数为 $R(Q) = \int MR\mathrm{d}Q$，且 $R(0) = 0$；

总成本函数为 $C(Q) = \int MC\mathrm{d}Q$，且 $C(0) = C_0$.

(2) 产量由 a 个单位改变到 b 个单位时，

总收益的改变量为 $\Delta R(Q)=\int_a^b MR\,\mathrm{d}Q$；

总成本的改变量为 $\Delta C(Q)=\int_a^b MC\,\mathrm{d}Q$.

同样的方法可求其他经济增量.

复习题 4

一、选择题

1. 若 $F_1(x)$ 和 $F_2(x)$ 是 $f(x)$ 的两个不同的原函数，那么 $\int[F_1(x)-F_2(x)]\mathrm{d}x$ 是（　　）.

A. $f(x)+C$　　B. 0

C. 一次函数　　D. 常数

2. 经过点(1,0)且切线斜率为 $3x^2$ 的曲线方程是（　　）.

A. $y=x^3$　　B. $y=x^3+1$　　C. $y=x^3-1$　　D. $y=x^3+C$

3. 设 $f(x)=\dfrac{1}{x}$，则 $\int f'(x)\mathrm{d}x=$（　　）.

A. $\dfrac{1}{x}$　　B. $\dfrac{1}{x}+C$　　C. $\ln x$　　D. $\ln x+C$

4. 若 $\int f(x)\mathrm{d}x=x^2\mathrm{e}^{2x}+C$，则 $f(x)=$（　　）.

A. $2x\mathrm{e}^{2x}$　　B. $2x^2\mathrm{e}^{2x}$　　C. $x\mathrm{e}^{2x}$　　D. $2x\mathrm{e}^{2x}(1+x)$

5. $\int f'\left(\dfrac{1}{x}\right)\dfrac{1}{x^2}\mathrm{d}x=$（　　）.

A. $f\left(-\dfrac{1}{x}\right)+C$　　B. $-f\left(-\dfrac{1}{x}\right)+C$

C. $f\left(\dfrac{1}{x}\right)+C$　　D. $-f\left(\dfrac{1}{x}\right)+C$

6. 下列广义积分收敛的是（　　）.

A. $\int_1^{+\infty}x^{-\frac{4}{5}}\mathrm{d}x$　　B. $\int_1^{+\infty}\dfrac{1}{1+x^2}\mathrm{d}x$

C. $\int_1^{+\infty}\dfrac{1}{x}\mathrm{d}x$　　D. $\int_{-1}^{1}\dfrac{1}{x^2}\mathrm{d}x$

7. 下列定积分为 0 的是（　　）.

A. $\int_{-1}^{1}x^2\cos x\mathrm{d}x$　　B. $\int_{-1}^{1}x\sin x\mathrm{d}x$

C. $\int_{-1}^{1}(x+\sin x)\mathrm{d}x$　　D. $\int_{-1}^{1}(x-2\mathrm{e}^x)\mathrm{d}x$

8. 设 $\int_0^1(2x+a)\mathrm{d}x=2$，则常数 $a=$（　　）.

A. 1　　B. 0　　C. $\dfrac{1}{2}$　　D. -1

9. 设生产某产品的边际收入 $R'(q)=10-0.02q$，则收入函数 $R(q)=$（　　）.

A. $10q-0.1q^2+C$　　B. $10q-0.02q^2$

C. $10q-0.01q^2+C$　　D. $10q-0.01q^2$

10. $\left(\int_2^5 \arctan x \mathrm{d}x\right)' =$ (　　).

A. $\arctan x$　　B. 0　　C. $\dfrac{1}{1+x^2}$　　D. $\arctan 5-\arctan 2$

二、填空题

1. $\mathrm{d}\left(\int \mathrm{e}^{-x^2}\mathrm{d}x\right)=$ ________，$\int \mathrm{d}\mathrm{e}^{-x^2}=$ ________；

2. $\int_6^6 (5+\arccos x)\mathrm{d}x=$ ________，$\int_{\frac{\pi}{8}}^{\frac{\pi}{8}} \dfrac{5+\cos x}{\sin x}\mathrm{d}x=$ ________；

3. $\int \dfrac{1}{x(1+\ln x)}\mathrm{d}x=$ ________；

4. $\left[\int_3^x (2-t)\mathrm{e}^t \mathrm{d}t\right]'=$ ________，$\left[\int_1^{\sin x} \mathrm{e}^t \mathrm{d}t\right]'=$ ________；

5. $\dfrac{\mathrm{d}}{\mathrm{d}x}\int_a^b (x\ln x+\cos x^2)\mathrm{d}x=$ ________；

6. $\int_0^a x^2\mathrm{d}x=9$，则 $a=$ ________；

7. 若某产品的边际收益函数为 $R'(x)=10-\dfrac{x}{25}$(元/单位)，则生产 100 个单位时的总收入为________；

8. 由曲线 $y=x^2$ 与 $x=y^2$ 围成图形的面积为________.

三、解答题

1. 求下列不定积分.

(1) $\int (5-3x)^8\mathrm{d}x$；　(2) $\int (2x^3-x+5)\mathrm{d}x$；　(3) $\int \dfrac{\mathrm{e}^x}{\sqrt{1+\mathrm{e}^x}}\mathrm{d}x$.

2. 求下列定积分.

(1) $\int_1^2 \left(x^2+\dfrac{1}{x^4}\right)\mathrm{d}x$；　(2) $\int_{-\infty}^1 \dfrac{1}{x^2+1}\mathrm{d}x$；　(3) $\int_0^1 x\sqrt{2x^2+1}\mathrm{d}x$.

3. 求由抛物线 $y=x^3$ 及 $y=\sqrt{x}$ 所围成图形的面积.

4. 求由抛物线 $y^2=2x$ 及直线 $y=x-4$ 所围成图形的面积.

5. 某产品的边际成本 $C'(x)=2-x$，固定成本为 100 万元，边际收益 $R'(x)=20-4x$(万元/台). 求：(1) 总成本函数；(2) 收益函数；(3) 生产量为多少台时，总利润最大？

6. 设某产品的总产量 Q 对时间 t 的变化率为 $f(t)=-0.45t^2+10t+100$(kg/h).

(1) 将总产量 Q 表示为时间 t 的函数($t=0$ 时，$Q=0$)；

(2) 求从 $t=4$ h 到 $t=8$ h 这段时间内总产量的增量.

数学家小传4

莱布尼茨

莱布尼茨(Leibniz,Wilhelm)是德国数学家、自然主义哲学家、自然科学家.1646年7月1日生于莱比锡;1716年11月14日卒于汉诺威.

莱布尼茨的父亲是莱比锡大学的哲学教授,在莱布尼茨6岁时就去世了,留给他十分丰富的藏书.莱布尼茨自幼聪敏好学,经常到父亲的书房里阅读各种不同学科的书籍,中小学的基础课程主要是自学完成的.16岁进莱比锡大学学习法律,并钻研哲学,广泛地阅读了培根、开普勒、伽利略等人的著作,并且对前人的著述进行深入的思考和评价.1663年5月,他以题目为《论个体原则方面的形而上学争论》的论文获得学士学位.1664年1月,他又写出论文《论法学之艰难》而取得该校哲学学士学位.从1665年开始,莱比锡大学审查他提交的博士论文《论身份》,但1666年以他年轻(20岁)为由,不授予他博士学位.对此他气愤地离开了莱比锡前往纽伦堡的阿尔特多夫大学,1667年2月阿尔特多夫大学授予他法学博士学位,该校要聘他为教授,被他谢绝了.1672～1676年,莱布尼茨任外交官并到欧洲各国游历,在此期间他结识了惠更斯等科学家,并在他们的影响下深入钻研了笛卡儿、帕斯卡、巴罗等人的论著,并写下了很有见地的数学笔记,这些笔记显示出他的才智,从中可以看出莱布尼茨深刻的理解力和超人的创造力.1676年,他到德国西部的汉诺威,担任特烈公爵的顾问及图书馆馆长近40年,这使他能利用空闲探讨自己喜爱的问题,撰写各种题材的论文,其论文之多浩如烟海.莱布尼茨1673年被选为英国皇家学会会员,1682年创办《博学文摘》,1700年被选为法国科学院院士,同年创建了柏林科学院,并担任第一任院长.

莱布尼茨把一切领域的知识作为自己追求的目标.他企图扬弃机械论的近世纪哲学与目的论的中世纪哲学,调和新旧教派的纷争,并且为发展科学制订了世界科学院计划,还想建立通用符号、通用语言,以便统一一切科学.莱布尼茨的研究涉及数学、哲学、法学、力学、光学、流体静力学、气体学、海洋学、生物学、地质学、机械学、逻辑学、语言学、历史学、神学等41个范畴.他被誉为"17世纪的亚里士多德","德国的百科全书式的天才".他终生努力寻求的是一种普遍的方法,这种方法既是获得知识的方法,也是创造发明的方法.他最突出的成就是创建了微积分的方法.

莱布尼茨才华横溢.美国数学史家贝尔(Bell)说:"莱布尼茨具有在任何地点、任何时候、任何条件下工作的能力,他不停地读着、写着、思考着."他思如泉涌,有哲人的宏识.

莱布尼茨的微积分思想的最早记录,是出现在他1675年的数学笔记中.

莱布尼茨研究了巴罗的《几何讲义》之后,意识到微分与积分是互逆的关系,并得出了求曲线的切线依赖于纵坐标与横坐标的差值(当这些差值变成无穷小时)的比;而求面积则依赖于在横坐标的无穷小区间上的纵坐标之和或无限窄矩形面积之和.并且这种求和与求差的运算是互逆的.即莱布尼茨的微分学是把微分看作变量相邻二值的无限小的差,而他的积分概念则以变量分成的无穷多个微分之和的形式出现.

莱布尼茨的第一篇微分学论文《一种求极大极小和切线的新方法,它也适用于分式和无理量,以及这种新方法的奇妙类型的计算》,于1684年发表在《博学文摘》上,这也是历史上最早公开发表的关于微分学的文献.文中介绍了微分的定义,并广泛采用了微分记号 $\mathrm{d}x,\mathrm{d}y$,函数的和、差、积、商以及乘幂的微分法则,关于一阶微分不变形式的定理、关于二阶微分的概念以及微分学对于研究极值、作切线、求曲率及拐点的应用.他关于积分学的第一篇论文发表于1686年,其中首次引进了积分号 $\int$,并且初步论述了积分或求积问题与微分或求切线问题的互逆关系,该文的题目为《探奥几何与不可分量及无限的分析》.关于积分常数的论述发表于1694年,他得到的特殊积分法有:变量替换法、分部积分法、在积分号下对参变量的积分法、利用部分分式求有理式的积分方法等.他还给出了判断交错级数收敛性的准则.在常微分方程中,他研究了分离变量法,得出了一阶齐次方程通过用 $y=vx$ 的代换可使其变量分离,得出了如何求一阶线性方程的解的方法.他给出用微积分求旋转体体积的公式等等.

莱布尼茨是数学史上最伟大的符号学者,他在创建微积分的过程中,花了很多时间来选择精巧的符号.他认识到好的符号不仅可以起到速记作用,更重要的是它能够精确、深刻地表达某种概念、方法和逻辑关系.他曾说:"要发明,就得挑选恰当的符号,要做到这一点,就要用含义简明的少量符号来表达或比较忠实地描绘事物的内在本质,从而最大限度减少人的思维劳动."现在微积分学中的一些基本符号,例如,$\mathrm{d}x,\mathrm{d}y,\frac{\mathrm{d}y}{\mathrm{d}x},y'',\int,\log$ 等等,都是他创立的.他的优越的符号为以后分析学的发展带来了极大方便.然而他在创建微积分时,甚至比牛顿更不注意严格的逻辑性与严密性,尽管他的方法更富有想象力与启发性.

莱布尼茨和牛顿研究微积分学的基础,都达到了同一个目的,但各自采用了不同的方法.莱布尼茨是作为哲学家和几何学家对这些问题产生兴趣的,而牛顿则主要是从研究物体运动的需要而提出这些问题的.他们都研究了导数、积分的概念和运算法则,阐明了求导数和求积分是互逆的两种运算,从而建立了微积分的重要基础.牛顿在时间上比莱布尼茨早10年,而莱布尼茨公开发表的时间却比牛顿早3年.

作为一个数学家,莱布尼茨的声望虽然是凭借他在微积分的创建中树立起来的,但他对其他数学分支也是有重大贡献的.例如,对笛卡儿的解析几何,他就提出过不少改进意见,"横坐标"及"纵坐标"等术语都是他给出的.他提出了行列式的某些理论,他为包络理论做了很多基础性的工作,并给出了曲率中的密切圆的定义.莱布尼茨还是组合拓扑的先驱,也是数理逻辑学的鼻祖,他系统地阐述了二进制记数法.

莱布尼茨是现代机器数学的先驱,他在帕斯卡加、减法机械计算机的基础上进行改进,使这种机械计算机能进行乘法、除法、自乘的演算.

莱布尼茨虽然脾气急躁,但容易平息.他一生没有结婚,一生不愿进教堂.作为一位伟大的科学家和思想家,他把自己的一生奉献给了科学文化事业.他的著述如林.20世纪初,柏林科学院曾计划出版40卷的莱布尼茨全集,后因世界大战而未实现.仅是1850～1863年编辑的《莱布尼茨数学著作集》就有7卷.

莱布尼茨曾说:"我有非常多的思想,如果别人比我更加深入透彻地研究这些思想,并把他们心灵的美好创造与我的工作结合起来,总有一天会有某些用处."

法国数学家、天文学家丰唐内尔评论说:"莱布尼茨是乐于看到自己提供的种子在别人的植物园里开花的人."

微积分综合复习题

一、填空

1. $\lim\limits_{x\to 2}\dfrac{3x^2+6x}{x^3-8}=$________；$\lim\limits_{x\to\infty}\dfrac{3}{x^3-8}=$________；$\lim\limits_{x\to 0}\dfrac{3x^2+6x}{x^3-8}=$________；$\lim\limits_{x\to\infty}\dfrac{5x^4+3x^2-1}{7x^6+2x+9}=$________；$\lim\limits_{x\to\infty}\dfrac{5x^4+3x^2-1}{7x^3+2x+9}=$________；$\lim\limits_{x\to\infty}\dfrac{5x^6+3x^2-1}{7x^6+2x+9}=$________.

2. $\lim\limits_{x\to 0}\dfrac{\sin 4x}{8x}=$________，$\lim\limits_{x\to 0}\dfrac{\sin 7x}{\tan 8x}=$________；

$\lim\limits_{x\to\infty}\left(1-\dfrac{3}{x}\right)^{2x}=$________，$\lim\limits_{x\to 0}(1-x)^{\frac{2}{x}}=$________.

3. 若 $f(x)=\begin{cases}\dfrac{\sin 3x}{x}, & x\neq 0,\\ k, & x=0,\end{cases}$ 则当 $k=$________时，$f(x)$是连续函数.

4. 购买一套价值为 50 万元的商品房，设贷款期限为 10 年，年利率 6%，10 年末按月计息还款的本利和=________；按连续复利计息的本利和=____________.（只列式）

5. 已知年利率为 8.9%，求 4 年后支付 10 000 元的现值=______________.（只列式）

6. 假设某种产品的供给函数和需求函数分别为 $S=12p-4$，$D=8-4p$，则该产品的均衡价格为__________，均衡交易量为__________，均衡点是______________.

7. 曲线 $y=x^2+x+1$ 在点(2,7)处的切线方程是____________，法线方程是____________.

8. 设商品的需求量 Q 与价格 p 有关系 $Q=100\mathrm{e}^{-2p}$，则需求弹性 $E_p=$________.

9. 二元函数 $z=f(x,y)=\ln(x+1)+\dfrac{1}{\sqrt{4-y}}$的定义域为______________.

10. 某商品的边际收入为 $20-2q$，则收入函数 $R(q)=$______________.

11. 边际成本为 q^2-3，固定成本为 1 000，则总成本函数 $C(q)=$______________.

12. 已知在曲线上任一点切线的斜率为 $2x$，并且曲线经过点(1,3)，此曲线的方程为______________.

13. 曲线斜率满足 $k=y'=\mathrm{e}^x$ 且过点(0,2)，则曲线方程是______________.

14. $\int_{-1}^{1}x\cos x\,\mathrm{d}x=$________，$\int\cos 3x\,\mathrm{d}x=$________________，$\int(-2x+5)^6\,\mathrm{d}x=$______________.

15. $\int(\sin x-6x)'\,\mathrm{d}x=$______________，$[\int(2x-\cos x)\,\mathrm{d}x]'=$____________.

16. $\int\left(2x+\dfrac{7}{x}-\dfrac{9}{1+x^2}\right)\mathrm{d}x=$______________，$\int\left(\sin x+\dfrac{1}{x^2}\right)\mathrm{d}x=$________________.

二、单选题

1. 下列(　　)为复合函数.

A. $y=\cos x$　　B. $y=3x-2$　　C. $y=\ln(4x)$　　D. $y=\sqrt{x}+5$

2. 当 $x\to0$ 时，$\cos\frac{1}{x}$(　　).

A. 极限为0　　B. 极限为∞　　C. 无界变量　　D. 有界变量

3. $\lim\limits_{x\to1}\frac{\sin(x-1)}{x^2-1}=$(　　).

A. 0　　B. $\frac{1}{2}$　　C. 1　　D. 2

4. 设函数 $f(x)=\begin{cases}\frac{\sin 2x}{3x}, & x\neq0,\\ a, & x=0\end{cases}$ 在 $x=0$ 处连续，则 $a=$(　　).

A. -1　　B. 1　　C. 2/3　　D. 2

5. $y=\arctan e^x$，则 $dy=$(　　).

A. $\frac{e^x}{1+e^{2x}}$　　B. $\frac{1}{1+e^{2x}}$　　C. $\frac{dx}{1+e^{2x}}$　　D. $\frac{e^x dx}{1+e^{2x}}$

6. 若函数 $y=f(x)$ 在定义域内有 $f'(x)>0, f''(x)<0$，则(　　).

A. $y=f(x)$ 单调增加且是凸的　　B. $y=f(x)$ 单调增加且是凹的

C. $y=f(x)$ 单调减少且是凸的　　D. $y=f(x)$ 单调减少且是凹的

7. 已知某商品 x 单位的费用为 $5x+200$(元)，收入为 $10x-0.01x^2$(元)，则边际利润是(　　).

A. 5　　B. $10-0.02x$　　C. $5-0.02x$　　D. $15-0.02x$

8. 设需求函数 $Q(p)=200e^{-0.15p}$，则需求弹性 $E(10)=$(　　).

A. -0.15　　B. -1.5　　C. 1.5　　D. 200

9. 已知 $y=\frac{1}{4}x^4$，则 $y''=$(　　).

A. x^3　　B. $3x^2$　　C. $6x$　　D. 6

10. 如果 $\int f(x)dx=\sin 2x+C$，则 $f(x)=$(　　).

A. $2\sin 2x$　　B. $-2\cos 2x$　　C. $-2\sin 2x$　　D. $2\cos 2x$

11. 下列积分值为0的是(　　).

A. $\int_{-2}^{2}x\sin x dx$　　B. $\int_{-1}^{1}(x+x^2)dx$　　C. $\int_{-\pi}^{\pi}x^2\cos x dx$　　D. $\int_{-2}^{2}(e^x-e^{-x})dx$

12. 下列无穷积分收敛的是(　　).

A. $\int_{-\infty}^{0}\sin x dx$　　B. $\int_{-\infty}^{0}e^{-x}dx$　　C. $\int_{1}^{+\infty}\frac{1}{x}dx$　　D. $\int_{1}^{+\infty}\frac{1}{x^2}dx$

13. 曲线 $y=\cos x$ 及直线 $x=0, x=\frac{\pi}{2}$ 与 x 轴所围平面图形的面积是(　　).

A. 1　　B. 2　　C. 0　　D. 4

14. $\dfrac{d}{dx}\int_x^6 \ln(t^2+1)dt=($　　$)$.

A. $-\ln(x^2+1)$　　B. $\ln(x^2+1)$　　C. $2x\ln(x^2+1)$　　D. $-2x\ln(x^2+1)$

三、计算题

1. $\lim\limits_{n\to\infty}\left(1+\dfrac{1}{2n}\right)^n$.

2. $\lim\limits_{x\to 0}\dfrac{1-\cos x}{x^2}$.

3. $\lim\limits_{x\to 4}\sqrt{x+5}$.

4. $\lim\limits_{x\to 0}\ln(3x+e)$.

5. 设 $y=(x^2+1)\sin x$，求 y''.

6. $y=x^5-2x+3$，求 $y''|_{x=-1}$.

7. 设 $y=\sin(\ln x)$，求 dy.

8. $y=e^{\cos x}$，求 dy.

9. 求 $y=2x^2-x^3$ 的凹凸区间和拐点.

10. 求 $y=xe^x$ 的凹凸区间和拐点.

11. $\int e^x\cos(e^x)dx$.

12. $\int\dfrac{dx}{5x-11}$.

13. $\int\dfrac{(\ln x)^3}{x}dx$.

14. $\int_{-3}^{0}e^{2x}dx$.

15. $\int_1^2\dfrac{e^{\sqrt{x}}}{\sqrt{x}}dx$.

16. $\int_0^{+\infty}\dfrac{1}{1+x^2}dx$.

17. 设 $f(x,y)=x^3-2x^2y+3y^4$，求 $f'_x(x,y)$，$f'_y(1,-1)$.

18. 求函数 $z=x^2+y^2-2\ln x-2\ln y$ 的极值.

19. 求曲线 $y=x^2$ 与直线 $y=4x$ 及 $x=1(x\leqslant 1)$所围成平面图形的面积.

四、应用题

1. 生产某种商品的成本函数是 $C(q)=10\,000+\dfrac{1}{4}q^2$，其中 q 是产量，单位：台.

(1) 求当产量 q 为多少时，平均成本最小？(2) 求最小平均成本值.

2. 某个体户以每条 100 元的价格购进一批牛仔裤，设此牛仔裤的需求函数为 $Q=400-p$，问该个体户将销售价定为多少时，才能获得最大利润？

3. 假设某公司生产甲乙两种产品的产量分别为 x,y. 如果收益函数为 $R(x,y)=4x+y$，成本函数为 $C(x,y)=5+x^2-xy+y^2$，问如何生产才能使公司利润最大？最大为多少？

4. 某工厂生产两种型号的重型机器，总成本函数 $f(x,y)=x^2+2y^2-xy$，其中 x,y 分别为所生产的两种型号机器的台数.如果限制两种型号的机器只能生产 8 台,要使它们的总成本最小,试问两种机器各生产几台?最小成本为多少?

5. 已知生产某产品 x 个单位时的收入 R 的变化率为 $R'(x)=100-\frac{x}{20}$.求:(1) 生产 100 个单位时的总收入?(2) 求产量从 100 个单位到 200 个单位时总收入增加量.

6. 设生产某产品的总成本函数为 $C(x)=3+x$(万元),其中 x 为产量,单位:百吨.销售 x 百吨时的边际收入为 $R'(x)=15-2x$(万元/百吨),求:(1) 利润最大时的产量;(2) 在利润最大时的产量的基础上再生产 2 百吨,利润会发生什么变化?

第5章　矩阵与线性方程组

【知识目标】

- 了解矩阵、逆矩阵、阶梯形矩阵、矩阵秩的概念、几种特殊矩阵.
- 了解 n 阶矩阵行列式的定义,理解行列式的性质,掌握二、三、四阶矩阵行列式的计算.
- 掌握线性方程组解的存在性的判定方法、用初等行变换求线性方程组全部解方法.

【能力目标】

- 能熟练地进行矩阵的几种运算.
- 会用初等行变换法将矩阵行简化、求逆、求秩、解线性方程组.
- 会判别线性方程组是否有解,会用消元法解线性方程组.

【内容导航】

线性代数是高等数学的一个重要内容,它在经济生活与科学技术中有着广泛的应用.本章重点介绍行列式、矩阵、向量的概念和运算,线性方程组的性质、求法及应用等.

5.1　行列式

5.1.1　行列式的定义

一、二阶行列式与三阶行列式

中学阶段我们已经学会了解简单的方程组.设二元线性方程组

$$\begin{cases} a_{11}x_1+a_{12}x_2=b_1, \\ a_{21}x_1+a_{22}x_2=b_2, \end{cases} \tag{5.1.1}$$

当 $a_{11}a_{22}-a_{12}a_{21}\neq 0$ 时,用消元法可以求得方程组(5.1.1)的解为

$$x_1=\frac{b_1a_{22}-b_2a_{12}}{a_{11}a_{22}-a_{12}a_{21}},x_2=\frac{b_2a_{11}-b_1a_{21}}{a_{11}a_{22}-a_{12}a_{21}}.$$

为更加简洁地表示上述方程组的解,我们引入二阶行列式的概念.

定义(二阶行列式)　由 2×2 个数组成的记号 $\begin{vmatrix} a_{11} & a_{12} \\ a_{21} & a_{22} \end{vmatrix}$ 称为二阶行列式,记为 D.

$$\text{规定 } D=\begin{vmatrix} a_{11} & a_{12} \\ a_{21} & a_{22} \end{vmatrix}=a_{11}a_{22}-a_{12}a_{21}. \tag{5.1.2}$$

如
$$D=\begin{vmatrix}2&5\\1&3\end{vmatrix}=2\times3-5\times1=1.$$

利用二阶行列式的定义，方程组(5.1.1)的解可表示为：$x_1=\dfrac{D_1}{D},x_2=\dfrac{D_2}{D}$. 其中，

$$D_1=\begin{vmatrix}b_1&a_{12}\\b_2&a_{22}\end{vmatrix}=b_1a_{22}-b_2a_{12},D_2=\begin{vmatrix}a_{11}&b_1\\a_{21}&b_2\end{vmatrix}=b_2a_{11}-b_1a_{21}.$$

同样，为更加简洁地表示三元一次线性方程组的解，我们也可以引入三阶行列式的概念.

定义(三阶行列式) 由 3×3 个数组成的记号 $\begin{vmatrix}a_{11}&a_{12}&a_{13}\\a_{21}&a_{22}&a_{23}\\a_{31}&a_{32}&a_{33}\end{vmatrix}$ 称为三阶行列式，记为 D.

规定
$$\begin{vmatrix}a_{11}&a_{12}&a_{13}\\a_{21}&a_{22}&a_{23}\\a_{31}&a_{32}&a_{33}\end{vmatrix}=a_{11}a_{22}a_{33}+a_{12}a_{23}a_{31}+a_{13}a_{21}a_{32}-a_{11}a_{23}a_{32}-a_{12}a_{21}a_{33}-a_{13}a_{22}a_{31}. \tag{5.1.3}$$

用图表示为

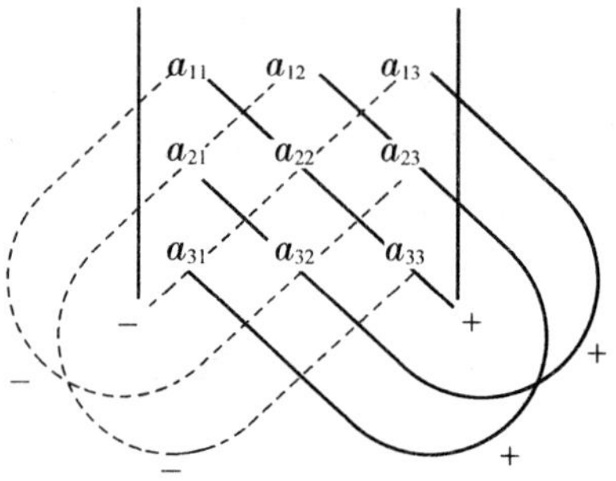

如
$$D=\begin{vmatrix}1&2&3\\4&5&6\\7&8&9\end{vmatrix}=1\times5\times9+2\times6\times7+3\times4\times8-3\times5\times7-2\times4\times9-1\times6\times8$$
$$=45+84+96-105-72-48=0.$$

(5.1.2)、(5.1.3)分别称为计算二阶、三阶行列式值的对角线法则.

类似于二阶、三阶行列式的定义，我们也可以给出一般阶行列式的定义.

二、*n* 阶行列式

定义(*n* 阶行列式) 由 $n\times n$ 个数组成的记号 $\begin{vmatrix}a_{11}&a_{12}&\cdots&a_{1n}\\a_{21}&a_{22}&\cdots&a_{2n}\\\vdots&\vdots&&\vdots\\a_{n1}&a_{n2}&\cdots&a_{nn}\end{vmatrix}$ 称为 n 阶行列式，记为 D. 其中 $a_{ij}(i,j=1,2,\cdots,n)$称为行列式的元素，下标 i(行标)表示元素 a_{ij} 所在的行，下标 j(列标)表示元素 a_{ij} 所在的列，在行列式中左上角到右下角的对角线称为主对角线，右上角到左下角的对角线称为次对角线.

如 $D=\begin{vmatrix} 1 & 2 & -3 & 4 \\ 0 & 6 & -2 & 3 \\ 2 & 3 & 11 & 8 \\ -1 & 7 & -4 & 16 \end{vmatrix}$ 为一个 4 阶行列式，由 16 个元素组成，排成 4 行 4 列，其中主对角线上的元素为 1,6,11,16；次对角线上的元素为 4,－2,3,－1.

这里需要说明的是，二阶和三阶行列式有相应的对角线法则，而 $n(n>3)$ 阶行列式则没有. 至于 n 阶行列式到底表示什么数(式)，如何去求，我们将在后面的内容中介绍.

三、余子式与代数余子式

定义(余子式与代数余子式)　在 n 阶行列式 $D=\begin{vmatrix} a_{11} & a_{12} & \cdots & a_{1n} \\ a_{21} & a_{22} & \cdots & a_{2n} \\ \vdots & \vdots & & \vdots \\ a_{n1} & a_{n2} & \cdots & a_{nn} \end{vmatrix}$ 中，划去元素 $a_{ij}(i,j=1,2,\cdots,n)$ 所在的第 i 行与第 j 列的元素后，剩下的元素按原来位置顺序所组成的 $n-1$ 阶行列式叫作元素 a_{ij} 的余子式，记作 M_{ij}；将 $(-1)^{i+j}M_{ij}$ 称为元素 a_{ij} 的代数余子式，记作 A_{ij}，即

$$A_{ij}=(-1)^{i+j}M_{ij}.$$

例如，在 4 阶行列式 $D=\begin{vmatrix} 1 & -2 & 0 & 4 \\ -1 & 3 & 1 & 2 \\ 0 & 1 & 5 & -3 \\ 1 & -4 & 3 & 6 \end{vmatrix}$ 中，元素 4 的余子式、代数余子式分别为

$$M_{14}=\begin{vmatrix} -1 & 3 & 1 \\ 0 & 1 & 5 \\ 1 & -4 & 3 \end{vmatrix},A_{14}=(-1)^{1+4}M_{14}=-\begin{vmatrix} -1 & 3 & 1 \\ 0 & 1 & 5 \\ 1 & -4 & 3 \end{vmatrix}.$$

5.1.2　行列式的性质

性质 5.1　行列式的所有行与相应的列互换，其值不变.

如
$$\begin{vmatrix} 1 & 2 & 3 \\ 4 & 5 & 6 \\ 7 & 8 & 9 \end{vmatrix}=\begin{vmatrix} 1 & 4 & 7 \\ 2 & 5 & 8 \\ 3 & 6 & 9 \end{vmatrix}.$$

它表明，行列式的行与列的地位相当. 凡对行有的性质，对列同样成立.

性质 5.2　行列式两行(列)对调，其值变号.

如
$$\begin{vmatrix} 1 & 2 & 3 \\ 4 & 5 & 6 \\ 7 & 8 & 9 \end{vmatrix}=-\begin{vmatrix} 4 & 5 & 6 \\ 1 & 2 & 3 \\ 7 & 8 & 9 \end{vmatrix}.$$

推论 5.1　行列式有两行(列)相同，其值为零.

如
$$\begin{vmatrix} 1 & 2 & 3 \\ 4 & 5 & 6 \\ 4 & 5 & 6 \end{vmatrix}=0.$$

性质 5.3　行列式某一行(列)的元素乘以数 k，等于用数 k 乘以该行列式.

如 $\begin{vmatrix} 10 & 20 & 30 \\ 4 & 5 & 6 \\ 7 & 8 & 9 \end{vmatrix} = 10\begin{vmatrix} 1 & 2 & 3 \\ 4 & 5 & 6 \\ 7 & 8 & 9 \end{vmatrix}$.

推论 5.2 行列式某一行(列)元素的公因子可以提到行列式符号的外面.

性质 5.4 行列式两行(列)的元素对应成比例,其值为零.

如 $\begin{vmatrix} 1 & 2 & 3 \\ 2 & 4 & 6 \\ 7 & 8 & 9 \end{vmatrix} = 0$.

性质 5.5 行列式某一行(列)的元素是两项相加,则拆成两个行列式去加.

如 $\begin{vmatrix} a_1+b_1 & a_2+b_2 & a_3+b_3 \\ 4 & 5 & 6 \\ 7 & 8 & 9 \end{vmatrix} = \begin{vmatrix} a_1 & a_2 & a_3 \\ 4 & 5 & 6 \\ 7 & 8 & 9 \end{vmatrix} + \begin{vmatrix} b_1 & b_2 & b_3 \\ 4 & 5 & 6 \\ 7 & 8 & 9 \end{vmatrix}$.

性质 5.6 行列式某一行(列)的元素的 k 倍加到另一行(列)**对应的元素**上去,其值不变.

如 $\begin{vmatrix} 1 & 2 & 3 \\ 4 & 5 & 6 \\ 7 & 8 & 9 \end{vmatrix} = \begin{vmatrix} 1 & 2 & 3 \\ 4 & 5 & 6 \\ 17 & 28 & 39 \end{vmatrix}$.

性质 5.7 (按行(列)展开定理)行列式等于它的任意一行(列)的各元素与对应的代数余子式乘积之和,即

$$D = a_{i1}A_{i1} + a_{i2}A_{i2} + \cdots + a_{in}A_{in} \quad (i=1,2,\cdots,n);$$
$$D = a_{1j}A_{1j} + a_{2j}A_{2j} + \cdots + a_{nj}A_{nj} \quad (j=1,2,\cdots,n).$$

例如,反复应用行(列)展开定理可以得到

$$\begin{vmatrix} a_{11} & a_{12} & \cdots & a_{1n} \\ 0 & a_{22} & \cdots & a_{2n} \\ \vdots & \vdots & & \vdots \\ 0 & 0 & \cdots & a_{nn} \end{vmatrix} = a_{11}\begin{vmatrix} a_{22} & a_{23} & \cdots & a_{2n} \\ 0 & a_{33} & \cdots & a_{3n} \\ \vdots & \vdots & & \vdots \\ 0 & 0 & \cdots & a_{nn} \end{vmatrix} = a_{11}a_{22}\begin{vmatrix} a_{33} & a_{34} & \cdots & a_{3n} \\ 0 & a_{44} & \cdots & a_{4n} \\ \vdots & \vdots & & \vdots \\ 0 & 0 & \cdots & a_{nn} \end{vmatrix} = \cdots = a_{11}a_{22}\cdots a_{nn}.$$

类似地,有

$$\begin{vmatrix} a_{11} & 0 & \cdots & 0 \\ a_{21} & a_{22} & \cdots & 0 \\ \vdots & \vdots & & \vdots \\ a_{n1} & a_{n2} & \cdots & a_{nn} \end{vmatrix} = a_{11}a_{22}\cdots a_{nn}.$$

像上述主对角线以下(上)的元素都为零的行列式称为上(下)三角形行列式. 上述结果在以后的行列式计算中可作为已知结论用,务必熟记.

5.1.3 行列式的计算

为了方便行列式的计算,我们约定:

$r_i \leftrightarrow r_j(c_i \leftrightarrow c_j)$表示交换 i,j 两行(列);

$r_i \div k(c_i \div k)$表示第 i 行(列)提出公因子 k;

$r_i + kr_j(c_i + kc_j)$表示第 j 行(列)的 k 倍加到第 i 行(列)上;

$r(i)(c(i))$表示按第 i 行(列)展开.

一、化为三角形行列式

借助行列式的性质，先将原行列式化成上(下)三角形行列式，然后再计算主对角线上元素的乘积.

【例 1】 计算行列式 $D=\begin{vmatrix}1&2&3&4\\5&6&7&8\\9&10&10&12\\13&14&11&20\end{vmatrix}$.

解 $D\xlongequal{c_4\div 4}4\begin{vmatrix}1&2&3&1\\5&6&7&2\\9&10&10&3\\13&14&11&5\end{vmatrix}\xlongequal[r_4-13r_1]{\substack{r_2-5r_1\\r_3-9r_1}}4\begin{vmatrix}1&2&3&1\\0&-4&-8&-3\\0&-8&-17&-6\\0&-12&-28&-8\end{vmatrix}\xlongequal[r_4\div(-1)]{\substack{r_2\div(-1)\\r_3\div(-1)}}$

$-4\begin{vmatrix}1&2&3&1\\0&4&8&3\\0&8&17&6\\0&12&28&8\end{vmatrix}\xlongequal[r_4-3r_2]{r_3-2r_2}-4\begin{vmatrix}1&2&3&1\\0&4&8&3\\0&0&1&0\\0&0&4&-1\end{vmatrix}\xlongequal{r_4-4r_3}-4\begin{vmatrix}1&2&3&1\\0&4&8&3\\0&0&1&0\\0&0&0&-1\end{vmatrix}$

$=-4\times1\times4\times1\times(-1)=16.$

【例 2】 计算四阶行列式 $D=\begin{vmatrix}a&b&b&b\\b&a&b&b\\b&b&a&b\\b&b&b&a\end{vmatrix}$.

解 注意到此行列式的特点是各行(列)元素之和都是 $a+3b$，从而有

$$D\xlongequal{c_1+c_2+c_3+c_4}\begin{vmatrix}a+3b&b&b&b\\a+3b&a&b&b\\a+3b&b&a&b\\a+3b&b&b&a\end{vmatrix}\xlongequal{c_1\div(a+3b)}(a+3b)\begin{vmatrix}1&b&b&b\\1&a&b&b\\1&b&a&b\\1&b&b&a\end{vmatrix}$$

$$\xlongequal[i=2,3,4]{r_i-r_1}(a+3b)\begin{vmatrix}1&b&b&b\\0&a-b&0&0\\0&0&a-b&0\\0&0&0&a-b\end{vmatrix}=(a+3b)(a-b)^3.$$

二、降阶法

借助行列式展开定理将原行列式不断降阶，最终降至二阶(或三阶)行列式.

【例 3】 计算行列式 $D=\begin{vmatrix}2&0&0&-3\\-4&1&0&2\\6&5&7&0\\-3&4&-2&-1\end{vmatrix}$.

解 将行列式按第 1 行展开，得

$$D=2\times(-1)^{1+1}\begin{vmatrix}1&0&2\\5&7&0\\4&-2&-1\end{vmatrix}+(-3)\times(-1)^{1+4}\begin{vmatrix}-4&1&0\\6&5&7\\-3&4&-2\end{vmatrix}$$

$$=2\times\left[1\times(-1)^{1+1}\begin{vmatrix}7&0\\-2&-1\end{vmatrix}+2\times(-1)^{1+3}\begin{vmatrix}5&7\\4&-2\end{vmatrix}\right]$$

$$+3\left[-4\times(-1)^{1+1}\begin{vmatrix}5&7\\4&-2\end{vmatrix}+1\times(-1)^{1+2}\begin{vmatrix}6&7\\-3&-2\end{vmatrix}\right]$$

$$=2(-7-2\times38)+3(4\times38-9)=263.$$

为计算的简便，在利用行列式展开定理前，往往先将行列式中某行或列化出许多的零，然后再按该行或列展开.

【例 4】 计算行列式 $D=\begin{vmatrix}1&-2&1&4\\2&-5&1&-3\\4&1&-2&6\\-3&2&7&1\end{vmatrix}$.

解 $D\xlongequal[r_4+3r_1]{\substack{r_2-2r_1\\r_3-4r_1}}\begin{vmatrix}1&-2&1&4\\0&-1&-1&-11\\0&9&-6&-10\\0&-4&10&13\end{vmatrix}\xlongequal{c(1)}\begin{vmatrix}-1&-1&-11\\9&-6&-10\\-4&10&13\end{vmatrix}\xlongequal[c_3-11c_1]{c_2-c_1}\begin{vmatrix}-1&0&0\\9&-15&-109\\-4&14&57\end{vmatrix}$

$$\xlongequal{r(1)}(-1)\begin{vmatrix}-15&-109\\14&57\end{vmatrix}=-(109\times14-15\times57)=-671.$$

5.1.4 克莱姆法则

在引入了二阶和三阶行列式后，我们可以很简洁地表示二元一次和三元一次线性方程组的解. 一般地，我们有

定理(克莱姆法则) 设线性方程组

$$\begin{cases}a_{11}x_1+a_{12}x_2+\cdots+a_{1n}x_n=b_1,\\a_{21}x_1+a_{22}x_2+\cdots+a_{2n}x_n=b_2,\\\cdots\cdots\cdots\cdots\\a_{n1}x_1+a_{n2}x_2+\cdots+a_{nn}x_n=b_n\end{cases}\qquad(5.1.4)$$

的系数行列式

$$D=\begin{vmatrix}a_{11}&a_{12}&\cdots&a_{1n}\\a_{21}&a_{22}&\cdots&a_{2n}\\\vdots&\vdots&&\vdots\\a_{n1}&a_{n2}&\cdots&a_{nn}\end{vmatrix}\neq0,$$

则线性方程组(5.1.4)有唯一解，且唯一解为

$$x_1=\frac{D_1}{D},x_2=\frac{D_2}{D},\cdots,x_n=\frac{D_n}{D}.$$

其中，$D_j(j=1,2,\cdots,n)$是用常数项 $b_1,b_2,\cdots,b_n$ 替换系数行列式 D 的第 j 列得到的行列式，即

$$D_j=\begin{vmatrix} a_{11} & \cdots & a_{1,j-1} & b_1 & a_{1,j+1} & \cdots & a_{1n} \\ a_{21} & \cdots & a_{2,j-1} & b_2 & a_{2,j+1} & \cdots & a_{2n} \\ \vdots & & \vdots & \vdots & \vdots & & \vdots \\ a_{n1} & \cdots & a_{n,j-1} & b_n & a_{n,j+1} & \cdots & a_{nn} \end{vmatrix}$$

【例 5】 用克莱姆法则解线性方程组 $\begin{cases} x_1+x_2+x_3=5, \\ 2x_1+x_2-x_3+x_4=1, \\ x_1+2x_2-x_3+x_4=2, \\ x_2+2x_3+3x_4=3. \end{cases}$

解　因为方程组的系数行列式 $D=\begin{vmatrix} 1 & 1 & 1 & 0 \\ 2 & 1 & -1 & 1 \\ 1 & 2 & -1 & 1 \\ 0 & 1 & 2 & 3 \end{vmatrix}=18\neq 0$，由克莱姆法则可知，方程组有唯一解. 又

$$D_1=\begin{vmatrix} 5 & 1 & 1 & 0 \\ 1 & 1 & -1 & 1 \\ 2 & 2 & -1 & 1 \\ 3 & 1 & 2 & 3 \end{vmatrix}=18, D_2=\begin{vmatrix} 1 & 5 & 1 & 0 \\ 2 & 1 & -1 & 1 \\ 1 & 2 & -1 & 1 \\ 0 & 3 & 2 & 3 \end{vmatrix}=36,$$

$$D_3=\begin{vmatrix} 1 & 1 & 5 & 0 \\ 2 & 1 & 1 & 1 \\ 1 & 2 & 2 & 1 \\ 0 & 1 & 3 & 3 \end{vmatrix}=36, D_4=\begin{vmatrix} 1 & 1 & 1 & 5 \\ 2 & 1 & -1 & 1 \\ 1 & 2 & -1 & 2 \\ 0 & 1 & 2 & 3 \end{vmatrix}=-18.$$

所以方程组的解为

$$x_1=\frac{18}{18}=1, x_2=\frac{36}{18}=2, x_3=\frac{36}{18}=2, x_4=-\frac{18}{18}=-1.$$

在线性方程组(5.1.4)中，右端的常数 $b_1,b_2,\cdots,b_n$ 不全为 0 时，称为非齐次线性方程组. 当 $b_1,b_2,\cdots,b_n$ 全为 0 时，

$$\begin{cases} a_{11}x_1+a_{12}x_2+\cdots+a_{1n}x_n=0, \\ a_{21}x_1+a_{22}x_2+\cdots+a_{2n}x_n=0, \\ \cdots\cdots\cdots\cdots \\ a_{n1}x_1+a_{n2}x_2+\cdots+a_{nn}x_n=0 \end{cases} \tag{5.1.5}$$

称为齐次线性方程组. 显然，$x_1=x_2=\cdots=x_n=0$ 一定是齐次线性方程组的解，这个解叫作齐次线性方程组的零解. 如果有一组不全为零的数是它的解，则称齐次线性方程组有非零解. 由克莱姆法则容易得到，当齐次线性方程组的系数行列式 $D\neq 0$ 时，它只有零解. 可以证明该条件还是必要的. 即齐次线性方程组只有零解的充分必要条件为系数行列式 $D\neq 0$.

【例 6】 问 λ 取何值时，齐次线性方程组 $\begin{cases} x_1-x_2+2x_3=0, \\ x_1+x_2+\lambda x_3=0, \\ -x_1+\lambda x_2+x_3=0 \end{cases}$ 有非零解?

解　当

$$\begin{vmatrix} 1 & -1 & 2 \\ 1 & 1 & \lambda \\ -1 & \lambda & 1 \end{vmatrix}=0,$$

即$(4-\lambda)(\lambda+1)=0$,$\lambda=4$ 或 $\lambda=-1$ 时,方程组有非零解.

习题 5.1

第5章参考答案

1. 计算二阶行列式.

(1) $\begin{vmatrix} 3 & -5 \\ 2 & 2 \end{vmatrix}$; (2) $\begin{vmatrix} \cos\theta & -\sin\theta \\ \sin\theta & \cos\theta \end{vmatrix}$.

2. 计算三阶行列式.

(1) $\begin{vmatrix} 1 & 2 & 3 \\ 0 & 1 & 2 \\ 1 & 1 & 1 \end{vmatrix}$; (2) $\begin{vmatrix} 1 & -3 & 2 \\ -2 & 1 & -4 \\ 3 & -1 & 6 \end{vmatrix}$.

3. 计算四阶行列式.

(1) $\begin{vmatrix} 1 & -2 & 1 & 0 \\ 0 & 3 & -2 & -1 \\ 4 & -1 & 0 & -3 \\ 1 & 2 & 6 & 3 \end{vmatrix}$; (2) $\begin{vmatrix} 1 & 2 & 3 & 4 \\ 1 & 3 & 5 & 0 \\ 0 & 1 & 5 & 6 \\ 1 & 2 & 0 & 1 \end{vmatrix}$;

(3) $\begin{vmatrix} 3 & 1 & -1 & 2 \\ -5 & 1 & 3 & -4 \\ 2 & 0 & 1 & -1 \\ 1 & -5 & 3 & -3 \end{vmatrix}$; (4) $\begin{vmatrix} 3 & 1 & 1 & 1 \\ 1 & 3 & 1 & 1 \\ 1 & 1 & 3 & 1 \\ 1 & 1 & 1 & 3 \end{vmatrix}$.

4. 利用行列式的性质计算下列行列式:

(1) $\begin{vmatrix} 698 & 2 \\ 701 & 3 \end{vmatrix}$; (2) $\begin{vmatrix} 5 & -1 & 3 \\ 2 & 2 & 2 \\ 196 & 203 & 199 \end{vmatrix}$;

(3) $\begin{vmatrix} 2 & 1 & 4 & 1 \\ 3 & -1 & 2 & 1 \\ 1 & 2 & 3 & 2 \\ 5 & 0 & 6 & 2 \end{vmatrix}$; (4) $\begin{vmatrix} a & b & b & b \\ b & a & b & b \\ b & b & a & b \\ b & b & b & a \end{vmatrix}$;

(5) $\begin{vmatrix} a & b & c & d \\ b & c & d & a \\ c & d & a & b \\ d & a & b & c \end{vmatrix}$; (6) $\begin{vmatrix} x & y & 0 & \cdots & 0 & 0 \\ 0 & x & y & \cdots & 0 & 0 \\ 0 & 0 & x & \cdots & 0 & 0 \\ \vdots & \vdots & \vdots & & \vdots & \vdots \\ 0 & 0 & 0 & \cdots & x & y \\ y & 0 & 0 & \cdots & 0 & x \end{vmatrix}$;

(7) $\begin{vmatrix} 1+a_1 & a_2 & a_3 & \cdots & a_n \\ a_1 & 1+a_2 & a_3 & \cdots & a_n \\ a_1 & a_2 & 1+a_3 & \cdots & a_n \\ \vdots & \vdots & \vdots & & \vdots \\ a_1 & a_2 & a_3 & \cdots & 1+a_n \end{vmatrix}$；(8) $\begin{vmatrix} x & 1 & 2 & \cdots & n-1 & n \\ 1 & x & 2 & \cdots & n-1 & n \\ 1 & 2 & x & \cdots & n-1 & n \\ \vdots & \vdots & \vdots & & \vdots & \vdots \\ 1 & 2 & 3 & \cdots & x & n \\ 1 & 2 & 3 & \cdots & n & x \end{vmatrix}$.

5. 已知四阶行列式 $\begin{vmatrix} 1 & 1 & 1 & 1 \\ -2 & 4 & 0 & 3 \\ 3 & 2 & 1 & -5 \\ 0 & -1 & 0 & 2 \end{vmatrix}$，求 $A_{11}+A_{12}+A_{13}+A_{14}$.

6. 利用克莱姆法则解下列线性方程组.

(1) $\begin{cases} 5x_1+2x_2-4x_3=-3, \\ 2x_1-x_2+2x_3=6, \\ x_1+x_2-x_3=0; \end{cases}$　　(2) $\begin{cases} -2x_1-5x_2+x_3+7x_4=-5, \\ 3x_1+2x_2-x_3-6x_4=-1, \\ x_1-3x_2+2x_3+5x_4=-4, \\ -x_1+8x_2-2x_3+3x_4=1. \end{cases}$

7. λ 取何值时，齐次线性方程组 $\begin{cases} x_1-2x_2+4x_3=0, \\ 2x_1+2x_2-x_3=0, \\ 4x_1-2x_2+\lambda x_3=0 \end{cases}$ 有非零解？

8. 解下列方程.

(1) $\begin{vmatrix} x & 2 & 1 \\ 2 & x & 0 \\ 1 & -1 & 1 \end{vmatrix}=0$；　　(2) $\begin{vmatrix} 1 & 1 & 1 & 1 \\ 2 & 1-x & 2 & 2 \\ 3 & 3 & x-2 & 3 \\ 4 & 4 & 4 & x-3 \end{vmatrix}=0$.

5.2　矩　　阵

5.2.1　矩阵的定义

在经济活动和企业管理中，许多实际问题的描述和计算都常常用到一些数的矩形表，如商品的价格表，从产地到销地的商品运输方案，投入产出表等.

【例 1】　一股票投资者购买了招商银行、万科 A、西山煤电、中国石化四家公司的股票，分别为 4000 股，3000 股，2000 股，1000 股. 四家公司连续三年的收益（元/股）情况如表 5.2.1 所示.

表 5.2.1

收益 年度 / 公司	第一年	第二年	第三年
招商银行	0.37	0.48	1.04
万科 A	0.36	0.49	0.73
西山煤电	0.80	0.80	0.86
中国石化	0.45	0.58	0.63

把表 5.2.1 中的数据取出来并且不改变数据的相对位置可得一个数表$\begin{bmatrix} 0.37 & 0.48 & 1.04 \\ 0.36 & 0.49 & 0.73 \\ 0.80 & 0.80 & 0.86 \\ 0.45 & 0.58 & 0.63 \end{bmatrix}$.

【例 2】 某运输公司把商品从产地 A、B 运送到销地甲、乙、丙、丁、戊的运输量如表 5.2.2 所示.

表 5.2.2

销地 / 产地	甲	乙	丙	丁	戊
A	1	2	5	4	3
B	2	3	2	0	4

把表 5.2.2 中的数据取出来并且不改变数据的相对位置也可得一个数表$\begin{bmatrix} 1 & 2 & 5 & 4 & 3 \\ 2 & 3 & 2 & 0 & 4 \end{bmatrix}$.

数学上把这些矩形数表称为矩阵.

定义(矩阵) 由 $m\times n$ 个数 $a_{ij}(i=1,2,\cdots,m;j=1,2,\cdots,n)$ 排成 m 行 n 列的矩形数表，称为 $m\times n$ 矩阵，其中 a_{ij} 称为矩阵的第 i 行第 j 列元素. 矩阵通常用大写英文字母表示，记作

$$\boldsymbol{A}=\begin{bmatrix} a_{11} & a_{12} & \cdots & a_{1n} \\ a_{21} & a_{22} & \cdots & a_{2n} \\ \vdots & \vdots & & \vdots \\ a_{m1} & a_{m2} & \cdots & a_{mn} \end{bmatrix},$$

也记作 $\boldsymbol{A}_{m\times n}$ 或 $\boldsymbol{A}=[a_{ij}]_{m\times n}$.

矩阵和行列式是两个不同的概念，矩阵是一数表，而行列式表示一个数或式.

元素全为零的矩阵称为零矩阵，记为 $\boldsymbol{O}_{m\times n}$ 或 $\boldsymbol{O}$.

只有一行的矩阵称 $\boldsymbol{A}=[a_{11},a_{12},\cdots,a_{1n}]$ 为行矩阵，即 $1\times n$ 矩阵.

只有一列的矩阵 $\boldsymbol{A}=\begin{bmatrix} a_{11} \\ a_{21} \\ \vdots \\ a_{m1} \end{bmatrix}$ 称为列矩阵，即 $m\times 1$ 矩阵.

当一个矩阵的行数 m 与列数 n 相等时，该矩阵称为一个 n 阶方阵.

对于方阵，从左上角元素到右下角元素的连线，称为主对角线. 位于主对角线上的元素称为主对角元.

若一个 n 阶方阵的主对角线上的元素都是1，而其余元素都是零，则称为单位矩阵，记为 $\boldsymbol{E}_n$ 或 $\boldsymbol{E}$，即

$$\boldsymbol{E}_n=\begin{bmatrix}1 & 0 & \cdots & 0\\ 0 & 1 & \cdots & 0\\ \vdots & \vdots & & \vdots\\ 0 & 0 & \cdots & 1\end{bmatrix}.$$

若一个 n 阶方阵的主对角线上(下)方的元素都是零，则称为下(上)三角矩阵. 例如，

$$\boldsymbol{A}=\begin{bmatrix}a_{11} & 0 & \cdots & 0\\ a_{21} & a_{22} & \cdots & 0\\ \vdots & \vdots & & \vdots\\ a_{n1} & a_{n2} & \cdots & a_{nn}\end{bmatrix}\text{和}\boldsymbol{B}=\begin{bmatrix}b_{11} & b_{12} & \cdots & b_{1m}\\ 0 & b_{22} & \cdots & b_{2m}\\ \vdots & \vdots & & \vdots\\ 0 & 0 & \cdots & b_{mm}\end{bmatrix}$$

分别是 n 阶下三角矩阵和 m 阶上三角矩阵.

定义(同型矩阵)　若 $\boldsymbol{A}=[a_{ij}]_{m\times n}$，$\boldsymbol{B}=[b_{ij}]_{m\times n}$ 都是 $m\times n$ 矩阵，且对应元素都相等，即 $a_{ij}=b_{ij}(i=1,2,\cdots,m;j=1,2,\cdots,n)$，则称 $\boldsymbol{A}$ 与 $\boldsymbol{B}$ 相等，记为 $\boldsymbol{A}=\boldsymbol{B}$.

一般地，若 $\boldsymbol{A}=[a_{ij}]_{m\times n}$ 与 $\boldsymbol{B}=[b_{ij}]_{m\times n}$ 都是 $m\times n$ 矩阵，则称 $\boldsymbol{A}$ 与 $\boldsymbol{B}$ 为同型矩阵.

5.2.2　矩阵的运算

一、矩阵的加法

定义(矩阵的加法)　若两个 $m\times n$ 矩阵

$$\boldsymbol{A}=\begin{bmatrix}a_{11} & a_{12} & \cdots & a_{1n}\\ a_{21} & a_{22} & \cdots & a_{2n}\\ \vdots & \vdots & & \vdots\\ a_{m1} & a_{m2} & \cdots & a_{mn}\end{bmatrix},\boldsymbol{B}=\begin{bmatrix}b_{11} & b_{12} & \cdots & b_{1n}\\ b_{21} & b_{22} & \cdots & b_{2n}\\ \vdots & \vdots & & \vdots\\ b_{m1} & b_{m2} & \cdots & b_{mn}\end{bmatrix},$$

则

$$\boldsymbol{A}+\boldsymbol{B}=\begin{bmatrix}a_{11}+b_{11} & a_{12}+b_{12} & \cdots & a_{1n}+b_{1n}\\ a_{21}+b_{21} & a_{22}+b_{22} & \cdots & a_{2n}+b_{2n}\\ \vdots & \vdots & & \vdots\\ a_{m1}+b_{m1} & a_{m2}+b_{m2} & \cdots & a_{mn}+b_{mn}\end{bmatrix}.$$

给定矩阵 $\boldsymbol{A}=[a_{ij}]_{m\times n}$，定义其负矩阵为 $-\boldsymbol{A}=[-a_{ij}]_{m\times n}$. 若 $\boldsymbol{A}$、$\boldsymbol{B}$ 是两个同型的矩阵，则

$$\boldsymbol{A}-\boldsymbol{B}=\boldsymbol{A}+(-\boldsymbol{B}).$$

【例3】　设 $\boldsymbol{A}=\begin{bmatrix}3 & -2 & 7 & 5\\ 1 & 0 & 4 & -3\\ 6 & 8 & 0 & 2\end{bmatrix}$，$\boldsymbol{B}=\begin{bmatrix}-2 & 0 & 1 & 4\\ 5 & -1 & 7 & 6\\ 4 & -2 & 1 & -9\end{bmatrix}$，求 $\boldsymbol{A}+\boldsymbol{B}$，$\boldsymbol{A}-\boldsymbol{B}$.

解　$\boldsymbol{A}+\boldsymbol{B}=\begin{bmatrix}1 & -2 & 8 & 9\\ 6 & -1 & 11 & 3\\ 10 & 6 & 1 & -7\end{bmatrix}$，$\boldsymbol{A}-\boldsymbol{B}=\begin{bmatrix}5 & -2 & 6 & 1\\ -4 & 1 & -3 & -9\\ 2 & 10 & -1 & 11\end{bmatrix}$.

由于矩阵的加法运算归结为其元素的加法运算，容易验证，矩阵的加法满足下列性质：

(1) 交换律：$\boldsymbol{A}+\boldsymbol{B}=\boldsymbol{B}+\boldsymbol{A}$；

(2) 结合律：$\boldsymbol{A}+(\boldsymbol{B}+\boldsymbol{C})=(\boldsymbol{A}+\boldsymbol{B})+\boldsymbol{C}$；

(3) 有零元：$\boldsymbol{A}+\boldsymbol{O}=\boldsymbol{O}+\boldsymbol{A}=\boldsymbol{A}$；

(4) 有负元：$\boldsymbol{A}+(-\boldsymbol{A})=(-\boldsymbol{A})+\boldsymbol{A}=\boldsymbol{O}$.

二、矩阵的数乘

定义(矩阵的数乘)　若 $\boldsymbol{A}=[a_{ij}]_{m\times n}$ 是 $m\times n$ 矩阵，k 是任意数，则

$$k\boldsymbol{A}=k\begin{bmatrix}a_{11}&a_{12}&\cdots&a_{1n}\\a_{21}&a_{22}&\cdots&a_{2n}\\\vdots&\vdots&&\vdots\\a_{m1}&a_{m2}&\cdots&a_{mn}\end{bmatrix}=\begin{bmatrix}ka_{11}&ka_{12}&\cdots&ka_{1n}\\ka_{21}&ka_{22}&\cdots&ka_{2n}\\\vdots&\vdots&&\vdots\\ka_{m1}&ka_{m2}&\cdots&ka_{mn}\end{bmatrix}.$$

容易验证，矩阵的数乘满足下列性质：

(1) $1\boldsymbol{A}=\boldsymbol{A}$，$(-1)\boldsymbol{A}=-\boldsymbol{A}$；

(2) 分配律：$\lambda(\boldsymbol{A}+\boldsymbol{B})=\lambda\boldsymbol{A}+\lambda\boldsymbol{B}$；

(3) 分配律：$(\lambda+\mu)\boldsymbol{A}=\lambda\boldsymbol{A}+\mu\boldsymbol{A}$；

(4) 结合律：$(\lambda\mu)\boldsymbol{A}=\lambda(\mu\boldsymbol{A})=\mu(\lambda\boldsymbol{A})$.

【例 4】　设 $\boldsymbol{A}=\begin{bmatrix}1&5&7\\1&4&5\end{bmatrix}$，$\boldsymbol{B}=\begin{bmatrix}5&1&9\\3&2&-1\end{bmatrix}$，求满足关系式 $\boldsymbol{A}+2\boldsymbol{X}=\boldsymbol{B}$ 的矩阵 $\boldsymbol{X}$.

解　由 $\boldsymbol{A}+2\boldsymbol{X}=\boldsymbol{B}$，得

$$\boldsymbol{X}=\frac{1}{2}(\boldsymbol{B}-\boldsymbol{A})=\frac{1}{2}\begin{bmatrix}4&-4&2\\2&-2&-6\end{bmatrix}=\begin{bmatrix}2&-2&1\\1&-1&-3\end{bmatrix}.$$

三、矩阵的乘法

定义(矩阵的乘法)　给定一个 $m\times n$ 矩阵和一个 $n\times l$ 矩阵

$$\boldsymbol{A}=\begin{bmatrix}a_{11}&a_{12}&\cdots&a_{1n}\\a_{21}&a_{22}&\cdots&a_{2n}\\\vdots&\vdots&&\vdots\\a_{m1}&a_{m2}&\cdots&a_{mn}\end{bmatrix},\boldsymbol{B}=\begin{bmatrix}b_{11}&b_{12}&\cdots&b_{1l}\\b_{21}&b_{22}&\cdots&b_{2l}\\\vdots&\vdots&&\vdots\\b_{n1}&b_{n2}&\cdots&b_{nl}\end{bmatrix},$$

则 $\boldsymbol{AB}=[c_{ij}]$ 是一个 $m\times l$ 矩阵，其中

$$c_{ij}=a_{i1}b_{1j}+a_{i2}b_{2j}+\cdots+a_{in}b_{nj}=\sum_{k=1}^{n}a_{ik}b_{kj}\quad(i=1,2,\cdots,m;j=1,2,\cdots,l).$$

在矩阵的乘法中，要求左边矩阵的列数等于右边矩阵的行数.

【例 5】　设 $\boldsymbol{A}=\begin{bmatrix}1&0&3&-1\\2&1&0&2\end{bmatrix}$，$\boldsymbol{B}=\begin{bmatrix}4&1&0\\-1&1&3\\2&0&1\\1&3&4\end{bmatrix}$，求 $\boldsymbol{AB}$.

解

$$AB=\begin{bmatrix}1&0&3&-1\\2&1&0&2\end{bmatrix}\begin{bmatrix}4&1&0\\-1&1&3\\2&0&1\\1&3&4\end{bmatrix}$$

$$=\begin{bmatrix}1\times4+0\times(-1)+3\times2+(-1)\times1 & 1\times1+0\times1+3\times0+(-1)\times3 & 1\times0+0\times3+3\times1+(-1)\times4\\ 2\times4+1\times(-1)+0\times2+2\times1 & 2\times1+1\times1+0\times0+2\times3 & 2\times0+1\times3+0\times1+2\times4\end{bmatrix}$$

$$=\begin{bmatrix}9&-2&-1\\9&9&11\end{bmatrix}.$$

矩阵的乘法满足下列性质(假定下面的运算均有意义)：

(1) 结合律：$(AB)C=A(BC)$；

(2) 左分配律：$A(B+C)=AB+AC$；

(3) 右分配律：$(A+B)C=AC+BC$；

(4) 数与矩阵乘法的结合律：$(\lambda A)B=\lambda(AB)=A(\lambda B)$；

(5) 单位元的存在性：$E_mA_{m\times n}=A_{m\times n}$，$A_{m\times n}E_n=A_{m\times n}$.

【例 6】 已知矩阵 $A=\begin{bmatrix}1&1\\-1&-1\end{bmatrix}$ 与 $B=\begin{bmatrix}1&-1\\-1&1\end{bmatrix}$，求 AB 与 BA.

解

$$AB=\begin{bmatrix}1&1\\-1&-1\end{bmatrix}\begin{bmatrix}1&-1\\-1&1\end{bmatrix}=\begin{bmatrix}0&0\\0&0\end{bmatrix};$$

$$BA=\begin{bmatrix}1&-1\\-1&1\end{bmatrix}\begin{bmatrix}1&1\\-1&-1\end{bmatrix}=\begin{bmatrix}2&2\\-2&-2\end{bmatrix}.$$

从该例可以看到，虽然 $A\neq O$、$B\neq O$，但是 $AB=O$.

【例 7】 设 $A=\begin{bmatrix}3&1\\4&-1\end{bmatrix}$，$B=\begin{bmatrix}5&1\\2&-1\end{bmatrix}$，$C=\begin{bmatrix}0&0\\-1&-1\end{bmatrix}$，求 AC，BC.

解

$$AC=\begin{bmatrix}3&1\\4&-1\end{bmatrix}\begin{bmatrix}0&0\\-1&-1\end{bmatrix}=\begin{bmatrix}-1&-1\\1&1\end{bmatrix};$$

$$BC=\begin{bmatrix}5&1\\2&-1\end{bmatrix}\begin{bmatrix}0&0\\-1&-1\end{bmatrix}=\begin{bmatrix}-1&-1\\1&1\end{bmatrix}.$$

从该例可以看到，由 $AC=BC$、$C\neq O$ 不能推出 $A=B$.

【例 8】 一股票投资者购买了招商银行、万科 A、西山煤电、中国石化四家公司的股票，分别为 4000 股、3000 股、2000 股、1000 股，四家公司连续三年的每股收益(元/股)数据矩阵为

$$\begin{bmatrix}0.37&0.48&1.04\\0.36&0.49&0.73\\0.80&0.80&0.86\\0.45&0.58&0.63\end{bmatrix}.$$

试问：股票投资者这三年的股票总收益是多少？

解 设矩阵 $A=[4\,000\quad 3\,000\quad 2\,000\quad 1\,000]$，$B=\begin{bmatrix}0.37&0.48&1.04\\0.36&0.49&0.73\\0.80&0.80&0.86\\0.45&0.58&0.63\end{bmatrix}$，

则矩阵

$$AB=\begin{bmatrix}4\,000 & 3\,000 & 2\,000 & 1\,000\end{bmatrix}\begin{bmatrix}0.37 & 0.48 & 1.04\\0.36 & 0.49 & 0.73\\0.80 & 0.80 & 0.86\\0.45 & 0.58 & 0.63\end{bmatrix}=\begin{bmatrix}4\,610 & 5\,570 & 8\,700\end{bmatrix}.$$

它的列元素分别表示投资者各年的股票收益，所以股票投资者这三年的股票总收益是

$$4\,610+5\,570+8\,700=18\,880(\text{元}).$$

四、矩阵的转置

定义(矩阵的转置) 设 $\boldsymbol{A}=[a_{ij}]$为 $m\times n$ 矩阵，则 $\boldsymbol{A}$ 的转置 $\boldsymbol{A}^{\mathrm{T}}$ 为一个 $n\times m$ 矩阵，且

$$\boldsymbol{A}^{\mathrm{T}}=[a_{ji}]_{n\times m}=\begin{bmatrix}a_{11} & a_{21} & \cdots & a_{m1}\\a_{12} & a_{22} & \cdots & a_{m2}\\\vdots & \vdots & & \vdots\\a_{1n} & a_{2n} & \cdots & a_{mn}\end{bmatrix}.$$

【例 9】 设 $\boldsymbol{A}=\begin{bmatrix}2 & 0 & 1\\1 & 3 & 1\end{bmatrix}$，$\boldsymbol{B}=\begin{bmatrix}3 & 0\\1 & 2\\0 & 1\end{bmatrix}$，求$(\boldsymbol{AB})^{\mathrm{T}}$.

解 因为 $\boldsymbol{AB}=\begin{bmatrix}2 & 0 & 1\\1 & 3 & 1\end{bmatrix}\begin{bmatrix}3 & 0\\1 & 2\\0 & 1\end{bmatrix}=\begin{bmatrix}6 & 1\\6 & 7\end{bmatrix}$，所以$(\boldsymbol{AB})^{\mathrm{T}}=\begin{bmatrix}6 & 6\\1 & 7\end{bmatrix}$.

矩阵的转置满足下列性质：

(1) $(\boldsymbol{A}^{\mathrm{T}})^{\mathrm{T}}=\boldsymbol{A}$;

(2) $(\boldsymbol{A}+\boldsymbol{B})^{\mathrm{T}}=\boldsymbol{A}^{\mathrm{T}}+\boldsymbol{B}^{\mathrm{T}}$;

(3) $(\lambda\boldsymbol{A})^{\mathrm{T}}=\lambda\boldsymbol{A}^{\mathrm{T}}$;

(4) $(\boldsymbol{AB})^{\mathrm{T}}=\boldsymbol{B}^{\mathrm{T}}\boldsymbol{A}^{\mathrm{T}}$.

五、方阵的行列式

定义(方阵的行列式) 设 $\boldsymbol{A}$ 是一个 n 阶方阵，由 $\boldsymbol{A}$ 的元素按原相对位置构成的行列式称为 $\boldsymbol{A}$ 的行列式，记作$|\boldsymbol{A}|$或 $\det\boldsymbol{A}$.

只有方阵才有相应的行列式. 方阵的行列式有如下性质：

(1) $|\lambda\boldsymbol{A}|=\lambda^n|\boldsymbol{A}|$;

(2) 设 $\boldsymbol{A}$、$\boldsymbol{B}$ 是同阶方阵，则$|\boldsymbol{AB}|=|\boldsymbol{A}||\boldsymbol{B}|$.

【例 10】 设 $\boldsymbol{A}=\begin{bmatrix}3 & -1\\4 & 2\end{bmatrix}$，$\boldsymbol{B}=\begin{bmatrix}3 & -2\\7 & 5\end{bmatrix}$，求$|\boldsymbol{AB}|$.

解 因为 $|\boldsymbol{A}|=\begin{vmatrix}3 & -1\\4 & 2\end{vmatrix}=10$，$|\boldsymbol{B}|=\begin{vmatrix}3 & -2\\7 & 5\end{vmatrix}=29$，所以 $|\boldsymbol{AB}|=|\boldsymbol{A}||\boldsymbol{B}|=10\times29=290$.

5.2.3 矩阵的初等变换

定义(矩阵的初等变换) 下列矩阵的变换称为矩阵的初等变换：

(1) 互换矩阵中 i,j 两行(列)的位置,记为 $r_i \leftrightarrow r_j(c_i \leftrightarrow c_j)$;

(2) 用非零常数 k 乘矩阵的第 i 行(列),记为 $kr_i(kc_i)$;

(3) 把矩阵第 j 行(列)的 k 倍加到第 i 行(列)上去,记为 $r_i+kr_j(c_i+kc_j)$.

行(列)之间施行的初等变换称为初等行(列)变换.

定义(阶梯形矩阵)　一矩阵中每个非零行的首元素(指该行第一个非零元素)出现在上一行首元素的右边,同时,没有一个非零行出现在全零行的下方,这样的矩阵称为阶梯形矩阵.

任何一个矩阵 A 都可以经过初等行变换化为阶梯形矩阵.

【例 11】　用行初等变换将矩阵

$$\boldsymbol{A}=\begin{bmatrix}1 & -2 & -1 & 2\\ 3 & -4 & 1 & 4\\ -2 & 4 & 2 & 3\end{bmatrix}$$

化为阶梯形矩阵.

解

$$\boldsymbol{A}=\begin{bmatrix}1 & -2 & -1 & 2\\ 3 & -4 & 1 & 4\\ -2 & 4 & 2 & 3\end{bmatrix}\xrightarrow[r_3+2r_1]{r_2-3r_1}\begin{bmatrix}1 & -2 & -1 & 2\\ 0 & 2 & 4 & -2\\ 0 & 0 & 0 & 7\end{bmatrix}$$

$$\xrightarrow[\frac{1}{7}r_3]{\frac{1}{2}r_2}\begin{bmatrix}1 & -2 & -1 & 2\\ 0 & 1 & 2 & -1\\ 0 & 0 & 0 & 1\end{bmatrix}.$$

定义(行简化阶梯形矩阵)　一个阶梯形矩阵,如果它的每一非零行的首元素是 1,且首元素所在列的其余元素全是零,那么称这样的阶梯形矩阵为**行简化阶梯形矩阵**.

任何一个矩阵 A 都可以经过初等行变换化为行简化阶梯形矩阵.

【例 12】　用初等行变换将矩阵

$$\boldsymbol{A}=\begin{bmatrix}1 & -2 & -1 & 2\\ 0 & 1 & 2 & -1\\ 0 & 0 & 0 & 1\end{bmatrix}$$

化为行简化阶梯形矩阵.

解

$$\boldsymbol{A}=\begin{bmatrix}1 & -2 & -1 & 2\\ 0 & 1 & 2 & -1\\ 0 & 0 & 0 & 1\end{bmatrix}\xrightarrow[r_2+r_3]{r_1-2r_3}\begin{bmatrix}1 & -2 & -1 & 0\\ 0 & 1 & 2 & 0\\ 0 & 0 & 0 & 1\end{bmatrix}$$

$$\xrightarrow{r_1+2r_2}\begin{bmatrix}1 & 0 & 3 & 0\\ 0 & 1 & 2 & 0\\ 0 & 0 & 0 & 1\end{bmatrix}.$$

5.2.4　逆矩阵

一、矩阵可逆的定义和性质

定义(可逆矩阵)　设 $\boldsymbol{A}$ 为 n 阶方阵,若存在同阶矩阵 $\boldsymbol{B}$,使得

$$\boldsymbol{AB}=\boldsymbol{BA}=\boldsymbol{E},$$

则称 $\boldsymbol{A}$ 为可逆矩阵，$\boldsymbol{B}$ 为 $\boldsymbol{A}$ 的逆矩阵，简称 $\boldsymbol{B}$ 为 $\boldsymbol{A}$ 的逆，记作 $\boldsymbol{B}=\boldsymbol{A}^{-1}$.

由可逆矩阵的定义，容易得到如下可逆矩阵性质.

(1) 如果 $\boldsymbol{A}$ 可逆，那么 $\boldsymbol{A}$ 的逆 $\boldsymbol{A}^{-1}$ 唯一；

(2) $(\boldsymbol{A}^{-1})^{-1}=\boldsymbol{A}$；

(3) 如果 $\boldsymbol{A}$ 可逆，数 $\lambda\neq 0$，那么 $\lambda\boldsymbol{A}$ 也可逆，且 $(\lambda\boldsymbol{A})^{-1}=\dfrac{1}{\lambda}\boldsymbol{A}^{-1}$；

(4) 如果 $\boldsymbol{A}$ 可逆，那么 $\boldsymbol{A}^{\mathrm{T}}$ 也可逆，且 $(\boldsymbol{A}^{\mathrm{T}})^{-1}=(\boldsymbol{A}^{-1})^{\mathrm{T}}$；

(5) 如果 $\boldsymbol{A}$、$\boldsymbol{B}$ 均为 n 阶可逆矩阵，那么 $\boldsymbol{AB}$ 也可逆，且 $(\boldsymbol{AB})^{-1}=\boldsymbol{B}^{-1}\boldsymbol{A}^{-1}$.

二、逆矩阵的求法

1. 公式法

定义（伴随矩阵） 设 n 阶方阵为

$$\boldsymbol{A}=\begin{bmatrix} a_{11} & a_{12} & \cdots & a_{1n} \\ a_{21} & a_{22} & \cdots & a_{2n} \\ \vdots & \vdots & & \vdots \\ a_{n1} & a_{n2} & \cdots & a_{nn} \end{bmatrix},$$

则称

$$\boldsymbol{A}^{*}=\begin{bmatrix} A_{11} & A_{21} & \cdots & A_{n1} \\ A_{12} & A_{22} & \cdots & A_{n2} \\ \vdots & \vdots & & \vdots \\ A_{1n} & A_{2n} & \cdots & A_{nn} \end{bmatrix}$$

为 $\boldsymbol{A}$ 的伴随矩阵，其中 A_{ij} 是 $|\boldsymbol{A}|$ 中元素 a_{ij} 的代数余子式.

定理（可逆的充要条件） 矩阵 $\boldsymbol{A}$ 可逆的充分必要条件是 $|\boldsymbol{A}|\neq 0$，当 $\boldsymbol{A}$ 可逆时，

$$\boldsymbol{A}^{-1}=\frac{1}{|\boldsymbol{A}|}\boldsymbol{A}^{*}.$$

【例 13】 已知矩阵

$$\boldsymbol{A}=\begin{bmatrix} 1 & 2 & 3 \\ 2 & 2 & 1 \\ 3 & 4 & 3 \end{bmatrix},$$

判断 $\boldsymbol{A}$ 是否可逆？若可逆，求 $\boldsymbol{A}^{-1}$.

解 因为 $|\boldsymbol{A}|=\begin{vmatrix} 1 & 2 & 3 \\ 2 & 2 & 1 \\ 3 & 4 & 3 \end{vmatrix}=2\neq 0$，所以 $\boldsymbol{A}$ 可逆.

且

$$A_{11}=\begin{vmatrix} 2 & 1 \\ 4 & 3 \end{vmatrix}=2, A_{21}=-\begin{vmatrix} 2 & 3 \\ 4 & 3 \end{vmatrix}=6, A_{31}=\begin{vmatrix} 2 & 3 \\ 2 & 1 \end{vmatrix}=-4,$$

$$A_{12}=-\begin{vmatrix} 2 & 1 \\ 3 & 3 \end{vmatrix}=-3, A_{22}=\begin{vmatrix} 1 & 3 \\ 3 & 3 \end{vmatrix}=-6, A_{32}=-\begin{vmatrix} 1 & 3 \\ 2 & 1 \end{vmatrix}=5,$$

$$A_{13}=\begin{vmatrix} 2 & 2 \\ 3 & 4 \end{vmatrix}=2, A_{23}=-\begin{vmatrix} 1 & 2 \\ 3 & 4 \end{vmatrix}=2, A_{33}=\begin{vmatrix} 1 & 2 \\ 2 & 2 \end{vmatrix}=-2.$$

$$A^{-1}=\frac{1}{|A|}A^*=\frac{1}{|A|}\begin{bmatrix}A_{11}&A_{21}&A_{31}\\A_{12}&A_{22}&A_{32}\\A_{13}&A_{23}&A_{33}\end{bmatrix}=\begin{bmatrix}1&3&-2\\-\frac{3}{2}&-3&\frac{5}{2}\\1&1&-1\end{bmatrix}.$$

【例 14】 解矩阵方程 $\begin{bmatrix}1&2&3\\2&2&1\\3&4&3\end{bmatrix}\begin{bmatrix}x_1\\x_2\\x_3\end{bmatrix}=\begin{bmatrix}2\\1\\4\end{bmatrix}$.

解 设 $A=\begin{bmatrix}1&2&3\\2&2&1\\3&4&3\end{bmatrix}$, $X=\begin{bmatrix}x_1\\x_2\\x_3\end{bmatrix}$, $B=\begin{bmatrix}2\\1\\4\end{bmatrix}$.

因为 $|A|=2\neq0$,所以 A 可逆,且 $A^{-1}=\begin{bmatrix}1&3&-2\\-\frac{3}{2}&-3&\frac{5}{2}\\1&1&-1\end{bmatrix}$.

将矩阵方程 $AX=B$ 两端左乘 A^{-1},得

$$X=A^{-1}B=\begin{bmatrix}1&3&-2\\-\frac{3}{2}&-3&\frac{5}{2}\\1&1&-1\end{bmatrix}\begin{bmatrix}2\\1\\4\end{bmatrix}=\begin{bmatrix}-3\\4\\-1\end{bmatrix}.$$

2. 初等变换法

定理(初等变换法) 设 A 为 n 阶可逆矩阵,E 为 n 阶单位阵,若对 $n\times2n$ 阶矩阵 $[A\,\vdots\,E]$ 作一系列初等行变换,使它变为 $[E\,\vdots\,B]$,则 $B=A^{-1}$.

【例 15】 用初等行变换求矩阵 $A=\begin{bmatrix}1&-4&-3\\1&-5&-3\\-1&6&4\end{bmatrix}$ 的逆矩阵.

解 因为

$$[A\,\vdots\,E]=\left[\begin{array}{ccc:ccc}1&-4&-3&1&0&0\\1&-5&-3&0&1&0\\-1&6&4&0&0&1\end{array}\right]\xrightarrow[r_3+r_1]{r_2-r_1}\left[\begin{array}{ccc:ccc}1&-4&-3&1&0&0\\0&-1&0&-1&1&0\\0&2&1&1&0&1\end{array}\right]$$

$$\xrightarrow{r_3+2r_2}\left[\begin{array}{ccc:ccc}1&-4&-3&1&0&0\\0&-1&0&-1&1&0\\0&0&1&-1&2&1\end{array}\right]\xrightarrow[-r_2]{r_1+3r_3}\left[\begin{array}{ccc:ccc}1&-4&0&-2&6&3\\0&1&0&1&-1&0\\0&0&1&-1&2&1\end{array}\right]$$

$$\xrightarrow{r_1+4r_2}\left[\begin{array}{ccc:ccc}1&0&0&2&2&3\\0&1&0&1&-1&0\\0&0&1&-1&2&1\end{array}\right]=[E\,\vdots\,A^{-1}],$$

所以

$$A^{-1}=\begin{bmatrix}2&2&3\\1&-1&0\\-1&2&1\end{bmatrix}.$$

同样,可用初等变换解矩阵方程 $AX=B$. 其解法为,对矩阵 $[A\,\vdots\,B]$ 作一系列初等行变换,使它变为 $[E\,\vdots\,A^{-1}B]$,则 $X=A^{-1}B$.

【例 16】 用初等变换法解矩阵方程$\begin{bmatrix}1 & -4 & -3\\1 & -5 & -3\\-1 & 6 & 4\end{bmatrix}X=\begin{bmatrix}1 & -1\\0 & 3\\2 & 1\end{bmatrix}$.

解 因为$[A \vdots B]=\begin{bmatrix}1 & -4 & -3 & 1 & -1\\1 & -5 & -3 & 0 & 3\\-1 & 6 & 4 & 2 & 1\end{bmatrix}\xrightarrow[r_3+r_1]{r_2-r_1}\begin{bmatrix}1 & -4 & -3 & 1 & -1\\0 & -1 & 0 & -1 & 4\\0 & 2 & 1 & 3 & 0\end{bmatrix}$

$$\xrightarrow{r_3+2r_2}\begin{bmatrix}1 & -4 & -3 & 1 & -1\\0 & -1 & 0 & -1 & 4\\0 & 0 & 1 & 1 & 8\end{bmatrix}\xrightarrow[-r_2]{r_1+3r_3}\begin{bmatrix}1 & -4 & 0 & 4 & 23\\0 & 1 & 0 & 1 & -4\\0 & 0 & 1 & 1 & 8\end{bmatrix}$$

$$\xrightarrow{r_1+4r_2}\begin{bmatrix}1 & 0 & 0 & 8 & 7\\0 & 1 & 0 & 1 & -4\\0 & 0 & 1 & 1 & 8\end{bmatrix}=(E \vdots X),$$

所以
$$X=\begin{bmatrix}8 & 7\\1 & -4\\1 & 8\end{bmatrix}.$$

5.2.5 矩阵的秩

定义(矩阵的子式) 在 $m\times n$ 矩阵 A 中,任取 k 行 k 列($k\leqslant\min\{m,n\}$),将位于这些行列交叉处的元素,按原来相对位置构成的一个 k 阶行列式,称为矩阵 A 的 k 阶子式.

例如,矩阵 $A=\begin{bmatrix}1 & -2 & -1 & 2\\3 & -4 & 1 & 4\\-2 & 4 & 2 & 3\end{bmatrix}$中,第 1、2 行和第 2、4 列交叉处的元素构成的 2 阶子式是$\begin{vmatrix}-2 & 2\\-4 & 4\end{vmatrix}$,第 1、2、3 行和第 1、2、4 列交叉处的元素构成的 3 阶子式是$\begin{vmatrix}1 & -2 & 2\\3 & -4 & 4\\-2 & 4 & 3\end{vmatrix}$.

定义(矩阵的秩) 矩阵 A 中不为零的子式的最高阶数称为矩阵的秩,记作 $R(A)$.

当矩阵的行(列)数较大时,按定义求秩比较麻烦,但对阶梯形矩阵就比较简单了.

【例 17】 求矩阵 $A=\begin{bmatrix}1 & -1 & 2 & 3 & 4\\0 & 2 & 3 & 4 & 5\\0 & 0 & 0 & 1 & 3\\0 & 0 & 0 & 0 & 0\end{bmatrix}$的秩.

解 因为 A 的第 4 行是零行,所以 A 的所有的 4 阶子式全为零,但有一个 3 阶子式
$$\begin{vmatrix}1 & -1 & 3\\0 & 2 & 4\\0 & 0 & 1\end{vmatrix}=2\neq0,$$
因此,$R(A)=3$.

从该例可以看到,矩阵 A 是阶梯形矩阵,它的秩刚好是矩阵 A 的非零行的个数.一般,我们有

定理　阶梯形矩阵的秩等于它的非零行的行数.

初等行(列)变换不改变矩阵的秩.

由以上定理可知,要求一般矩阵的秩,只要用矩阵的初等行(列)变换将其化为阶梯形矩阵即可.

【例 18】 求矩阵 $\boldsymbol{A}=\begin{bmatrix}1 & 1 & 2 & 2 & 1\\0 & 2 & 1 & 5 & -1\\2 & 0 & 3 & -1 & 3\\1 & 1 & 0 & 4 & -1\end{bmatrix}$ 的秩.

解　对 $\boldsymbol{A}$ 施行初等行变换,将它转化为阶梯形矩阵

$$\boldsymbol{A}=\begin{bmatrix}1 & 1 & 2 & 2 & 1\\0 & 2 & 1 & 5 & -1\\2 & 0 & 3 & -1 & 3\\1 & 1 & 0 & 4 & -1\end{bmatrix}\rightarrow\begin{bmatrix}1 & 1 & 2 & 2 & 1\\0 & 2 & 1 & 5 & -1\\0 & 0 & 1 & -1 & 1\\0 & 0 & 0 & 0 & 0\end{bmatrix}.$$

而阶梯形矩阵中非零行的个数为 3,故 $R(\boldsymbol{A})=3$.

习题 5.2

1. 设 $\boldsymbol{A}=\begin{bmatrix}1 & 4 & 1\\3 & -1 & 1\end{bmatrix}$,$\boldsymbol{B}=\begin{bmatrix}-3 & 0 & 1\\3 & -5 & 3\end{bmatrix}$,且 $\boldsymbol{A}+2\boldsymbol{X}=\boldsymbol{B}$. 求矩阵 $\boldsymbol{X}$.

2. 设 $\boldsymbol{A}=\begin{bmatrix}3 & 1 & 1\\2 & 1 & 2\\1 & 2 & 3\end{bmatrix}$,$\boldsymbol{B}=\begin{bmatrix}1 & 1 & -1\\2 & -1 & 0\\1 & 0 & 1\end{bmatrix}$,求 $\boldsymbol{AB}-\boldsymbol{BA}$,$\boldsymbol{A}^{\mathrm{T}}\boldsymbol{B}^{\mathrm{T}}$,$|2\boldsymbol{A}|$.

3. 设某房产公司承包甲型楼房 10 幢,乙型楼房 15 幢,丙型楼房 5 幢,按楼房的类型,其四种主要建材:钢铁、水泥、木材、玻璃的计划使用量为矩阵

$$\boldsymbol{A}=\begin{bmatrix}5 & 25 & 15 & 9\\7 & 20 & 12 & 8\\6 & 18 & 9 & 4\end{bmatrix}.$$

(1) 试用矩阵的乘法计算各种建材总量;

(2) 若每单位建材钢铁为 3 000 元,水泥为 800 元,木材为 2 000 元,玻璃为 600 元,试用矩阵的乘法计算总材料费用.

4. 求下列方阵的逆矩阵.

(1) $\begin{bmatrix}2 & 1\\5 & 3\end{bmatrix}$;　　(2) $\begin{bmatrix}2 & -1 & -3\\1 & -1 & -1\\-3 & 4 & 4\end{bmatrix}$.

5. 用初等行变换化下列矩阵为行简化阶梯形矩阵.

(1) $\begin{bmatrix}1 & -1 & 2\\4 & -4 & 1\end{bmatrix}$;　　(2) $\begin{bmatrix}-1 & 2 & 1\\1 & -1 & 0\\2 & 1 & 1\end{bmatrix}$.

6. 用初等行变换求下列方阵的逆矩阵.

(1) $\begin{bmatrix}-3 & 2\\-2 & 2\end{bmatrix}$； (2) $\begin{bmatrix}1 & 1 & -1\\2 & 1 & 0\\1 & -1 & 0\end{bmatrix}$.

7. 用初等行变换解下列矩阵方程.

(1) $\begin{bmatrix}1 & 0\\1 & 2\end{bmatrix}\boldsymbol{X}=\begin{bmatrix}1 & 2\\3 & 8\end{bmatrix}$； (2) $\begin{bmatrix}1 & 0 & 1\\2 & 1 & 0\\-3 & 2 & -5\end{bmatrix}\boldsymbol{X}=\begin{bmatrix}1 & -1\\-2 & 0\\0 & 1\end{bmatrix}$.

8. 用初等行变换求下列矩阵的秩.

(1) $\begin{bmatrix}3 & -4 & 5\\2 & -3 & 1\\3 & -5 & -1\end{bmatrix}$； (2) $\begin{bmatrix}1 & -2 & -1 & 3\\3 & -6 & -3 & 9\\-2 & 4 & 2 & 5\end{bmatrix}$.

9. 若矩阵$\begin{bmatrix}1 & a & -1 & 2\\1 & -1 & a & 2\\1 & 0 & -1 & 2\end{bmatrix}$的秩为2，求$a$.

10. 若$\boldsymbol{A}^2-\boldsymbol{A}-2\boldsymbol{E}=0$，证明：$\boldsymbol{A}$可逆，并求$\boldsymbol{A}^{-1}$.

5.3 线性方程组

我们知道用克莱姆法则解线性方程组的条件是方程的个数与未知量个数相等，且系数行列式不为零. 但对于方程的个数与未知量个数不等的线性方程组而言，它是否有解？有解时怎么求？解的情况如何？本节就要解决这些问题.

5.3.1 非齐次线性方程组

一、解的情形

已知非齐次线性方程组

$$\begin{cases}a_{11}x_1+a_{12}x_2+\cdots+a_{1n}x_n=b_1,\\a_{21}x_1+a_{22}x_2+\cdots+a_{2n}x_n=b_2,\\\cdots\cdots\cdots\cdots\\a_{m1}x_1+a_{m2}x_2+\cdots+a_{mn}x_n=b_m.\end{cases}\quad(b_1,b_2,\cdots,b_n\text{ 不全为零})\qquad(5.3.1)$$

矩阵

$$\boldsymbol{A}=\begin{bmatrix}a_{11} & a_{12} & \cdots & a_{1n}\\a_{21} & a_{22} & \cdots & a_{2n}\\\vdots & \vdots & & \vdots\\a_{m1} & a_{m2} & \cdots & a_{mn}\end{bmatrix}$$

称为方程组(5.3.1)的系数矩阵；矩阵

$$\overline{\mathbf{A}}=\begin{bmatrix} a_{11} & a_{12} & \cdots & a_{1n} & b_1 \\ a_{21} & a_{22} & \cdots & a_{2n} & b_2 \\ \vdots & \vdots & & \vdots & \vdots \\ a_{m1} & a_{m2} & \cdots & a_{mn} & b_m \end{bmatrix}$$

称为方程组(5.3.1)的增广矩阵.

关于非齐次线性方程组(5.3.1)解的情形,我们有

定理(方程组有解的充要条件)　方程组有解的充分必要条件为 $R(\overline{\mathbf{A}})=R(\mathbf{A})$. 且

(1) 当 $R(\overline{\mathbf{A}})=R(\mathbf{A})=n$ 时,方程组(5.3.1)有唯一解;

(2) 当 $R(\overline{\mathbf{A}})=R(\mathbf{A})=r<n$ 时,方程组(5.3.1)有无穷多解.

【例 1】　判断方程组 $\begin{cases} x_1+x_2+x_3+x_4=1, \\ 3x_1+2x_2+x_3-3x_4=2, \\ x_2+2x_3+6x_4=3 \end{cases}$ 的解的情形.

解　因为 $\overline{\mathbf{A}}=[\mathbf{A}\vdots\mathbf{B}]=\begin{bmatrix} 1 & 1 & 1 & 1 & 1 \\ 3 & 2 & 1 & -3 & 2 \\ 0 & 1 & 2 & 6 & 3 \end{bmatrix}\rightarrow\begin{bmatrix} 1 & 1 & 1 & 1 & 1 \\ 0 & -1 & -2 & -6 & -1 \\ 0 & 1 & 2 & 6 & 3 \end{bmatrix}$

$$\rightarrow\begin{bmatrix} 1 & 1 & 1 & 1 & 1 \\ 0 & 1 & 2 & 6 & 1 \\ 0 & 0 & 0 & 0 & 2 \end{bmatrix}$$

$R(\overline{\mathbf{A}})=3, R(\mathbf{A})=2, R(\overline{\mathbf{A}})\neq R(\mathbf{A})$,所以原方程组无解.

【例 2】　λ 取何值时,线性方程组

$$\begin{cases} x_1+x_2+x_3+x_4=1, \\ 3x_1+2x_2+x_3+x_4=0, \\ 5x_1+4x_2+3x_3+3x_4=\lambda \end{cases}$$

有解?

解　因为 $\overline{\mathbf{A}}=[\mathbf{A}\vdots\mathbf{B}]=\begin{bmatrix} 1 & 1 & 1 & 1 & 1 \\ 3 & 2 & 1 & 1 & 0 \\ 5 & 4 & 3 & 3 & \lambda \end{bmatrix}\rightarrow\begin{bmatrix} 1 & 1 & 1 & 1 & 1 \\ 0 & -1 & -2 & -2 & -3 \\ 0 & -1 & -2 & -2 & \lambda-5 \end{bmatrix}$

$$\rightarrow\begin{bmatrix} 1 & 1 & 1 & 1 & 1 \\ 0 & 1 & 2 & 2 & 3 \\ 0 & 0 & 0 & 0 & \lambda-2 \end{bmatrix}$$

所以,当 $\lambda=2$ 时,$R(\overline{\mathbf{A}})=R(\mathbf{A})=2<4$,原方组有解且有无穷多解.

二、一般解的求法

由于非线性方程组(5.3.1)和它的增广矩阵 $\overline{\mathbf{A}}$ 之间可以建立一一对应的关系,所以对线性方程组作同解变形相当于对增广矩阵施行初等行变换. 求非齐次线性方程组一般解的步骤为:

(1) 对增广矩阵 $\overline{\mathbf{A}}$ 施行初等行变换,把 $\overline{\mathbf{A}}$ 化为阶梯形矩阵,进而化成行简化阶梯形矩阵;

(2) 以行简化阶梯形矩阵为增广矩阵写出对应的同解方程组;

(3) 选取自由未知量;

(4) 将所有的主未知量用自由未知量表示,从而求出一般解.

【例 3】 解线性方程组 $\begin{cases} x_1+x_2+x_3+x_4=1, \\ 3x_1+2x_2+x_3-3x_4=0, \\ x_2+2x_3+6x_4=3. \end{cases}$

解 对增广矩阵施行初等行变换,得

$$\overline{A}=[A \vdots B]=\begin{bmatrix} 1 & 1 & 1 & 1 & 1 \\ 3 & 2 & 1 & -3 & 0 \\ 0 & 1 & 2 & 6 & 3 \end{bmatrix} \to \begin{bmatrix} 1 & 1 & 1 & 1 & 1 \\ 0 & -1 & -2 & -6 & -3 \\ 0 & 1 & 2 & 6 & 3 \end{bmatrix}$$

$$\to \begin{bmatrix} 1 & 1 & 1 & 1 & 1 \\ 0 & 1 & 2 & 6 & 3 \\ 0 & 0 & 0 & 0 & 0 \end{bmatrix} \to \begin{bmatrix} 1 & 0 & -1 & -5 & -2 \\ 0 & 1 & 2 & 6 & 3 \\ 0 & 0 & 0 & 0 & 0 \end{bmatrix}.$$

由行简化阶梯形矩阵得到对应的同解方程组为

$$\begin{cases} x_1-x_3-5x_4=-2, \\ x_2+2x_3+6x_4=3. \end{cases}$$

选自由未知量为 x_3, x_4,则原方程组的一般解为

$$\begin{cases} x_1=x_3+5x_4-2, \\ x_2=-2x_3-6x_4+3. \end{cases} \quad (x_3, x_4 \text{ 取任意常数})$$

若令 $x_3=c_1, x_4=c_2$(c_1, c_2 为任意常数),则原方程组的一般解可表示成向量形式

$$\begin{bmatrix} x_1 \\ x_2 \\ x_3 \\ x_4 \end{bmatrix}=\begin{bmatrix} c_1+5c_2-2 \\ -2c_1-6c_2+3 \\ c_1 \\ c_2 \end{bmatrix} (c_1, c_2 \text{ 为任意常数}).$$

【例 4】 解线性方程组 $\begin{cases} x_1-x_2+x_3+4x_4=-4, \\ 2x_1-x_2+3x_3-2x_4=7, \\ 3x_2-x_3+x_4=6, \\ x_1+2x_2-x_3+3x_4=2. \end{cases}$

解 对增广矩阵施行初等行变换,得

$$\overline{A}=(A \vdots B)=\begin{bmatrix} 1 & -1 & 1 & 4 & -4 \\ 2 & -1 & 3 & -2 & 7 \\ 0 & 3 & -1 & 1 & 6 \\ 1 & 2 & -1 & 3 & 2 \end{bmatrix} \to \begin{bmatrix} 1 & -1 & 1 & 4 & -4 \\ 0 & 1 & 1 & -10 & 15 \\ 0 & 3 & -1 & 1 & 6 \\ 0 & 3 & -2 & -1 & 6 \end{bmatrix}$$

$$\to \begin{bmatrix} 1 & -1 & 1 & 4 & -4 \\ 0 & 1 & 1 & -10 & 15 \\ 0 & 0 & -4 & 31 & -39 \\ 0 & 0 & -1 & -2 & 0 \end{bmatrix} \to \begin{bmatrix} 1 & -1 & 1 & 4 & -4 \\ 0 & 1 & 1 & -10 & 15 \\ 0 & 0 & 1 & 2 & 0 \\ 0 & 0 & 0 & 39 & -39 \end{bmatrix} \to \begin{bmatrix} 1 & 0 & 0 & 0 & 1 \\ 0 & 1 & 0 & 0 & 3 \\ 0 & 0 & 1 & 0 & 2 \\ 0 & 0 & 0 & 1 & -1 \end{bmatrix}$$

由行简化阶梯形矩阵得到对应的同解方程组为

$$\begin{cases} x_1=1, \\ x_2=3, \\ x_3=2, \\ x_4=-1. \end{cases}$$

所以,原方程组有唯一解 $x_1=1, x_2=3, x_3=2, x_4=-1$.

【例 5】 解线性方程组 $\begin{cases} x_1+x_2+x_3+x_4=1, \\ 3x_1+2x_2+x_3-3x_4=2, \\ x_2+2x_3+6x_4=3. \end{cases}$

解 $$\overline{\mathbf{A}}=(\mathbf{A} \vdots \mathbf{B})=\begin{bmatrix} 1 & 1 & 1 & 1 & 1 \\ 3 & 2 & 1 & -3 & 2 \\ 0 & 1 & 2 & 6 & 3 \end{bmatrix} \to \begin{bmatrix} 1 & 1 & 1 & 1 & 1 \\ 0 & -1 & -2 & -6 & -1 \\ 0 & 1 & 2 & 6 & 3 \end{bmatrix}$$

$$\to \begin{bmatrix} 1 & 1 & 1 & 1 & 1 \\ 0 & 1 & 2 & 6 & 1 \\ 0 & 0 & 0 & 0 & 2 \end{bmatrix}$$

由于 $R(\overline{\mathbf{A}}) \neq R(\mathbf{A})$,所以方程组无解。事实上,此时行简化阶梯形矩阵的第 3 行代表的方程为 $0x_1+0x_2+0x_3+0x_4=2$,是矛盾方程,从而方程组无解.

5.3.2　齐次线性方程组

一、解的情形

已知齐次线性方程组 $$\begin{cases} a_{11}x_1+a_{12}x_2+\cdots+a_{1n}x_n=0, \\ a_{21}x_1+a_{22}x_2+\cdots+a_{2n}x_n=0, \\ \cdots\cdots\cdots\cdots \\ a_{m1}x_1+a_{m2}x_2+\cdots+a_{mn}x_n=0. \end{cases} \tag{5.3.2}$$

矩阵

$$\mathbf{A}=\begin{bmatrix} a_{11} & a_{12} & \cdots & a_{1n} \\ a_{21} & a_{22} & \cdots & a_{2n} \\ \vdots & \vdots & & \vdots \\ a_{m1} & a_{m2} & \cdots & a_{mn} \end{bmatrix}$$

称为方程组(5.3.2)的系数矩阵.

关于齐次线性方程组(5.3.2),我们有

定理(齐次线性方程组有非零解的充要条件)　齐次线性方程组有非零解的充要条件为 $R(\mathbf{A})<n$,其中 n 是未知量的个数.

二、一般解的求法

由于线性方程组(5.3.2)和它的系数矩阵 $\mathbf{A}$ 之间可以建立一一对应的关系,所以对线性方程组作同解变形相当于对系数矩阵施行初等行变换.求齐次线性方程组一般解的步骤为:

(1) 对系数矩阵 $\mathbf{A}$ 施行初等行变换,把 $\mathbf{A}$ 化为阶梯形矩阵,进而化成行简化阶梯形矩阵;

(2) 以行简化阶梯形矩阵为系数矩阵写出对应的同解方程组;

(3) 选取自由未知量；

(4) 将所有的主未知量用自由未知量表示，从而求出一般解.

【例 6】 解齐次线性方程组

$$\begin{cases} x_1+x_2+2x_3+2x_4=0, \\ 2x_1-x_2+x_3-2x_4=0, \\ x_1-2x_2-x_3-4x_4=0. \end{cases}$$

解 对系数矩阵 $\boldsymbol{A}$ 施行初等行变换，得

$$\boldsymbol{A}=\begin{bmatrix} 1 & 1 & 2 & 2 \\ 2 & -1 & 1 & -2 \\ 1 & -2 & -1 & -4 \end{bmatrix} \to \begin{bmatrix} 1 & 1 & 2 & 2 \\ 0 & -3 & -3 & -6 \\ 0 & -3 & -3 & -6 \end{bmatrix} \to \begin{bmatrix} 1 & 1 & 2 & 2 \\ 0 & 1 & 1 & 2 \\ 0 & 0 & 0 & 0 \end{bmatrix}$$

$$\to \begin{bmatrix} 1 & 0 & 1 & 0 \\ 0 & 1 & 1 & 2 \\ 0 & 0 & 0 & 0 \end{bmatrix}.$$

由行简化阶梯形矩阵得到对应的同解方程组为

$$\begin{cases} x_1+x_3=0, \\ x_2+x_3+2x_4=0. \end{cases}$$

选自由未知量为 x_3,x_4，此时行简化矩阵对应的方程组为

$$\begin{cases} x_1=-x_3, \\ x_2=-x_3-2x_4. \end{cases} \quad (x_3,x_4\text{ 为自由未知量})$$

若令 $x_3=c_1,x_4=c_2$（c_1,c_2 为任意常数），则原方程组的一般解可表示成向量形式

$$\begin{bmatrix} x_1 \\ x_2 \\ x_3 \\ x_4 \end{bmatrix}=\begin{bmatrix} -c_1 \\ -c_1-2c_2 \\ c_1 \\ c_2 \end{bmatrix} (c_1,c_2\text{ 为任意常数}).$$

习题 5.3

1. 判断下列线性方程组是否有解，若有解，是唯一解还是无穷多解？

(1) $\begin{cases} x_1-2x_2-x_3=1, \\ 2x_1+x_3=5, \\ -x_1+3x_2+2x_3=1; \end{cases}$

(2) $\begin{cases} x_1-x_2-x_3+x_4=0, \\ x_1-x_2+x_3-3x_4=1, \\ x_1-x_2-2x_3+3x_4=-\dfrac{1}{2}; \end{cases}$

(3) $\begin{cases} x_1+x_4=0, \\ x_1+2x_2-x_4=1, \\ 3x_1-x_2+4x_4=1, \\ x_1+4x_2+5x_3+x_4=2. \end{cases}$

2. 用初等行变换解下列线性方程组.

(1) $\begin{cases} x_1-2x_2+2x_3=0, \\ x_1+2x_2-x_3=0, \\ 8x_1-4x_2+7x_3=0; \end{cases}$　　(2) $\begin{cases} x_1+2x_2+2x_3+x_4=0, \\ 2x_1+x_2-2x_3-2x_4=0, \\ x_1-x_2-4x_3-3x_4=0; \end{cases}$

(3) $\begin{cases} x_1+2x_2-x_3+2x_4=1, \\ 2x_1+4x_2+x_3+x_4=5, \\ x_1+2x_2+2x_3-x_4=4; \end{cases}$　　(4) $\begin{cases} x_1+x_2-2x_3+3x_4=0, \\ 2x_1+x_2-6x_3+4x_4=-1, \\ 3x_1+2x_2-x_3+7x_4=-1, \\ x_1-x_2-6x_3-x_4=-2. \end{cases}$

3. 设有线性方程组$\begin{cases} x_1+2x_2+3x_3=8, \\ 2x_1+2x_2+3x_3=10, \\ x_1+x_2+\lambda x_3=5, \end{cases}$求 λ 为何值时，方程组有无穷多组解，并求出其通解.

4. 设线性方程组$\begin{cases} (1+\lambda)x_1+x_2+x_3=0, \\ x_1+(1+\lambda)x_2+x_3=3, \\ x_1+x_2+(1+\lambda)x_3=\lambda, \end{cases}$问 λ 取何值时，此方程组(1) 有唯一解；(2) 无解；(3) 有无穷多解？并在有无穷多解时求其一般解.

5. 一专卖店出售四种型号分别为小号、中号、大号和加大号的名牌体恤衫，四种型号的体恤衫售价分别为 220 元、240 元、260 元、300 元. 若专卖店某日共售出了 13 件体恤衫，毛收入为 3 200 元. 并已知大号的销售量为小号和加大号销售量的总和，大号的销售收入(毛收入)也为小号和加大号销售收入(毛收入)的总和. 问各种型号的体恤衫各售出多少件？

经济案例模型赏析 5

土地增收问题

1995 年北京怀柔县某村一家农民承包了 100 亩地(中低产地). 土地租用费为每亩 50 元/年，农业税为每亩 10 元/年；根据当地气候条件，可以种植小麦，玉米和花生，其种植周期是：10 月份(秋天)收割玉米后可种冬小麦，第二年 6 月(夏天)收割小麦，收割小麦后可种玉米，10 月份收割玉米，4 月份种花生，10 月份收割花生，收割花生后可种冬小麦. 有关冬小麦、花生、玉米三种作物的收支价格及产量如下表所示：

三种作物的收支价格及产量表

作物 \ 项目	耕地	播种	浇水	收割	化肥	农药	种籽	中耕	亩产(公斤)	售价(元/公斤)
冬小麦	14	10	66	45	111	2	30	0	300	1.68
夏播玉米	14	10	0	45	81	1	9	10	400	1.23
春播花生	14	10	0	28	78	4	36	0	250	3.10

其中前 8 项单位均为元/亩. 这位农民每年必须完成 20 000 公斤小麦公粮，每年留足全家 1 000 公斤口粮. 另外根据市场预测，1996 年花生种植面积不宜超过 20 亩，1997 年不宜再种花生. 试问：这位农民如何安排从 1995 年 10 月秋种至 1997 年 10 月秋收的两年种植计划，才可

能既完成公粮征购任务，又留够口粮，并且在100亩土地上取得最大收益？

要回答这个问题，我们首先要搞清总支出项目. 该问题给出了三项支出：

① 土地租用费，注意总承包期为两年，故这块地的总租用费用为 $50\times2\times100=10\,000$(元).

② 农业税费，$10\times2\times100=2\,000$(元).

③ 种植三种植物的各项费用支出，即数据表中前8列数字之和为：

冬小麦支出费为278元/亩

玉米支出费为170元/亩

花生支出费为170元/亩

其次搞清总收入项目，该问题有三项：

① 各种作物的毛收益，即数据表中后两列之积，冬小麦为504元/亩，玉米为492元/亩，花生为775元/亩.

② 扣除种植支出为纯收益：冬小麦504元/亩－278元/亩＝226元/亩(假设卖公粮与卖余粮价格相同)，玉米为322元/亩，花生为605元/亩.

③ 各种作物种植亩数. 依据问题中提出的种植周期及承包期(从1995年10月秋天到1997年10月秋天)及市场预测，可见两年内只能有以下两种种植模式：

模式Ⅰ：1995年秋种冬小麦→1996年夏收后种玉米→当年秋收完再种冬小麦→1997年夏收后种玉米→1997年秋收玉米.

模式Ⅱ：1995年不种作物→1996年春天种花生→当年秋收后种冬小麦→1997年夏收后种玉米→1997年秋收玉米.

那么，按模式Ⅰ(即两轮冬小麦加两轮玉米)，两年纯收入为

$$226\times2+322\times2=1\,096(\text{元/亩})；$$

按模式Ⅱ(即冬小麦、玉米和花生各一轮)，两年纯收入为

$$226+322+605=1\,153(\text{元/亩}).$$

注意到所承包的100亩未必都按一种模式生产，为了有最大可能收益，可以部分按模式Ⅰ种，部分按模式Ⅱ种. 为此设按模式Ⅰ种植 x_1 亩，按模式Ⅱ种植 x_2 亩，则总收入为

$$\max S=1\,096x_1+1\,153x_2-12\,000-2\times1.68\times1\,000,$$

其中被减去的是两项固定税费及留足两年冬小麦作口粮的价值(玉米、花生一般不作口粮).

又易见 x_1,x_2 应满足以下条件：

(1) $x_1+x_2=100$(总亩数为100)；

(2) $x_1\geqslant0,0\leqslant x_2\leqslant20$(1996年花生种植面积不宜超过20亩)；

(3) $300(2x_1+x_2)\geqslant21\,000$(缴纳公粮和留足口粮).

其中的 $2x_1$ 表示按模式Ⅰ实种了两个 x_1 亩冬小麦，加上模式Ⅱ实种了 x_2 亩冬小麦，其总量至少为21 000公斤.

综合上述各项便得本问题数学模型：

$$\max S=1\,096x_1+1\,153x_2-15\,360,$$

$$\begin{cases}x_1+x_2=100,\\x_2\leqslant20,\\2x_1+x_2\geqslant70,\\x_1,x_2\geqslant0.\end{cases}$$

该模型是一个约束方程中含有“$\geqslant$”和“$=$”约束的线性规划问题，下面用单纯形方法（亦可以用图解法，请读者自己做一做）求解.

首先引进松弛变量 $x_3\geqslant 0, x_4\geqslant 0$，将原问题化为标准形式

$$\max S = 1\,096x_1 + 1\,153x_2 + 0\cdot x_3 + 0\cdot x_4,$$

$$\begin{cases} x_1 + x_2 = 100, \\ x_2 + x_3 = 20, \\ 2x_1 + x_2 - x_4 = 70, \\ x_j \geqslant 0 (j = 1, 2, 3, 4). \end{cases}$$

因为在约束方程组的系数矩阵中没有初始可行基，所以需要第一和第三个约束方程中分别加上非负变量 $x_5\geqslant 0, x_6\geqslant 0$，使它们在约束方程组中的系列向量与变量 x_3 的系数列向量组成一个三阶单位矩阵，形成一个可行基，从而得到一个新的问题：

$$\max S = 1\,096x_1 + 1\,153x_2 + 0\cdot x_3 + 0\cdot x_4 - Mx_5 - Mx_6,$$

$$\begin{cases} x_1 + x_2 + x_5 = 100, \\ x_2 + x_3 = 20, \\ 2x_1 + x_2 - x_4 + x_6 = 70, \\ x_j \geqslant 0 (j = 1, 3, 4, 5, 6). \end{cases}$$

取上述约束方程组中变量 x_5, x_3, x_6 的系数列向量组成初始可行基 $\boldsymbol{B}_1$，那么 $\boldsymbol{B}_1 = \boldsymbol{E}, \boldsymbol{B}_1^{-1} = \boldsymbol{E}$，$\boldsymbol{C}_{B_1} = (-M, 0, -M)$，而且 $\boldsymbol{B}_1^{-1}\boldsymbol{A} = \boldsymbol{A}, \boldsymbol{B}_1^{-1}\boldsymbol{b} = \boldsymbol{b}$，

$$\boldsymbol{C}_{B_1}\boldsymbol{B}_1^{-1}\boldsymbol{A} - \boldsymbol{C} =$$

$$(-M, 0, -M)\begin{pmatrix} 1 & 1 & 0 & 0 & 1 & 0 \\ 0 & 1 & 1 & 0 & 0 & 0 \\ 2 & 1 & 0 & -1 & 0 & 1 \end{pmatrix} - (1\,096, 11\,153, 0, 0, -M, -M)$$

$$= (-3M - 1\,096, -2M - 1\,153, 0, M, 0, 0),$$

$$\boldsymbol{C}_{B_1}\boldsymbol{B}_1^{-1}\boldsymbol{b} = (-M, 0, -M)\begin{pmatrix} 100 \\ 20 \\ 70 \end{pmatrix} - 15\,360 = -170M - 15\,360.$$

基 $\boldsymbol{B}_1$ 对应的单纯形表以及寻找最优基、最优解的过程如下：

$$\left(\begin{array}{ccccc:cc} -3M-1\,096 & -2M-1\,153 & 0 & M & 0 & 0 & -170M-15\,360 \\ \hdashline 1 & 1 & 0 & 0 & 1 & 0 & 100 \\ 0 & 1 & 1 & 0 & 0 & 0 & 20 \\ 2 & 1 & 0 & -1 & 0 & 1 & 70 \end{array}\right)$$

$$\to \left(\begin{array}{cccccc:c} 0 & -0.5M-605 & 0 & -0.5M-548 & 0 & 1.5M+548 & -65M+23\,000 \\ \hdashline 0 & 0.5 & 0 & 0.5 & 1 & -0.5 & 65 \\ 0 & 1 & 1 & 0 & 0 & 0 & 20 \\ 1 & 0.5 & 0 & -0.5 & 0 & 0.5 & 35 \end{array}\right)$$

$$\to \left(\begin{array}{cccccc:c} 0 & 0 & 0.5M+605 & -0.5M-548 & 0 & 1.5M+548 & -55M+35\,100 \\ \hdashline 0 & 0 & -0.5 & 0.5 & 1 & -0.5 & 55 \\ 0 & 1 & 1 & 0 & 0 & 0 & 20 \\ 1 & 0 & 0 & -0.5 & 0 & 0.5 & 25 \end{array}\right)$$

$$\rightarrow\left(\begin{array}{cccccc:cc}0 & 0 & 57 & 0 & M-1\,096 & M & 95\,380 \\ \hdashline 0 & 0 & -1 & 1 & 2 & -1 & 100 \\ 0 & 1 & 1 & 0 & 0 & 0 & 20 \\ 1 & 0 & -0.5 & 0 & 1 & 0 & 80\end{array}\right)$$

在基 $\boldsymbol{B}_4$ 对应的单纯形表中，检验数 $b_j \geqslant 0,(j=1,2,\cdots,7)$，而且人工变量 x_5,x_6 都已出基. 所以，该问题的最优解为：$x_1^*=80, x_2^*=20$.

也就是说，按模式Ⅰ种植 80 亩，按模式Ⅱ种植 20 亩，可以使对应的目标值——纯收入达到最大. 最大纯收入为：$z^*=95\,380$（元）.

本章内容精要 5

一、行列式

1. n 阶行列式

由 $n\times n$ 个数组成的记号 $\begin{vmatrix}a_{11} & a_{12} & \cdots & a_{1n} \\ a_{21} & a_{22} & \cdots & a_{2n} \\ \vdots & \vdots & & \vdots \\ a_{n1} & a_{n2} & \cdots & a_{nn}\end{vmatrix}$ 称为 n 阶行列式.

2. 余子式

在 n 阶行列式，划去元素 $a_{ij}(i,j=1,2,3,\cdots,n)$ 所在的第 i 行与第 j 列的元素后，剩下的元素按原来位置顺序所组成的 $n-1$ 阶行列式叫作元素 a_{ij} 的余子式，记作 M_{ij}；将 $(-1)^{i+j}M_{ij}$ 称为元素 a_{ij} 的代数余子式，记作 A_{ij}，即

$$A_{ij}=(-1)^{i+j}M_{ij}.$$

3. 行列式的性质

性质 1　行列式的所有行与相应的列互换，其值不变.

性质 2　行列式两行(列)对调，其值变号.

推论　如果行列式有两行(或列)完全相同，则此行列式等于 0.

性质 3　行列式的某一行(或列)中所有的元素都乘以同一数 k，等于用数 k 乘此行列式，即行列式可以按行或按列提出公因数.

推论　行列式中某一行(或某一列)的元素全为 0，则此行列式为 0.

性质 4　行列式中如果有两行(或两列)元素成比例，则此行列式等于 0.

性质 5　行列式可以按行(或列)拆开.

性质 6　把行列式的某一行(或列)的各元素乘以同一个数后加到另一行(或列)对应元素上去，行列式的值不变.

4. 行列式的计算

行列式的计算主要采取以下两种基本方法：

(1) 利用行列式的性质，把原行列式化为容易求值的行列式，常用的方法是把原行列式化为上三角(或下三角)行列式再求值.

(2) 把原行列式按选定的某一行或某一列展开. 把行列式的阶数降低，再求出它的值. 通常是利用上述性质 6 在某一行或某一列中产生很多个 0，再按包含 0 最多的行或列展开.

二、矩阵的概念及其运算

1. 矩阵的概念

由 $m\times n$ 个数 $a_{ij}(i=1,2,\cdots,m;j=1,2,\cdots,n)$ 排成 m 行 n 列的矩形数表，称为 $m\times n$ 矩阵，记作

$$\boldsymbol{A}=\begin{bmatrix} a_{11} & a_{12} & \cdots & a_{1n} \\ a_{21} & a_{22} & \cdots & a_{2n} \\ \vdots & \vdots & & \vdots \\ a_{m1} & a_{m2} & \cdots & a_{mn} \end{bmatrix},$$

也记作 $\boldsymbol{A}_{m\times n}$ 或 $\boldsymbol{A}=[a_{ij}]_{m\times n}$.

2. 矩阵的运算

矩阵的加法，给定 $\boldsymbol{A}$、$\boldsymbol{B}$ 是两个同型矩阵，即都为 $m\times n$ 矩阵，$\boldsymbol{A}=[a_{ij}]_{m\times n}$，$\boldsymbol{B}=[b_{ij}]_{m\times n}$. 则 $\boldsymbol{A}\pm\boldsymbol{B}=[a_{ij}\pm b_{ij}]_{m\times n}$，对应位置元素相加减.

数乘矩阵，若 $\boldsymbol{A}=[a_{ij}]_{m\times n}$ 是 $m\times n$ 矩阵，k 是任意数，则 $k\boldsymbol{A}=[ka_{ij}]_{m\times n}$，即用数乘以矩阵的每一个元素. 定义负矩阵为 $-\boldsymbol{A}=[-a_{ij}]_{m\times n}$.

矩阵的乘法，给定一个 $\boldsymbol{A}$ 为 $m\times n$ 矩阵和一个 $\boldsymbol{B}$ 为 $n\times l$ 矩阵，则 $\boldsymbol{AB}=[c_{ij}]$ 是一个 $m\times l$ 矩阵，其中

$$c_{ij}=a_{i1}b_{1j}+a_{i2}b_{2j}+\cdots+a_{in}b_{nj}=\sum_{k=1}^{n}a_{ik}b_{kj}\quad(i=1,2,\cdots,m;j=1,2,\cdots,l).$$

3. 矩阵的初等行变换

对矩阵的行施行以下三种变换，称为矩阵的初等行变换：

(1) 互换矩阵两行的位置；

(2) 用不等于 0 的数 k 乘矩阵某一行的所有元；

(3) 把矩阵某一行所有元的 k 倍加到另一行的对应元上.

4. 阶梯形矩阵

满足下列两个条件的矩阵称为阶梯形矩阵：

(1) 首非 0 元(即非 0 行的第一个不为 0 的元)的列标随着行标的递增而严格增大；

(2) 矩阵的 0 行位于矩阵的最下方(或无 0 行).

5. 矩阵的秩

将任意矩阵 $\boldsymbol{A}$ 化为阶梯矩阵，阶梯矩阵中非 0 行的行数，称为矩阵 $\boldsymbol{A}$ 的秩，记作 $R(\boldsymbol{A})$.

6. 逆矩阵

设 $\boldsymbol{A}$ 是一个 n 阶方阵，若存在一个 n 阶方阵 $\boldsymbol{B}$，使得 $\boldsymbol{AB}=\boldsymbol{BA}=\boldsymbol{E}$，则称 $\boldsymbol{A}$ 为可逆矩阵，且称 $\boldsymbol{B}$ 为 $\boldsymbol{A}$ 的逆矩阵，记作 $\boldsymbol{B}=\boldsymbol{A}^{-1}$.

逆矩阵的求法：

(1) 公式法：$\boldsymbol{A}^{-1}=\dfrac{1}{|\boldsymbol{A}|}\boldsymbol{A}^*$，其中 $\boldsymbol{A}^*$ 为伴随矩阵.

(2) 初等行变换法：$[\boldsymbol{A}\vdots\boldsymbol{E}]$ 作一系列初等行变换，使它变为 $[\boldsymbol{E}\vdots\boldsymbol{B}]$，则 $\boldsymbol{B}=\boldsymbol{A}^{-1}$.

三、线性方程组

线性方程组的解的结构以及求解的方法有三种：克莱姆法则；逆矩阵法；初等行变换法.

用初等行变换法求线性方程组一般解的步骤为：

(1) 对增广矩阵 $\overline{\boldsymbol{A}}$ 施行初等行变换，把 $\overline{\boldsymbol{A}}$ 化为阶梯形矩阵，进而化成行简化阶梯形矩阵；

(2) 以行简化阶梯形矩阵为系数矩阵写出对应的同解方程组；

(3) 选取自由未知量；

(4) 将所有的主未知量用自由未知量表示，从而求出一般解.

复习题 5

一、选择题

1. 若 $D=\begin{vmatrix} a_{11} & a_{12} & a_{13} \\ a_{21} & a_{22} & a_{23} \\ a_{31} & a_{32} & a_{33} \end{vmatrix}=1$，则 $D_1=\begin{vmatrix} a_{11} & 2a_{12} & 3a_{13} \\ a_{21} & 2a_{22} & 3a_{23} \\ a_{31} & 2a_{32} & 3a_{33} \end{vmatrix}=(\quad)$.

A. 2　　B. 3　　C. 5　　D. 6

2. 设 a,b 为实数，若 $\begin{vmatrix} a & b & 0 \\ -b & a & 0 \\ -1 & 0 & -1 \end{vmatrix}=0$，则(　　).

A. $a=0,b=-1$　　B. $a=0,b=0$

C. $a=1,b=0$　　D. $a=1,b=-1$

3. 若 $\boldsymbol{A}$ 为三阶矩阵，则 $|3\boldsymbol{A}|=(\quad)$.

A. $3|\boldsymbol{A}|$　　B. $3^2|\boldsymbol{A}|$　　C. $3^3|\boldsymbol{A}|$　　D. $|\boldsymbol{A}|$

4. 设 $\boldsymbol{A},\overline{\boldsymbol{A}}$ 分别是非齐次线性方程组 $\boldsymbol{AX}=\boldsymbol{B}$ 的系数矩阵和增广矩阵，则秩$(\boldsymbol{A})$=秩$(\overline{\boldsymbol{A}})$是 $\boldsymbol{AX}=\boldsymbol{B}$ 有唯一解的(　　).

A. 必要条件　　B. 充分条件

C. 充要条件　　D. 既不充分也不必要

5. 若有矩阵 $\boldsymbol{A}_{3\times 2},\boldsymbol{B}_{2\times 3},\boldsymbol{C}_{3\times 3}$，下列可运算的式子为(　　).

A. $\boldsymbol{AC}$　　B. $\boldsymbol{ABC}$　　C. $\boldsymbol{CB}$　　D. $\boldsymbol{AB}-\boldsymbol{AC}$

6. 若 $\boldsymbol{A},\boldsymbol{B},\boldsymbol{C}$ 都是 n 阶方阵，且 $\boldsymbol{ABC}=\boldsymbol{E}$，那么(　　).

A. $\boldsymbol{ACB}=\boldsymbol{E}$　　B. $\boldsymbol{BCA}=\boldsymbol{E}$　　C. $\boldsymbol{BAC}=\boldsymbol{E}$　　D. $\boldsymbol{CBA}=\boldsymbol{E}$

二、填空题

1. 已知行列式 $\begin{vmatrix} 1 & a & y & 0 \\ 0 & 3 & 2 & -1 \\ b & 0 & 1 & 0 \\ x & 3 & 0 & 0 \end{vmatrix}$ 中 a,b 的代数余子式分别为 3,9，则 $x+y=$________.

2. 若行列式 $\begin{vmatrix} 1 & 2 & 5 \\ 1 & 3 & -2 \\ 2 & 5 & a \end{vmatrix}=0$，则 $a=$________.

3. 设 $\boldsymbol{A}$ 是 3 阶方阵，$|\boldsymbol{A}|=3$，则 $|\boldsymbol{AA}^{\mathrm{T}}|=$________.

4. 设 $\boldsymbol{A}=\begin{bmatrix} 1 & 2 \\ -1 & x+y \end{bmatrix}$，$\boldsymbol{B}=\begin{bmatrix} 1 & 2 \\ x-y & 3 \end{bmatrix}$，且 $\boldsymbol{A}=\boldsymbol{B}$，则 x,y 分别是________.

5. $\begin{bmatrix} 2 & 1 \\ -1 & 3 \end{bmatrix}^4=$________.

6. 如果非齐次线性方程组 $\boldsymbol{AX}=\boldsymbol{B}$ 无解，则当 $R(\boldsymbol{A})=r$ 时，必有 $R(\overline{\boldsymbol{A}})=$________.

三、解答题

1. 计算下列行列式.

(1) $\begin{vmatrix} 2 & 3 & -4 & 7 \\ 1 & 2 & -3 & 4 \\ -1 & -2 & 5 & 8 \\ 1 & 3 & -5 & 10 \end{vmatrix}$；　　(2) $\begin{vmatrix} a & 1 & 1 & 1 \\ 1 & a & 1 & 1 \\ 1 & 1 & a & 1 \\ 1 & 1 & 1 & a \end{vmatrix}$.

2. 判断下列矩阵是否可逆，若可逆，求其逆矩阵.

(1) $\begin{bmatrix} 1 & 2 & 1 \\ 1 & 0 & 2 \\ -1 & 3 & 0 \end{bmatrix}$；　　(2) $\begin{bmatrix} 1 & 1 & 1 & 1 \\ 1 & -1 & 1 & -1 \\ 1 & 1 & -1 & -1 \\ 1 & -1 & -1 & 1 \end{bmatrix}$.

3. 已知 $\boldsymbol{A}=\begin{bmatrix} 1 & 1 & -1 \\ 2 & 1 & 0 \\ 1 & -1 & 1 \end{bmatrix}$，矩阵 $\boldsymbol{X}$ 满足关系式 $\boldsymbol{X}+\boldsymbol{A}=\boldsymbol{AX}$，求矩阵 $\boldsymbol{X}$.

4. 求下列矩阵的秩.

(1) $\begin{bmatrix} 1 & 1 \\ 2 & 2 \end{bmatrix}$；　　(2) $\begin{bmatrix} 1 & 2 & 4 & 1 \\ 2 & 4 & 8 & 2 \\ 3 & 6 & 0 & 2 \end{bmatrix}$.

5. 解下列线性方程组.

(1) $\begin{cases} x_1+x_2+2x_3-x_4=0, \\ 3x_1-x_2+6x_3-3x_4=0, \\ 5x_1+x_2+10x_3-5x_4=0; \end{cases}$　　(2) $\begin{cases} x_1-2x_2+x_3+3x_4=5, \\ 2x_1+x_2-x_3+x_4=2, \\ 3x_1+4x_2-3x_3-x_4=-1, \\ x_1+3x_2-2x_4=-1. \end{cases}$

6. λ 取何值时，线性方程组 $\begin{cases} \lambda x_1+x_2+x_3=1, \\ x_1+\lambda x_2+x_3=1, \\ x_1+x_2+\lambda x_3=1 \end{cases}$，(1) 有唯一解？(2) 无解？(3) 有无穷多解？并在有无穷多解时，写出解的一般式.

数学家小传 5

高　斯

高斯(Gauss)是德国数学家、物理学家、天文学家. 1777 年 4 月 30 日生于布伦瑞克；1855 年 2 月 23 日卒于哥廷根.

高斯的祖父是农民，父亲是园丁兼泥瓦匠. 高斯幼年就显露出数学方面的非凡才华：他 10 岁时，发现了 1+2+3+4+…+97+98+99+100 的一个巧妙的求和方法；11 岁时，发现了二

项式定理. 高斯的才华受到了布伦瑞克公爵卡尔·威廉(Karl Wilhelm)的赏识,亲自承担起对他的培养教育,先把他送到布伦瑞克的卡罗林学院学习(1792～1795),嗣后又推荐他去哥廷根大学深造(1795～1798).

高斯在卡罗林学院认真研读了牛顿、欧拉、拉格朗日的著作. 在这时期他发现了素数定理(但未能给出证明);发现了数据拟合中最为有用的最小二乘法;提出了概率论中的正态分布公式并用高斯曲线形象地予以说明. 进入哥廷根大学第二年,他证明了正十七边形能用尺规作图,这是自欧几里得以来二千年悬而未决的问题,这一成功促使他毅然决定献身数学. 高斯 22 岁获黑尔姆斯泰特大学博士学位,30 岁被聘为哥廷根大学数学和天文学教授,并担任该校天文台的台长.

高斯的博士论文可以说是数学史上的一座里程碑. 他在这篇文章中第一次严格地证明了"每一个实系数或复系数的任意多项式方程存在实根或复根",即所谓代数基本定理,从而开创了"存在性"证明的新时代.

高斯在数学世界"处处留芳":他对数论、复变函数、椭圆函数、超几何级数、统计数学等各个领域都有卓越的贡献. 他是第一个成功地运用复数和复平面几何的数学家;他的《算术探究》一书奠定了近代数论的基础;他的《一般曲面论》是近代微分几何的开端;他是第一个领悟到存在非欧几何的数学家;他是现代数学分析学的一位大师,1812 年发表的论文《无穷极数的一般研究》引入了高斯级数的概念,对级数的收敛性做了第一次系统的研究,从而开创了关于级数收敛性研究的新时代,这项工作开辟了通往 19 世纪中叶分析学的严密化道路. 在《高等数学》及《工程数学》中以他的姓名命名约有:高斯公式、高斯积分、高斯曲率、高斯分布、高斯方程、高斯曲线、高斯平面、高斯记号等等. 拉普拉斯认为:"高斯是世界上最伟大的数学家."

在天文学方面,他研究了月球的运转规律,创立了一种可以计算星球椭圆轨道的方法,能准确地预测出行星在运行中所处的位置,他利用自己创造的最小二乘法算出了谷神星的轨道和发现了智神星的位置,阐述了星球的摄动理论和处理摄动的方法,这种方法导致海王星的发现. 他的《天体运动理论》是一本不朽的经典名著.

在物理学方面,他发明了"日光反射器",与韦伯一道建立了电磁学中的高斯单位制,最早设计与制造了电磁电报机,发表了《地磁概论》,给出了世界第一张地球磁场图,定出了磁南极和磁北极的位置.

高斯对天文学和物理学的研究,开辟了数学与天文学、物理学相结合的光辉时代. 高斯认为:数学,要学有灵感,必须接触现实世界. 他有一句名言:"数学是科学的皇后,数论是数学的皇后,它常常屈尊去为天文学和其他自然科学效劳,但在所有的关系中,它都堪称第一."

高斯厚积薄发、治学严谨,一生发表了 150 多篇论文,但仍有大量发现没有公之于世. 为了使自己的论著无懈可击,他的著作写得简单扼要、严密,不讲来龙去脉,有些语句几经琢磨提炼,以致简练得使人读了十分费解,他论著中所深藏不露的内容几乎比他所表现的明确结论还要多得多. 阿贝尔对此曾说:"他像只狐狸,用尾巴抹平了自己在沙地上走过的脚印."对于这些批评,高斯回答说:"凡有自尊心的建筑师,在瑰丽的大厦建成之后,决不会把脚手架留在那里."不过他的著作过于精练、难于阅读也妨碍了他的思想更广泛的传播. 由于高斯过于谨慎,怕引起"庸人的叫喊",长期不敢将自己关于非欧几何的观点公之于世. 另外他在对待波尔约的非欧几何和阿贝尔的椭圆函数所采取的冷漠态度，也是数学史上遗憾的事件.

高斯一生勤奋，很少外游，以巨大的精力从事数学及其应用方面的研究. 他精通多种文学和语言，拥有六千多卷各种文字(包括希腊、拉丁、英、法、俄、丹、德)的藏书. 他在从事数学或科学工作之余，还广泛阅读当代欧洲文学和古代文学作品. 他对世界政治很关心，每天最少花一小时在博物馆看各种报纸. 对学习外语也很有兴趣，62 岁时，他在没有任何人帮助的情况下自学俄文，两年之后便能顺利地阅读俄文版的散文诗歌及小说.

高斯是近代数学的伟大奠基者之一，他在历史上的影响之大可以和阿基米德、牛顿、欧拉并列. 高斯被誉为“能从九霄云外的高度按某种观点掌握星空和深奥数学的天才”. 在慕尼黑博物馆的高斯的画像下有这样一首诗：

“他的思想深入数学、空间、大自然的奥秘. 他测量了星星的路径、地球的形状和自然力. 他推动了数学的进展直到下个世纪.”

高斯一生勤于思考，重视“一题多解”：他对代数基本定理先后给出了 4 种不同的证明；对数论中的二次互反定律先后给出了 8 种不同的证明. 他说：“绝对不能以为获得一个证明以后，研究便告结束，或把另外的证明当作多余的奢侈品.”“有时候一开始你没有得到最简单和最美妙的证明，但恰恰在寻求这样的证明中才能深入真理的奇妙联想中去，这正是吸引我去继续研究的主动力，并且最能使我有所发现.”他还说：“一个人在无结果地深思一个真理后能够用迂回的方法证明它，并且最后找到了它的最简明而又最自然的证法，那是极其令人高兴的.”“假如别人和我一样深刻和持续地思考数学真理，他会作出同样的发现.”

高斯在他一生中，只对一种人感到反感和蔑视：这就是明知自己错了又不承认错误的、佯装有学问的人.

第 6 章　概率与数理统计

【知识目标】

- 了解随机现象的统计规律性及古典概率的定义.
- 了解随机变量的概念;了解分布函数的概念及其性质;了解两点分布、二项分布、泊松分布、均匀分布.
- 理解总体、个体、样本、统计量、点估计、区间估计的概念.
- 会计算样本均值、样本方差,会查 χ^2 分布、t—分布、F—分布表,会求正态总体的均值与方差的置信区间.

【能力目标】

- 能计算随机事件的概率(特别是加法公式);会应用乘法公式、条件概率、全概率公式进行概率计算;会利用事件的独立性计算概率.
- 掌握数学期望、方差的性质与计算,掌握二项分布、泊松分布、均匀分布和正态分布的数学期望与方差.
- 掌握点估计和区间估计在经济管理中的应用,掌握假设检验的基本步骤,掌握单个正态总体的均值与方差的假设检验,掌握假设检验方法在经济管理中的应用.

【内容导航】

概率论与数理统计是研究随机现象统计规律的数学分支. 其中,概率论从数量上研究随机现象的统计规律性,而数理统计则从应用角度研究处理随机性数据,通过有效的统计方法进行统计推断. 数理统计在许多领域,尤其是经济管理领域中得到了广泛的应用.

6.1　随机事件与概率

【引例】 甲、乙、丙三门高射炮同时演习打飞机,它们各自的命中率分别为 0.4,0.5 和 0.7,又已知飞机中一炮、两炮、三炮而被击落的概率分别为 0.2,0.6 和 1,求三门炮同时发射一炮飞机被击落的概率.

这个问题的解决涉及概率的加法公式、乘法公式及条件概率等多方面的知识,下面我们一一介绍.

6.1.1　随机试验与随机事件

我们知道,在自然界和人类社会中存在许多随机现象,它们的特点是结果事前不可预知. 例如,掷一枚均匀的骰子,朝上一面的点数可能是 1,2,3,4,5,6 中的任一个数;又比如股票某一天的收盘价，与前一天相比，既可能是上涨，也可能是下跌，还可能是持平的.

我们把为研究随机现象而进行的观测、调查或试验，统称为随机试验. 它一般应满足以下三个条件：

(1) 试验可以在相同的条件下进行；

(2) 试验的所有可能的结果预先是可知的；

(3) 每次试验后只出现所有可能结果中的某一个，但是试验之前不能确定哪一个结果会出现.

随机试验中发生的最简单而不能再分解的结果称为基本事件或样本点，一般用 ω 表示. 所有基本事件组成的集合称为样本空间，用 Ω 表示. 例如，上述所讲掷一枚均匀的骰子就是一个随机试验，朝上一面的点数是 1 是一个基本事件，该随机试验的样本空间可简单表示为 $\Omega=\{1,2,3,4,5,6\}$.

另外如"掷出点数不超过 3"也是此试验的可能结果，显然它与样本空间中的三个基本事件有关. 这种由两个或两个以上的基本事件组合而成的结果称为复合事件. 随机试验的各种可能结果，即基本事件与复合事件，称为随机事件，一般用大写英文字母表示，如 A、B、C 等. 随机事件是样本空间的子集.

在每次试验中，一定发生的事件称为必然事件. 显然它是全部基本事件的集合，用 Ω 表示. "掷出的点数小于 7"是必然事件.

在每次试验中，一定不发生的事件称为不可能事件，用 $\varnothing$ 表示. 如在掷骰子这样的随机试验中，"掷出的点数为 7"是不可能事件.

随机事件之间有包含、相等、互斥及独立等关系，也可进行运算. 由于采用集合的表示方法，因而随机事件的关系及运算也使用集合运算的符号，如表 6.1.1 所示.

表 6.1.1　随机事件的关系及运算

关系或运算	符　号	含　义
包　含	$A\subset B$	事件 A 发生导致事件 B 一定发生
相　等	$A=B$	$A\subset B$ 且 $B\subset A$
事件的和或并	$A+B$	事件 A 与 B 中至少一个发生
事件的积或交	AB	事件 A 与 B 同时发生
互不相容事件	$AB=\varnothing$	事件 A 与 B 不能同时发生
差	$A-B$	事件 A 发生而事件 B 不发生
对立事件	$\overline{A}$	事件 A 不发生

表 6.1.1 中的互不相容事件也称为互斥事件，它与对立事件有这样的关系：若两个事件对立，则它们一定互斥；但反过来，两个互斥事件不一定是对立关系. 这是因为两个对立事件 A 与 B 之间还必须满足 $A+B=\Omega$ 的条件.

【例 1】 某人对一目标连续射击三次，设 A_i 表示第 i 次击中目标，$i=1,2,3$. 试用已知事件的运算表示下列事件.

(1) 至少一次击中目标；(2) 只有一次击中目标；(3) 一次都没有击中目标；(4) 至多一次击中目标.

解 (1) $A_1+A_2+A_3$;

(2) $\overline{A_2}A_1\overline{A_3}+\overline{A_1}A_2\overline{A_3}+\overline{A_1}A_3\overline{A_2}$;

(3) $\overline{A_1}\,\overline{A_2}\,\overline{A_3}$;

(4) $\overline{A_2}A_1\overline{A_3}+\overline{A_1}A_2\overline{A_3}+\overline{A_1}A_3\overline{A_2}+\overline{A_1}\,\overline{A_2}\,\overline{A_3}$.

6.1.2 概率及其计算

一、古典概型

所谓古典概型是指具有以下两个特征的随机试验:

(1) 有限性:随机试验的基本事件总数是有限的;

(2) 等可能性:各基本事件出现的可能性相等.

设随机试验的样本空间中所含样本点总数为 n 个,而随机事件 A 含其中 m 个样本点,则随机事件 A 发生的概率为

$$P(A)=\frac{m}{n}.$$

【例 2】 从 0,1,2,3,4 五个数字中,任取三个排成一个三位数.求:(1) 所得三位数为偶数的概率;(2) 所得三位数大于 300 的概率.

解 从 0,1,2,3,4 五个数字中任取三个,排成的三位数总数为 $n=\mathrm{A}_4^1\mathrm{A}_4^2=48$ 个,设 A 表示事件"所得三位数为偶数",B 表示事件"所得三位数大于 300",则 A 中所含偶数个数为 $m=\mathrm{A}_2^1\mathrm{A}_3^1\mathrm{A}_3^1+\mathrm{A}_4^2=30$ 个,B 中包含的三位整数个数为 $k=2\mathrm{A}_4^2=24$ 个,所以有

(1) $P(A)=\frac{m}{n}=\frac{30}{48}=\frac{5}{8}$;(2) $P(B)=\frac{k}{n}=\frac{24}{48}=\frac{1}{2}$.

二、加法公式

对任意两个事件 A,B,有

$$P(A+B)=P(A)+P(B)-P(AB).$$

若事件 A 与 B 互不相容,则

$$P(A+B)=P(A)+P(B).$$

特别地,

$$P(\overline{A})=1-P(A).$$

【例 3】 设口袋中共有 10 只球,其中 4 只黄球和 6 只红球.从中任取 3 只球,求至少取出 1 只黄球的概率.

解 设事件 A 表示"至少取出 1 只黄球",则 A 中包含三个互不相容的事件:"恰好取出 1 只黄球","恰好取出 2 只黄球"以及"取出 3 只均为黄球",而 $\overline{A}$表示"没有取出黄球",通过 $\overline{A}$间接计算 A 的概率比较方便.于是有

$$P(A)=1-P(\overline{A})=1-\frac{\mathrm{C}_6^3}{\mathrm{C}_{10}^3}=\frac{5}{6}.$$

三、事件的独立性、条件概率以及乘法公式

1. 事件的独立性

定义(事件的独立性) 如果事件 A 与 B 的发生互不影响,则称这两个事件互相独立.

必然事件 Ω 及不可能事件$\varnothing$与任意随机事件互相独立.在实际应用中,一般不是根据定

义，而是凭借经验或试验结果来判定事件之间的独立性．如连续射击中的各次射击结果之间互相独立，产品生产中的各道工序之间互相独立，有放回取样中的各次取样结果之间互相独立等．

定理（独立的充要条件）　事件 A 与 B 互相独立的充要条件是

$$P(AB)=P(A)P(B).$$

2. 条件概率及乘法公式

定义（条件概率）　设 $P(B)>0$，则在事件 B 发生的前提下，事件 A 发生的概率称为条件概率，记作 $P(A|B)$．

容易得出，条件概率的计算公式为

$$P(A|B)=\frac{P(AB)}{P(B)},P(B|A)=\frac{P(AB)}{P(A)}.$$

于是得到概率计算中的乘法公式

$$P(AB)=P(A)P(B|A)=P(B)P(A|B).$$

【例4】　设甲、乙两家工厂生产的同种产品若干件中，甲厂产品占40%，而甲厂产品的合格率为95%，乙厂产品的合格率为90%．现从这批产品中任取一件，求此产品是甲厂合格品的概率．

解　设 A 表示"任取一件产品来自甲厂"，B 表示"任取一件产品是合格品"．根据题设有

$$P(A)=0.4,P(B|A)=0.95,$$

于是所求概率为

$$P(AB)=P(A)P(B|A)=0.4\times0.95=0.38.$$

【例5】　发报台分别以概率0.6与0.4发出信号"＋"及"－"．由于干扰原因，发出"＋"时，收报台分别以概率0.9与0.1收到"＋"及"－"；而发出"－"时，分别以概率0.8与0.2收到"－"及"＋"．求收报台受到"＋"的概率．

解　设 A 表示"收报台收到＋"，B 表示"发报台发出＋"，则 $\overline{B}$ 表示"发报台发出－"．显然 A 的发生与 B 及 $\overline{B}$ 的发生有关，且只与它们有关．因而，可借助于 B 及 $\overline{B}$ 将 A 拆分为不相容的两部分之和 $A=AB+A\overline{B}$．根据题设有

$$P(B)=0.6,P(\overline{B})=0.4,P(A|B)=0.9,P(A|\overline{B})=0.2.$$

所以

$$\begin{aligned}P(A)&=P(AB+A\overline{B})=P(AB)+P(A\overline{B})=P(B)P(A|B)+P(\overline{B})P(A|\overline{B})\\&=0.6\times0.9+0.4\times0.2=0.62.\end{aligned}$$

本例题的计算过程中，既用到加法公式，又用到乘法公式．一般地，若

$$P(A_k)>0(k=1,2,\cdots,n),A_1+A_2+\cdots+A_n=\Omega,$$

$$A_iA_j=\varnothing(i\neq j,i,j=1,2,\cdots,n),B\subset\Omega,$$

则

$$\begin{aligned}P(B)&=P(A_1B+A_2B+\cdots+A_nB)\\&=P(A_1)P(B|A_1)+P(A_2)P(B|A_2)+\cdots+P(A_n)P(B|A_n).\end{aligned}$$

该公式称为全概率公式，其中的事件组 $A_1,A_2,\cdots,A_n$ 称为 Ω 的一个完备事件组．

下面我们简单说说本节开始的引例的解法：

设 B：飞机被击落，A_k：飞机中 k 炮，$k=1,2,3$，先计算 A_k 的概率：

$P(A_1)=0.4\times0.5\times0.3+0.6\times0.5\times0.3+0.6\times0.5\times0.7=0.36,$

$P(A_2)=0.4\times0.5\times0.3+0.7\times0.5\times0.4+0.6\times0.5\times0.7=0.41$,

$P(A_3)=0.4\times0.5\times0.7=0.14$,

而 $B=A_1B+A_2B+A_3B$.

所以
$$\begin{aligned}P(B)&=P(A_1B+A_2B+A_3B)\\&=P(A_1B)+P(A_2B)+P(A_3B)\\&=P(A_1)\times P(B|A_1)+P(A_2)\times P(B|A_2)+P(A_3)\times P(B|A_3)\end{aligned}$$

将有关数值代入上式计算即可.

习题 6.1

第6章参考答案

1. 下列事件哪些是必然事件？哪些是不可能事件？哪些是随机事件？

(1) 没有水分，但种子仍发芽；

(2) 电话交换台下午 1～2 点接受至少 20 次呼唤；

(3) 上抛一物体，经过一段时间，该物体落在地面上；

(4) 从一副扑克牌中任取一张得"A"；

(5) 股市明天会涨.

2. 设 A、B、C 表示三个事件，试用事件 A、B、C 的运算表示下列事件：

(1) A 发生，B、C 不发生；

(2) A、B 都发生，而 C 不发生；

(3) 三个事件都发生；

(4) 三个事件中至少有一个发生；

(5) 三个事件都不发生；

(6) 三个事件中至少有两个发生.

3. 从一副扑克牌(52 张)中任取 2 张，求都是红桃的概率.

4. 在 20 件产品中有 18 件合格品和 2 件次品，从中任取 3 件，求下列事件的概率.

(1) 恰有 1 件次品；(2) 至少有一件次品.

5. 口袋中有 18 个白球和 2 个红球，从中随机地连续取 3 个球，取后不放回，求第三个是红球的概率.

6. 甲、乙两人进行射击，甲击中目标的概率为 0.8，乙击中目标的概率为 0.85，两人同时击中目标的概率为 0.68，求至少一人击中目标的概率以及两人都没有击中目标的概率.

7. 将由 3 件合格品与 6 件次品组成的一批产品随机分成三组，每组各 3 件，求每组恰好有一件合格品的概率.

8. 某产品可能有两种缺陷 A 和 B 中的一种或两种. 这两种缺陷的发生是独立的，又 $P(A)=0.05$，$P(B)=0.03$. 求产品有下列各种情况的概率：(1) 两种缺陷都有；(2) 有 A 没有 B；(3) 两种缺陷中至少有一种.

9. 两台车床加工同样的零件，第一台加工零件的废品率为 0.03，第二台加工零件的废品率为 0.02. 现把两台车床加工出来的零件放在一起，并且已知第一台车床加工的零件数是第二台的 2 倍. 求从全部零件中任取 1 件是合格品的概率.

10. 成年人中吸烟的人占 25%，吸烟的人得肺癌的概率为 0.18，而不吸烟的人得肺癌的概率为 0.01，求成年人得肺癌的概率.

6.2　随机变量及其分布

【引例】　现有 1 万人参加某保险公司的人寿保险，每人每年缴纳 12 元保险费. 假设一年内一个人死亡的概率为千分之六，死亡后，保险公司须赔偿一千元，则保险公司年利润不少于 6 万元的概率有多大？

这个问题就是要计算一万人中在一年内意外死亡的人数不能超过 60 人的概率，涉及离散型随机变量中的二项分布问题.

6.2.1　随机变量

一、随机变量的概念

从前面知识的学习中我们发现，随机试验的结果许多是数量化的. 例如，从一批产品中抽取若干件，所抽出的产品中含有的合格品的数量；再比如，掷骰子的试验中，朝上一面的点数等等.

但也有少数的随机试验，其结果与数量无关. 例如，抛硬币的试验中，观察朝上的一面；再比如，观察第二天某股票的收盘情况，结果可能是涨、跌或平等等. 此时我们也可以人为地将随机试验的结果数量化. 例如，我们用大写字母 X 表示股票的收盘情况，约定：

若股票的收盘情况是上涨，则令 $X=1$；

若股票的收盘情况是下跌，则令 $X=2$；

若股票的收盘情况是持平，则令 $X=3$.

由此可见，我们总能在随机试验的结果与实数之间建立一定的对应关系，这与函数概念大同小异. 于是我们得到随机变量的概念：

定义（随机变量）　在随机试验中，若变量 X 的取值都与随机试验的结果相对应，从而 X 的取值具有一定的概率，则称这样的变量为随机变量.

引入随机变量之后，随机试验中的各种结果，也就是各种随机事件均可以通过随机变量的取值表示出来. 例如，在掷骰子的试验中，设 X 表示朝上一面的点数，则事件{出现的点数为 3}可用$\{X=3\}$表示，事件{出现点数是 1、2 或 3}可用$\{X<4\}$表示.

本节主要介绍离散型随机变量和连续型随机变量两个基本类型.

二、离散型随机变量

定义（离散型随机变量）　若随机变量 X 只能取有限个或无穷可列多个数值，即随机变量的取值可以一一列举出来，则称 X 为离散型随机变量.

离散型随机变量 X 的所有取值及其对应的概率之间的关系，称为离散型随机变量的概率分布或分布律. 设 $x_k(k=1,2,\cdots)$为 X 的所有可能的取值，而 $p_k(k=1,2,\cdots)$为 X 取值为 x_k 时相应的概率，则

$$P(X=x_k)=p_k,k=1,2,\cdots$$

或

X	x_1	x_2	…	x_k	…
P	p_1	p_2	…	p_k	…

即离散型随机变量 X 的分布律.

由概率的性质可知,离散型随机变量 X 的分布具有下面的基本性质:

(1) $p_k \geqslant 0 (k=1,2,\cdots)$;

(2) $\sum\limits_{k} p_k = 1$.

【例 1】 某人对某一目标连续射击,直到命中目标为止.若其每次命中目标的概率均为 p.设 X 为他所需的射击次数,求 X 的分布律.

解 首先,X 的所有可能的取值为一切正整数 $1,2,3,\cdots$;其次,他的各次射击之间互相独立,因此容易计算 X 的分布律为

$$P(X=k)=(1-p)^{k-1}p, k=1,2,3,\cdots.$$

三、连续型随机变量

上述所研究的离散型随机变量,它们的取值要么是有限个,要么是无穷可列个.而有相当多的随机变量,它们的取值并非如此,而是一切实数,或者是实数的某些子区间.连续型随机变量就是这样的一个类型.

定义(连续型随机变量) 若随机变量 X 的所有可能取值为某一区间,则称 X 为连续型随机变量.

对于连续型随机变量 X,若存在非负可积函数 $f(x)$,使得对任意的实数 a 与 $b(a\leqslant b)$ 都有

$$P(a < X \leqslant b) = \int_a^b f(x)\mathrm{d}x,$$

则称 $f(x)$ 为 X 的概率密度函数,简称为密度函数.

概率密度 $f(x)$ 具有下面的性质:

(1) 非负性,即 $f(x)\geqslant 0$;

(2) 完备性,即 $\int_{-\infty}^{+\infty} f(x)\mathrm{d}x = 1$.

另外由定义可知,连续型随机变量取个别值时的概率为零,即对任意实数 a,$P(X=a)=0$.因此,$P(a<X\leqslant b)=P(a\leqslant X\leqslant b)=P(a\leqslant X<b)=P(a<X<b)$.

【例 2】 设随机变量 X 的密度函数为

$$f(x)=\begin{cases} Ax^2, 0<x<1, \\ 0, \quad x\leqslant 0 \text{ 或 } x\geqslant 1. \end{cases}$$

(1) 试确定系数 A;(2) 求 $P\{-1<X<0.5\}$.

解 (1) 由密度函数的性质,得

$$\int_{-\infty}^{+\infty} f(x)\mathrm{d}x = \int_0^1 Ax^2\mathrm{d}x = 1.$$

解得 $A=3$.

(2) $P(-1 < X < 0.5) = \int_{-1}^{0.5} f(x)\mathrm{d}x = \int_{-1}^{0} 0\mathrm{d}x + \int_0^{0.5} 3x^2\mathrm{d}x = 0.125.$

6.2.2　分布函数

一、分布函数

分布函数是从另外一个角度刻画随机变量的概率分布.

定义(分布函数)　设 X 为随机变量,x 为任意实数,函数

$$F(x)=P(X\leqslant x)$$

称为随机变量 X 的分布函数.

由上述定义可以看出,X 是随机变量,但 $F(x)$ 是普通的变量,它的函数值就是概率值. 但它不是 X 取值为 x 时的概率值,而是 X 在整个区间 $(-\infty,x)$ 上取值时的"累积概率"的值.

分布函数有下列性质:

(1) $F(x)$ 的定义域为一切实数,值域为闭区间 $[0,1]$;

(2) $F(x)$ 为 x 的单调不减函数,即对任意 $x_1<x_2$,有 $F(x_1)\leqslant F(x_2)$;

(3) $\lim\limits_{x\to-\infty}F(x)=0$, $\lim\limits_{x\to+\infty}F(x)=1$;

(4) $P(a<X\leqslant b)=P(X\leqslant b)-P(X\leqslant a)=F(b)-F(a)$,

$P(X>a)=1-P(X\leqslant a)=1-F(a)$.

二、离散型随机变量的分布函数

设 X 为离散型随机变量,其概率分布为 $P(X=x_k)=p_k(k=1,2,\cdots)$,则 X 的分布函数为

$$F(x)=P(X\leqslant x)=\sum_{x_k\leqslant x}p_k.$$

【例 3】　已知离散型随机变量 X 的概率分布为

X	0	1	2
P	0.3	0.5	0.2

求 X 的分布函数 $F(x)$.

解　由分布函数的定义,当 $x<0$ 时,$F(x)=0$;当 $0\leqslant x<1$ 时,$F(x)=0.3$;当 $1\leqslant x<2$ 时,$F(x)=0.8$;当 $x\geqslant 2$ 时,$F(x)=1$. 所以,X 的分布函数为

$$F(x)=\begin{cases}0, & x<0,\\ 0.3, & 0\leqslant x<1,\\ 0.8, & 1\leqslant x<2,\\ 1, & x\geqslant 2.\end{cases}$$

可见,离散型随机变量的分布函数一定是分段函数. 必须注意的是,上述分段函数中的有限区间一定是左闭右开区间.

三、连续型随机变量的分布函数

设 X 为连续型随机变量,其概率密度函数为 $f(x)$,则 X 的分布函数为

$$F(x)=P(X\leqslant x)=\int_{-\infty}^{x}f(t)\mathrm{d}t.$$

【例 4】　设随机变量 X 的概率密度函数为

$$f(t)=\begin{cases}\mathrm{e}^{-t}, t\geqslant 0,\\ 0, \quad t<0.\end{cases}$$

求 X 的分布函数.

解 当 $x<0$ 时，$F(x)=P(X\leqslant x)=\int_{-\infty}^{x}f(t)\mathrm{d}t=\int_{-\infty}^{x}0\mathrm{d}t=0$；

当 $x\geqslant 0$ 时，$F(x)=P(X\leqslant x)=\int_{-\infty}^{x}f(t)\mathrm{d}t=\int_{0}^{x}\mathrm{e}^{-t}\mathrm{d}t=1-\mathrm{e}^{-x}$.

所以，X 的分布函数为

$$F(x)=\begin{cases}1-\mathrm{e}^{-x}, & x\geqslant 0,\\ 0, & x<0.\end{cases}$$

6.2.3 常见的随机变量分布

一、常见的离散型随机变量分布

常见的离散型随机变量有三种.

1. 两点分布

定义(两点分布) 若随机变量 X 只可能取 0 或 1 两个值，它的分布律为

$$P(X=1)=p, P(X=0)=1-p, 0<p<1,$$

则称 X 服从两点分布. 它适用于一次试验仅有两个结果的随机现象，如抛一枚均匀硬币的试验，只有输赢两种结果的比赛等.

2. 二项分布

定义(贝努里概型) 某一试验只有两种可能的结果 A 和 $\overline{A}$，将该试验在相同条件下重复进行 n 次，若每次试验的结果之间互相独立，每次试验中事件 A 的概率不变，则称这一系列试验为 n 重贝努里试验概型.

定义(二项分布) 在 n 重贝努里试验概型中，设 $P(A)=p(0<p<1)$，X 表示 n 次试验中事件 A 发生的次数，若 X 的分布律为

$$P(X=k)=\mathrm{C}_n^k p^k(1-p)^{n-k}(0\leqslant k\leqslant n),$$

则称 X 服从参数为 n,p 的二项分布，记作 $X\sim B(n,p)$.

【例 5】 商店收到了 1 000 瓶矿泉水，每个瓶子在运输过程中破碎的概率为 0.003. 求商店收到的 1 000 瓶矿泉水中：(1) 恰有两瓶破碎的概率；(2) 超过两瓶破碎的概率.

解 设 X 为 1 000 瓶矿泉水中破碎的数量，则 $X\sim B(1\,000, 0.003)$. 故

(1) $P(X=2)=\mathrm{C}_{1\,000}^2 0.003^2(1-0.003)^{998}\approx 0.224$.

(2) $P(X>2)=1-P(X=0)-P(X=1)-P(X=2)$

$=1-(1-0.003)^{1\,000}-\mathrm{C}_{1\,000}^1 0.003\times(1-0.003)^{999}-\mathrm{C}_{1\,000}^2 0.003^2\times(1-0.003)^{998}$

≈ 0.577.

下面我们来解决本节开始的引例：

设参加保险的一万人中死亡的人数为 X，则 $X\sim B(10^4, 0.006)$，则所求概率为

$$\begin{aligned}P&=P(12\times 10^4-1\,000X\geqslant 6\times 10^4)\\&=P(X\leqslant 60)\\&=\sum_{k=1}^{60}\mathrm{C}_n^k p^k(1-p)^{n-k}.\end{aligned}$$

将 $n=10\,000$，$p=0.006$ 代入上式计算即可.

3. 泊松分布

定义(泊松分布)　若随机变量 X 的分布律为

$$P(X=k)=\frac{\lambda^k e^{-\lambda}}{k!}(k=0,1,2,\cdots),$$

其中 $\lambda>0$,则称 X 服从参数为 λ 的泊松分布,记作 $X\sim P(\lambda)$.

泊松分布是一种应用比较广泛的数学模型,许多随机现象中的随机变量都服从该分布.例如,一段时间内电话交换台收到的呼叫次数;书的某页上印刷错误的个数;某段时间内放射性物质放射出的粒子数等等.泊松分布的概率函数值可在附表中查到.

【例 6】　设某城市一周内发生交通事故的次数服从参数为 0.3 的泊松分布,求一周内恰好发生 2 次交通事故的概率.

解　查表可得,所求概率为

$$P(X=2)=\frac{0.3^2 e^{-0.3}}{2!}=0.0333.$$

二、常见的连续型随机变量分布

对连续型随机变量来说,其分布函数与概率密度函数之间有下列关系:

$F(x)=P(X\leqslant x)=\int_{-\infty}^{x}f(t)\mathrm{d}t$;在 $f(x)$ 的连续点 x 处,有 $F'(x)=f(x)$.

常用的连续型随机变量有以下三种.

1. 均匀分布

定义(均匀分布)　若随机变量 X 的概率密度为

$$f(x)=\begin{cases}\frac{1}{b-a}, & a\leqslant x\leqslant b,\\ 0, & \text{其他},\end{cases}$$

则称 X 在区间$[a,b]$上服从均匀分布,记作 $X\sim U[a,b]$.

均匀分布的均匀性是指,随机变量 X 落在区间$[a,b]$内长度相等的子区间上的概率是相同的.均匀分布在实际问题中较为常见,如乘客的候车时间,任意实数取整后产生的误差等都服从均匀分布.

【例 7】　设公共汽车站每隔 10 分钟有一辆汽车通过,乘客随机到达车站,求他候车时间不超过 3 分钟的概率.

解　设 X 为乘客的候车时间,则 $X\sim U[0,10]$,故所求概率为

$$P(X\leqslant 3)=\int_0^3\frac{1}{10}\mathrm{d}x=\frac{3}{10}.$$

2. 指数分布

定义(指数分布)　若随机变量 X 的概率密度为

$$f(x)=\begin{cases}\lambda e^{-\lambda x}, & x\geqslant 0,\\ 0, & x<0,\end{cases}$$

则称 X 服从参数为 $\lambda(\lambda>0)$ 指数分布,记作 $X\sim E(\lambda)$.

许多优质电子产品的寿命,以及随机服务系统中的服务时间等都服从指数分布.

【例 8】　设修理某机器所用的时间 X 服从参数为 0.5(小时)的指数分布,求在机器出现故障时,在一小时内可以修好的概率.

解 根据题意，X 的概率密度为

$$f(x)=\begin{cases}0.5e^{-0.5x}, & x\geqslant 0,\\ 0, & x<0,\end{cases}$$

故所求概率为

$$P\{0<X<1\}=\int_0^1 0.5e^{-0.5x}dx=1-e^{-0.5}.$$

3. 正态分布

正态分布是概率论中最重要的一种分布，它的应用也最为广泛. 在自然和社会现象中，大量的随机变量都服从或近似服从正态分布.

例如，各种测量误差，各种产品的质量指标，人的身高或体重，正常情况下学生的考试成绩等都服从正态分布. 另外，经验表明，如果一个变量由大量独立、微小且均匀的随机因素叠加而成，那么它就近似服从正态分布.

定义(正态分布) 若随机变量 X 的概率密度为

$$f(x)=\frac{1}{\sqrt{2\pi}\sigma}e^{-\frac{(x-\mu)^2}{2\sigma^2}}，\text{其中 }\mu,\sigma>0\text{ 为参数}，-\infty<x<+\infty,$$

则称 X 服从参数为 μ,σ 的正态分布，记为 $X\sim N(\mu,\sigma^2)$. 若参数 $\mu=0,\sigma=1$，即 $X\sim N(0,1)$，则称其为标准正态分布，其概率密度为

$$f(x)=\frac{1}{\sqrt{2\pi}}e^{-\frac{x^2}{2}}(-\infty<x<+\infty).$$

正态分布的概率密度函数 $f(x)$ 的图像如图 6.2.1 所示. 它是一个钟形曲线，$x=\mu$ 为其对称轴，且 $x=\mu$ 时函数取得最大值. 另外，x 轴是它往左右两个方向的渐近线. 标准正态分布的概率密度函数 $f(x)$ 的图像如图 6.2.2 所示.

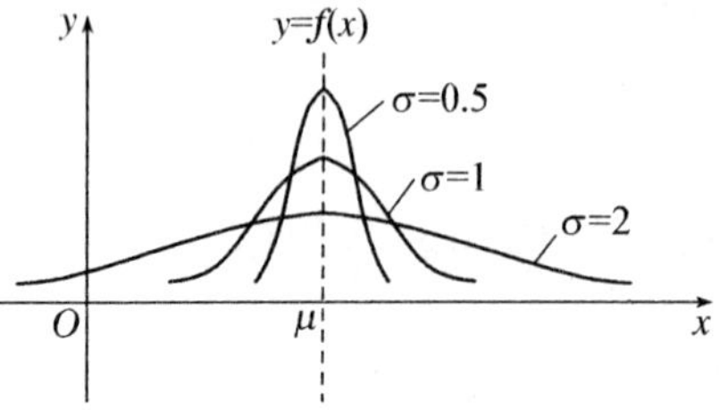

图 6.2.1 正态分布

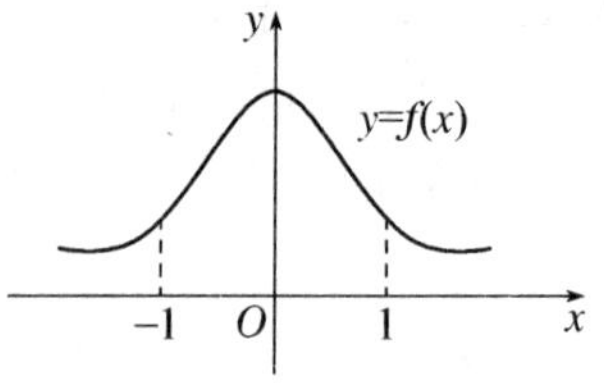

图 6.2.2 标准正态分布

标准正态分布的分布函数一般用专用记号，记作 $\Phi(x)$. 根据其概率密度的图像可知，$\Phi(0)=P(X\leqslant 0)=0.5$. $x>0$ 时，$\Phi(x)$ 的值可通过查附表求得，而 $x<0$ 时，$\Phi(x)$ 的值可由下式 $\Phi(-x)=1-\Phi(x)$ 求得.

若随机变量 $X\sim N(0,1)$，对任意实数 a,b，当 $a<b$ 时，$P(a<X\leqslant b)=\Phi(b)-\Phi(a)$.

对一般的正态分布 $X\sim N(\mu,\sigma^2)$，设 $Y=\dfrac{X-\mu}{\sigma}$，可以证明 $Y\sim N(0,1)$，Y 称为 X 的标准化随机变量，即任何正态分布均可标准化为标准正态分布 $N(0,1)$.

【例 9】 已知随机变量 $X\sim N(6,1)$，查表计算下列概率：

(1) $P(X\leqslant 7)$；(2) $P(5<X<8)$.

解 首先将 X 标准化为 $Y=\dfrac{X-\mu}{\sigma}=\dfrac{X-6}{1}=X-6$，则 $Y\sim N(0,1)$. 所以

(1) $P(X\leqslant 7)=P(Y\leqslant 1)=\Phi(1)=0.841\,3$;

(2) $P(5<X<8)=P(-1<Y<2)=\Phi(2)-\Phi(-1)=\Phi(2)-[1-\Phi(1)]$

$=0.977\,2-[1-0.841\,3]=0.818\,5.$

【例 10】 设成年男子的身高 $X(\text{cm})\sim N(170,36)$，某种公共汽车的车门的高度是按成年男子碰头的概率在 1%以下设计的，问车门的高度至少是多少?

解 先将随机变量 X 标准化得

$$Y=\frac{X-\mu}{\sigma}=\frac{X-170}{6}\sim N(0,1).$$

设车门高度至少为 k cm，根据题意，有

$$P(X\geqslant k)\leqslant 1\%=0.01.$$

而
$$P(X\geqslant k)=P\left(Y\geqslant\frac{k-170}{6}\right)=1-P\left(Y<\frac{k-170}{6}\right)=1-\Phi\left(\frac{k-170}{6}\right),$$

所以
$$1-\Phi\left(\frac{k-170}{6}\right)\leqslant 0.01.$$

查表计算得
$$k\geqslant 183.98\approx 184.$$

即车门高度至少 184 cm 才能符合要求.

习题 6.2

1. 某次考试出了 10 道判断正误题，某考生随意作出了判断. 求其答对的题数 X 的分布律.

2. 从一批含有 10 件正品与 3 件次品的产品中抽取产品，每次取一件，连续抽取若干次. 在下列两种情况下，求直到取出正品为止所需次数 X 的概率分布：

(1) 按不放回方式抽取；

(2) 每次取出一件产品后，总以一件正品放回这批产品中.

3. 口袋中有 5 张卡片，分别编号 1,2,3,4,5. 从中任取 3 张，以 X 表示取出的最大号码，求 X 的概率分布.

4. 已知某疾病的发病率为 1%，某医院要找到这种病的患者，他们必须检查多少人才能使"至少找到一名这种病的患者"的概率不小于 0.5?

5. 电话交换台每分钟接到的呼唤次数 X 为随机变量，且 $X\sim p(3)$. 求在一分钟内呼唤次数不超过一次的概率.

6. 某网吧有一批计算机，假设机器间的工作状况是相互独立的，且发生故障的概率都是 0.01. 若(1) 由一人负责维修 40 台机器；(2) 由三人负责维修 140 台机器. 试分别计算计算机发生故障而需要等待维修的概率，假定一台计算机的故障可由一人独自修理，比较两种方案的优劣.

7. 设某台 VCD 机在发生故障前正常使用的时间 X 服从参数为 $\frac{1}{1\,500}$ 的指数分布，试求这台机器正常使用至少 1 000 小时的概率.

8. 设随机变量 $X\sim U[2,5]$. 求：(1) X 的分布函数；(2) $P\{2\leqslant X\leqslant 4\}$.

9. 随机变量 X 的概率密度函数为

$$f(x)=\begin{cases}\dfrac{\cos x}{2}, & |x|\leqslant\dfrac{\pi}{2},\\ 0, & \text{其他}.\end{cases}$$

求:(1) X 的分布函数;(2) X 落在 $\left(0,\dfrac{\pi}{4}\right)$ 内的概率.

10. 某车间生产一种零件,其长度 $X\sim N(10.05,0.06^2)$,按图纸规定,长度在 10.05 ± 0.12 范围内为合格品,求该车间所生产的零件的合格率.

11. 某种电池的寿命是一个随机变量 X,$X\sim N(300,1\,225)$. 求这种电池寿命在 250 小时以上的概率,并求一允许限 $(\mu-x,\mu+x)$,使电池寿命落在该区间内的概率不小于 90%.

12. 某工厂生产的电子元件使用寿命 $X\sim N(160,\sigma^2)$,若要求 $P\{120<x\leqslant200\}=0.80$,则 σ 最大是多少?

6.3 随机变量的数字特征

随机变量的分布函数或概率密度,完整地描述了随机变量取值的分布规律. 但在实际问题中,分布函数与概率密度并不容易求得. 而有时候也不需要求出它们来,只要知道随机变量的某些数字特征就可以了. 数学期望与方差是其中最基本也是最重要的两个.

【引例】 A、B 二人赌博,各出注金 a 元. 每局各人获胜概率都是 $\dfrac{1}{2}$,约定:谁先胜 S 局,即赢得全部注金 $2a$ 元. 现进行到 A 胜 S_1 局,B 胜 S_2 局(S_1 和 S_2 都小于 S)时赌博因故停止,问此时注金应如何分配给 A 和 B 才算公平?

由于对“公平分配”一词的意义没有一个公认的正确理解,所以在早期文献中出现过此问题的种种不同的解法,如今看来都不正确. 例如,有人提出按 $S_1:S_2$ 的比例分配. 又有人提出按 $(2S-1+S_1-S_2):(2S-1+S_2-S_1)$ 的比例分配.

这个问题的症结在于:它关乎各人在当时状况下的期望值. 而此处有关的是:假定赌博继续进行下去,各人最终取胜的概率. 循着这个想法问题就很容易解决:设 $r_1=S-S_i$,$i=1,2$,则至多再赌 $r=r_1+r_2-1$ 局,即能分出胜负. 若是 A 获胜,则他在这 r 局中至少须胜 r_1 局. 因此按二项分布,A 取胜的概率 $P_A=\sum\limits_{i=r_1}^{r}C_r^i\left(\dfrac{1}{2}\right)^r$,而 B 取胜的概率为 $P_B=1-P_A$. 故注金 $2a$ 应按 $P_A:P_B$ 之比分配给 A 和 B,这个解是帕斯卡在 1654 年提出的.

6.3.1 数学期望

一、离散型随机变量的数学期望

在股份制公司召开股东大会时,若就某些事项进行表决,则大小股东所拥有的表决权是不一样的,常常根据他们所拥有的股份的多少,或者说根据他们的股份在总股本中所占有的比例来决定. 这里的比例就是所谓的“权重”,在某种意义上就是概率. 若干个数与它们对应的“权重”的乘积之和就是这些数的平均值,也就是数学期望.

定义(离散型随机变量的数学期望) 设 X 为离散型随机变量,其分布律为 $P(X=x_k)=$

$p_k(k=1,2,\cdots)$，若级数 $\sum_{k=1}^{+\infty} x_k p_k$ 绝对收敛，则称级数 $\sum_{k=1}^{+\infty} x_k p_k$ 的和为 X 的数学期望，记作 $E(X)$.

【例 1】 甲乙两人打靶比赛，所得环数分别记为 X 与 Y，它们的分布律如下：

X	4	7	9
P	0.2	0.3	0.5

Y	4	7	9
P	0.2	0.5	0.3

试从平均值的角度比较二人的成绩.

解　分别计算二人的数学期望为

$$E(X)=4\times0.2+7\times0.3+9\times0.5=7.4,$$

$$E(Y)=4\times0.2+7\times0.5+9\times0.3=7.$$

从数学期望来看，甲的成绩比较好.

二、连续型随机变量的数学期望

定义(连续型随机变量的数学期望)　设连续型随机变量 X 的概率密度为 $f(x)$. 若广义积分 $\int_{-\infty}^{+\infty} xf(x)\mathrm{d}x$ 绝对收敛，则称 $\int_{-\infty}^{+\infty} xf(x)\mathrm{d}x$ 为 X 的数学期望，记作 $E(X)$，即

$$E(X)=\int_{-\infty}^{+\infty} xf(x)\mathrm{d}x.$$

【例 2】 设随机变量 X 的概率密度为

$$f(x)=\begin{cases} kx^2, 0<x<1, \\ 0, \quad 其他. \end{cases}$$

求：(1) 常数 k 的值；(2) $E(X)$.

解　(1) 由 $\int_{-\infty}^{+\infty} f(x)\mathrm{d}x=1$ 得 $\int_{-\infty}^{+\infty} f(x)\mathrm{d}x=\int_0^1 kx^2\mathrm{d}x=\left.\frac{kx^3}{3}\right|_0^1=\frac{k}{3}=1, k=3.$

于是

$$f(x)=\begin{cases} 3x^2, 0<x<1, \\ 0, \quad 其他. \end{cases}$$

(2) $E(X)=\int_{-\infty}^{+\infty} xf(x)\mathrm{d}x=\int_0^1 3x^3\mathrm{d}x=\left.\frac{3x^4}{4}\right|_0^1=\frac{3}{4}.$

三、数学期望的性质

设 X、Y 为随机变量，则数学期望有下列性质：

(1) 设 C 为常数，则 $E(C)=C$；

(2) 设 k 为常数，则 $E(kX)=kE(X)$；

(3) $E(X+Y)=E(X)+E(Y)$；

(4) 若 X、Y 互相独立，则 $E(XY)=E(X)E(Y)$.

【例 3】 设随机变量 X、Y 的数学期望分别为 $E(X)=2, E(Y)=3$. 求 $E(2X-3Y)$.

解　根据数学期望的性质，$E(2X-3Y)=2E(X)-3E(Y)=-5$.

常见随机变量的数学期望总结如表 6.3.1 所示：

表 6.3.1　常见随机变量的数学期望

分布	两点分布	$B(n,p)$	$P(\lambda)$	$U[a,b]$	$E(\lambda)$	$N(\mu,\sigma^2)$
$E(X)$	p	np	λ	$\frac{a+b}{2}$	$\frac{1}{\lambda}$	μ

6.3.2　方差

方差是用来描述随机变量的取值对其期望的偏离程度的量.

定义(方差)　设 X 为随机变量,若 X 的二次函数 $[X-E(X)]^2$ 的期望 $E[X-E(X)]^2$ 存在,则称其为随机变量 X 的方差,记作 $D(X)$,即

$$D(X)=E[X-E(X)]^2.$$

$D(X)$的二次算术根称为 X 的标准差或均方差.

可以验证

$$D(X)=E(X^2)-[E(X)]^2.$$

如果 X 是离散型随机变量,则

$$D(X)=\sum_k [x_k-E(X)]^2 p_k.$$

如果 X 是连续型随机变量,则

$$D(X)=\int_{-\infty}^{+\infty}[x-E(X)]^2 f(x)\mathrm{d}x.$$

【例 4】　计算例 2 中随机变量的方差.

解　$E(X^2)=\int_{-\infty}^{+\infty}x^2 f(x)\mathrm{d}x=\int_0^1 3x^4\mathrm{d}x=\frac{3}{5}x^5\Big|_0^1=\frac{3}{5}$,

$$D(X)=E(X^2)-[E(X)]^2=\frac{3}{5}-\left(\frac{3}{4}\right)^2=\frac{3}{80}.$$

常见随机变量的方差如表 6.3.2 所示:

表 6.3.2　常见随机变量的方差

分布	两点分布	$B(n,p)$	$P(\lambda)$	$U[a,b]$	$E(\lambda)$	$N(\mu,\sigma^2)$
方差	$p(1-p)$	$np(1-p)$	λ	$\frac{1}{12}(b-a)^2$	$\frac{1}{\lambda^2}$	σ^2

方差有下列性质:

(1) 设 C 为常数,则 $D(C)=0$;

(2) 设 k 为常数,则 $D(kX)=k^2D(X)$;

(3) 若随机变量 X、Y 互相独立,则 $D(X+Y)=D(X)+D(Y)$.

【例 5】　设随机变量 X 与 Y 相互独立,它们的方差分别为 3 和 5,求 $D(X-2Y+3)$.

解　根据方差的性质,有

$$D(X-2Y+3)=D(X)+4D(Y)=3+4\times5=23.$$

【例 6】　两台生产同一种产品的车床,某天所生产的产品中次品数的概率分布分别为

X	0	1	2	3
P	0.4	0.2	0.3	0.1

Y	0	1	2	3
P	0.4	0.3	0.1	0.2

假设两台车床的产量相同，试比较二者的性能.

解　先比较两台车床所生产次品数的数学期望：

$E(X)=0\times0.4+1\times0.2+2\times0.3+3\times0.1=1.1$；

$E(Y)=0\times0.4+1\times0.3+2\times0.1+3\times0.2=1.1$.

二者所生产的平均次品数相同，分不出性能高低. 因此，再计算次品数的方差.

$E(X^2)=0^2\times0.4+1^2\times0.2+2^2\times0.3+3^2\times0.1=2.3$；

$E(Y^2)=0^2\times0.4+1^2\times0.3+2^2\times0.1+3^2\times0.2=2.5$.

$D(X)=E(X^2)-E^2(X)=2.3-1.1^2=1.09$；

$D(Y)=E(Y^2)-E^2(Y)=2.5-1.1^2=1.29$.

由于第一台车床的方差较小，所以它的性能比较好.

6.3.3　常见随机变量的数字特征

一、常见离散型随机变量的数字特征

(1) 两点分布：$E(X)=p, D(X)=p(1-p)$；

(2) 二项分布：设 $X\sim B(n,p)$，则 $E(X)=np, D(X)=np(1-p)$；

(3) 泊松分布：设 $X\sim P(\lambda)$，则 $E(X)=\lambda, D(X)=\lambda$.

二、常见连续型随机变量的数字特征

(1) 均匀分布：设 $X\sim U[a,b]$，则 $E(X)=\dfrac{a+b}{2}, D(X)=\dfrac{(b-a)^2}{12}$；

(2) 指数分布：设 $X\sim E(\lambda)$，则 $E(X)=\lambda, D(X)=\lambda^2$；

(3) 正态分布：设 $X\sim N(\mu,\sigma^2)$，则 $E(X)=\mu, D(X)=\sigma^2$.

习题 6.3

1. 设连续型随机变量 X 的概率密度为

$$f(x)=\begin{cases}ax^2+bx+c, & 0<x<1,\\ 0, & \text{其他}.\end{cases}$$

已知 $E(X)=0.5, D(X)=0.15$，求系数 a,b,c.

2. 一批零件中有 9 个合格品与 3 个次品. 安装机器时，从这批零件中任取一个，如果取出的废品不再放回，求在取得合格品以前已取出的废品数的均值和方差.

3. 在射击比赛中，规定每人射击四次，每次射一发子弹. 若四发都不中则得 0 分，只中一发得 15 分，中两发得 30 分，中三发得 55 分，四发全中得 100 分. 假设某人每发命中率为 0.6，问他期望得多少分？

4. 设随机变量的概率分布为

X	-1	0	0.5	1	2
P	$\frac{1}{3}$	$\frac{1}{6}$	$\frac{1}{6}$	$\frac{1}{12}$	$\frac{1}{4}$

求 $E(-X+1)$ 和 $E(X^2)$.

5. 某公共汽车站每隔 5 分钟有一辆汽车通过，乘客在任意时刻到达车站，求等车时间的数学期望(设汽车到站后乘客都能上车).

6. 已知随机变量 X 的概率密度为 $f(x)=\frac{1}{2}e^{-|x|}(-\infty<x<+\infty)$，求它的数学期望和方差.

7. 已知 $X\sim N(1,2)$，$Y\sim N(2,1)$，且 X 与 Y 相互独立，求 $E(3X-Y+4)$，$D(X-Y)$.

6.4 统计量及其抽样分布

先看这样的问题：若随机变量 X 服从正态分布，那么 X^2 服从何种分布？再比如说，已知总体 $X\sim N(0,4)$，样本 (X_1,X_2,X_3,X_4) 来自总体 X，那么

$$Y=\frac{1}{8}(X_1+X_2)^2+\frac{1}{12}(X_2+X_3+X_4)^2$$

又服从怎样的分布？这些问题都涉及样本的函数的分布，有一些分布常见而且很重要，这就是下面要讲到的抽样分布.

6.4.1 总体与样本

在概率论的许多问题中，概率分布通常被假定是已知的. 但在实际问题中，这恰恰是我们需要搞清楚的. 从本节开始，我们向大家介绍数理统计的知识. 数理统计是以概率论为基础，根据抽样所得到的数据，对研究对象的客观规律性作出合理的估计与推断.

我们把所研究的对象的全体称为**总体**，而把组成总体的每个元素称为**个体**. 例如，我们要研究某城市成年男子身高的分布规律，则该城市所有成年男子的身高即为总体，而其中每个成年男子的身高是个体.

总体的情况多种多样，有的数量很大，对所有个体进行检验，或者时间太长，或者成本较高，比如说我国的人口普查；而有的总体客观上就不可能一一检验，比如说海水中的各种微生物的情况；还有一些总体，若一一检验，势必造成对所有研究对象的破坏，比如说对灯泡寿命的检验.

正因为这些原因，我们经常采用随机抽样的方法，即从总体中抽取少部分个体，通过对这部分个体的有关数据指标进行分析，得出总体的一些分布规律. 我们把从总体中抽取的每一个个体称为样品，所有样品的全体称为一个**样本**.

我们用 X 表示总体中所要研究的任一个体的某个指标，则 X 为随机变量. 以后就用随机变量 X 代表所要研究的总体.

用 X_1 表示抽取的第一个样品的指标，则 X_1 也是一个随机变量，而且与总体 X 具有相同的分布. 假定样本中样品的数量为 n，则样本就是一个 n 维的随机变量，可表示成 $(X_1,X_2,\cdots,X_n)$. 实际的观测值或检验值用 $(x_1,x_2,\cdots,x_n)$ 表示，n 称为**样本容量**.

6.4.2　统计量及其分布

一、统计量

从总体中抽出样本的观测值后，只是得到了一组静态的数据. 对这些数据要进行处理，才能解决我们所关心的问题. 有时候我们可能只想估计出总体的期望或者方差，有时候我们可能想了解总体的分布. 对不同的问题，必须对数据进行不同的处理，这就需要构造样本的不同函数.

定义（统计量）　设$(X_1, X_2, \cdots, X_n)$为来自总体 X 的一个样本，不含未知参数的样本的函数 $f(X_1, X_2, \cdots, X_n)$称为**统计量**.

常用的统计量有

样本均值 $\overline{X}=\dfrac{1}{n}\sum\limits_{i=1}^{n}X_i$；

样本方差 $S^2=\dfrac{1}{n-1}\sum\limits_{i=1}^{n}(X_i-\overline{X})^2$；

样本标准差 $S=\sqrt{\dfrac{1}{n-1}\sum\limits_{i=1}^{n}(X_i-\overline{X})^2}$.

若样本的观察值为 $x_1, x_2, \cdots, x_n$，则

样本均值 $\overline{x}=\dfrac{1}{n}\sum\limits_{i=1}^{n}x_i$；

样本方差 $s^2=\dfrac{1}{n-1}\sum\limits_{i=1}^{n}(x_i-\overline{x})^2$；

样本标准差 $s=\sqrt{\dfrac{1}{n-1}\sum\limits_{i=1}^{n}(x_i-\overline{x})^2}$.

【例 1】　设$(X_1, X_2, \cdots, X_6)$为来自总体 X 的一个样本，它的一组观测值为 22、18、23、20、23、20. 计算其样本均值和样本方差.

解　样本均值 $\overline{x}=\dfrac{1}{6}\sum\limits_{i=1}^{6}x_i=\dfrac{1}{6}(22+18+23+20+23+20)=21$；

样本方差
$$s^2=\frac{1}{5}\sum_{i=1}^{6}(x_i-\overline{x})^2$$
$$=\frac{1}{5}[(22-21)^2+(18-21)^2+2\times(23-21)^2+2\times(20-21)^2]=4.$$

二、抽样分布

统计量的概率分布规律称为统计量的分布，又称为抽样分布. 本节主要介绍在参数估计、假设检验中常用的统计量及分布.

设总体 $X\sim N(\mu,\sigma^2)$，$(X_1, X_2, \cdots, X_n)$为来自总体的一个样本，则

$$\overline{X}=\frac{1}{n}\sum_{i=1}^{n}X_i\sim N\left(\mu,\frac{\sigma^2}{n}\right);$$

$$U=\frac{\overline{X}-\mu}{\frac{\sigma}{\sqrt{n}}}\sim N(0,1);$$

$$\chi^2=\frac{(n-1)S^2}{\sigma^2}\sim\chi^2(n-1);$$

$$T=\frac{\overline{X}-\mu}{\frac{S}{\sqrt{n}}}\sim t(n-1).$$

设两个正态总体 X,Y，$X\sim N(\mu_1,\sigma_1^2)$，$Y\sim N(\mu_2,\sigma_2^2)$，且 X,Y 相互独立，$(X_1,X_2,\cdots,X_n)$ 和 $(Y_1,Y_2,\cdots,Y_n)$ 为来自总体 X,Y 的一个样本，则

$$U=\frac{\overline{X}-\overline{Y}-(\mu_1-\mu_2)}{\sqrt{\frac{\sigma_1^2}{n}+\frac{\sigma_2^2}{m}}}\sim N(0,1).$$

上述结论中涉及两个重要的分布，即 χ^2 分布及 t 分布，下面作简单的介绍：

1. χ^2 分布

定义(χ^2 分布)　设 $X_1,X_2,\cdots,X_n$ 独立同分布于标准正态分布 $N(0,1)$，则 $\chi^2=X_1^2+\cdots+X_n^2$ 的分布称为自由度为 n 的 χ^2 分布，记作 $\chi^2\sim\chi^2(n)$. 鉴于其概率密度函数的表达式比较复杂，这里就不介绍了，而其分布函数的值可查阅附表.

2. t 分布

定义(t 分布)　设随机变量 X_1 与 X_2 独立，且 $X_1\sim N(0,1)$，$X_2\sim\chi^2(n)$，则称 $t=\frac{X_1}{\sqrt{\frac{X_2}{n}}}$ 的分布为自由度为 n 的 t 分布，记为 $t\sim t(n)$. 其概率密度函数的表达式同样比较复杂，这里就不介绍了，但图像与标准正态分布很相像，而其分布函数的值也可查阅附表.

习题 6.4

1. 从某厂生产的一批灯泡中随机抽取 10 个进行寿命测试，得到的数据如下(单位：小时)：1 458，1 395，1 562，1 614，1 351，1 490，1 478，1 382，1 536，1 496. 求样本均值和样本方差.

2. 设总体 $X\sim N(52,6.3^2)$，随机抽取容量为 36 的样本，求样本均值落在 50.8～53.8 之间的概率.

3. 查表求下列各题中 C 的值.

(1) 设 $X\sim\chi^2(30)$，$P(X<C)=0.95$；(2) 设 $X\sim t(25)$，$P\{X>C\}=0.05$.

6.5　参数估计

参数估计是统计推断的基本类型之一. 人们在实际工作中碰到的总体，往往分布类型大致已知，但具体形式并不知道，也就是总体的一些参数未知. 参数估计就是根据样本观测值，来估计总体分布中的未知参数或数字特征值.

【引例】　假设某种果树单株年产量 X 服从正态分布，方差为 64. 现随机抽取 6 株统计当年的产量为：120、161、182、208、176、234，要求以 90%的可靠度来估计该种果树的年平均

产量.

这个问题显然不能简单地以样本的平均值作估计. 问题的关键是如何保证 90%的可靠度，这是我们下面要介绍的区间估计问题.

6.5.1　参数的点估计

假设总体的分布已知，但其中的一个或几个参数未知，如何根据抽取的样本来估计未知参数的值，这就是参数的点估计问题.

定义(参数的点估计)　设 θ 是总体 X 的一个待估参数，$(X_1, X_2, \cdots, X_n)$是总体的一个样本，$(x_1, x_2, \cdots, x_n)$为样本的一组观测值. 用样本的一个不含未知参数的函数 $\hat{\theta}=\hat{\theta}(X_1, X_2, \cdots, X_n)$来估计 θ，称 $\hat{\theta}$ 为参数 θ 的点估计量. 将样本的一组观测值$(x_1, x_2, \cdots, x_n)$代入估计量所得相应的值 $\hat{\theta}(x_1, x_2, \cdots, x_n)$，称为参数 θ 的点估计值，也简记为 $\hat{\theta}$. 点估计量或点估计值统称为点估计.

由总体均值 μ 的点估计量

$$\hat{\mu} = \overline{X} = \frac{1}{n}\sum_{k=1}^{n} X_k$$

可得，总体均值 μ 的点估计值为

$$\hat{\mu} = \bar{x} = \frac{1}{n}\sum_{k=1}^{n} x_k.$$

由总体方差 σ^2 的点估计量

$$\hat{\sigma}^2 = S^2 = \frac{1}{n-1}\sum_{k=1}^{n}(X_k - \overline{X})^2$$

可得，总体方差 σ^2 的点估计值为

$$\hat{\sigma}^2 = s^2 = \frac{1}{n-1}\sum_{k=1}^{n}(x_k - \bar{x})^2.$$

这种用样本的数字特征去估计总体的数字特征的方法，称为参数估计的数字特征法.

【例 1】　从一批产品中随机抽取 8 个，测得它们的长度(单位：cm)为 85，84，86，84，85，87，86，85. 试用数字特征法估计这批产品的总体均值和方差.

解　$\hat{\mu} = \bar{x} = \frac{1}{n}\sum_{k=1}^{n} x_k = \frac{1}{8}(85+84+86+84+85+87+86+85) = 85.25$;

$$\hat{\sigma}^2 = s^2 = \frac{1}{n-1}\sum_{k=1}^{n}(x_k-\bar{x})^2 = \frac{1}{7}[(85-85.25)^2+(84-85.25)^2+ (86-85.25)^2+(84-85.25)^2+(85-85.25)^2+(87-85.25)^2+ (86-85.25)^2+(85-85.25)^2] \approx 1.07.$$

【例 2】　已知某种电子产品的寿命服从指数分布 $E(\lambda)$. 现从这种产品中任意抽取 6 只，测得寿命(小时)为 45，46，43，47，44，46. 试用数字特征法估计参数的值.

解　总体 X 的概率密度和总体的均值分别为

$$f(x)=\begin{cases}\lambda e^{-\lambda x}, & x>0,\\ 0, & 其他,\end{cases} \mu=\frac{\lambda}{1}.$$

根据数字特征法，$\hat{\mu}=\bar{x}$. 所以$\frac{1}{\lambda}=\bar{x}$，

$$\hat{\lambda}=\frac{1}{\bar{x}}=\frac{6}{45+46+43+47+44+46}\approx 0.022.$$

当然,除了以上介绍的方法之外,参数的点估计还有极大似然估计及矩估计等多种方法,这些方法各有优劣,在此不一而足,有兴趣的读者可参阅有关资料.

6.5.2 参数的区间估计

参数的点估计给出了一个具体的数值作为参数的估计值,即使它无偏有效,但仍然是一个近似值,我们无法知道它的可靠性与精确度.而区间估计则可控制真实值落在某区间内的概率,可靠性明显增强.

一、置信区间

定义(置信区间) 设 θ 是总体 X 的一个待估参数,$(X_1,X_2,\cdots,X_n)$ 是总体 X 的一个样本.对给定的常数 $\alpha(0<\alpha<1)$,由样本确定出两个统计量 $\hat{\theta}_1=\hat{\theta}_1(X_1,X_2,\cdots,X_n)$ 和 $\hat{\theta}_2=\hat{\theta}_2(X_1,X_2,\cdots,X_n)$(设 $\hat{\theta}_1<\hat{\theta}_2$),使得 $P\{\hat{\theta}_1\leqslant\theta\leqslant\hat{\theta}_2\}=1-\alpha$,则称随机区间 $[\hat{\theta}_1,\hat{\theta}_2]$ 为参数 θ 的 $1-\alpha$ 置信区间,$1-\alpha$ 称为置信度或置信水平,$\hat{\theta}_1$ 与 $\hat{\theta}_2$ 分别称为置信下限与置信上限.

置信水平反映了区间估计的可靠性,若 α 越小,则 $1-\alpha$ 越大,从而求出的置信区间中包含参数的可能性越大.例如,$\alpha=0.05$ 时,$1-\alpha=0.95$,则在 100 次抽样中,大致有 95 次 θ 包含在置信区间中,其余 5 次可能不在该区间中.

置信区间的长度可视为区间估计的精度,显然,该长度越小,则精度越高.当样本容量固定时,若置信水平增大,则置信区间的长度增大,从而精度降低;反之,则精度提高.

二、正态分布总体参数的区间估计

1. 方差 σ^2 已知时总体均值的区间估计

设 $(X_1,X_2,\cdots,X_n)$ 是总体 $X\sim N(\mu,\sigma^2)$ 的一个样本,其中 σ^2 已知.参数 μ 的置信度为 $1-\alpha$ 的置信区间为

$$\left[\bar{x}-\frac{\sigma}{\sqrt{n}}U_{\frac{\alpha}{2}},\bar{x}+\frac{\sigma}{\sqrt{n}}U_{\frac{\alpha}{2}}\right],$$

其中 $U_{\frac{\alpha}{2}}$ 根据 $\Phi(U_{\frac{\alpha}{2}})=1-\frac{\alpha}{2}$ 查标准正态分布表求得.

【例 3】 某工厂生产的滚珠,从长期经验知道,滚珠的直径 X 服从正态分布 $N(\mu,004^2)$,从某天的产品中随机抽取 6 个,测得它们的直径如下(单位:毫米):14.5,14.7,15.0,15.2,14.9,14.6.求滚珠直径的 0.95 置信区间.

解 6 个滚珠的直径的平均值为 $\bar{x}=14.82$,又 $1-\alpha=0.95$ 时,$\alpha=0.05$.查表得 $U_{\frac{\alpha}{2}}=1.96$.于是所求置信区间为[14.788,14.852].

现在我们回头看看本节开始的引例,它也属于这种情况,请读者尝试解决一下这个问题.

2. 方差 σ^2 未知时总体均值的区间估计

设 $(X_1,X_2,\cdots,X_n)$ 是总体 $X\sim N(\mu,\sigma^2)$ 的一个样本,其中 σ^2 未知.参数 μ 的置信度为 $1-\alpha$ 的置信区间为

$$\left[\bar{x}-\frac{s}{\sqrt{n}}t_{\frac{\alpha}{2}}(n-1),\bar{x}+\frac{s}{\sqrt{n}}t_{\frac{\alpha}{2}}(n-1)\right],$$

其中 $t_{\frac{\alpha}{2}}(n-1)$ 可查表求得.

【例 4】 假设轮胎的寿命服从正态分布. 为估计某种轮胎的平均寿命，随机抽取 9 只轮胎试用，测得它们的寿命如下(单位：万千米)：4.75，4.60，4.82，5.10，5.24，4.55，5.03，4.92，4.85. 求这种轮胎平均寿命的 0.95 置信区间.

解 计算可得，样本均值为 $\bar{x}=4.873$，样本标准差为 $s=0.2265$. 又 $1-\alpha=0.95$，$\alpha=0.05$，$n=9$，查表得 $t_{\frac{\alpha}{2}}(8)=2.306$. 于是可得这种轮胎的平均寿命的 0.95 置信区间为$[4.699,5.047]$.

3. 方差 σ^2 的 $1-\alpha$ 置信区间

设$(X_1,X_2,\cdots,X_n)$是总体 $X\sim N(\mu,\sigma^2)$的一个样本，其中 μ 未知. 参数 σ^2 的置信度为 $1-\alpha$ 的置信区间为

$$\left[\frac{(n-1)s^2}{\chi^2_{\frac{\alpha}{2}}(n-1)},\frac{(n-1)s^2}{\chi^2_{1-\frac{\alpha}{2}}(n-1)}\right],$$

其中 $\chi^2_{\frac{\alpha}{2}}(n-1)$、$\chi^2_{1-\frac{\alpha}{2}}(n-1)$可查表求得.

【例 5】 假设自动车床生产的某种零件的长度 X 服从正态分布. 现随机抽取 10 件，测得长度如下(单位：毫米)：12.1，12.7，12.2，12.1，12.0，12.0，12.3，12.2，12.5，12.4. 求该零件长度的方差 σ^2 的 0.95 置信区间.

解 计算可得，$(n-1)s^2=0.465$. 又 $1-\alpha=0.95$，$\alpha=0.05$，$n=10$，查表得

$$\chi^2_{1-\frac{\alpha}{2}}(9)=2.700,\chi^2_{\frac{\alpha}{2}}(9)=19.023.$$

于是可得方差 σ^2 的 0.95 置信区间为$[0.024,0.172]$.

习题 6.5

1. 某仪器的工作温度服从正态分布，测得五次温度(摄氏度)为 1 250，1 275，1 265，1 245，1 260. 求温度真值的置信区间($\alpha=0.10$).

2. 某种电子管的使用寿命服从正态分布. 从中随机地抽取 15 个进行检验，计算后得到平均寿命为 1 950 小时，标准差为 300 小时. 试以 95%的置信度估计整批电子管平均寿命的置信区间.

3. 人的身高服从正态分布. 从初一女生中随机抽取 6 名，测得身高(单位：厘米)为 149，158.5，152.5，165，142，157. 求初一女生平均身高的置信度为 95%的置信区间.

4. 已知岩石密度的测量误差服从正态分布，随机抽取 12 个样品，测得标准差 $s=0.2$. 求 σ^2 的置信区间($\alpha=0.05$).

6.6 假设检验

6.6.1 问题的提出

假设检验是统计推断中的另一类重要问题. 在管理实践中，除了要对总体的参数作出估计外，我们还会碰到这样的问题，要判断总体是否具有某个性质，或者判断两个独立样本的总体

是否具有相同的均值或方差等等.

【引例 1】 某厂用自动包装机装箱,额定标准为 50 kg. 设每箱重量 $X \sim N(50, 0.5^2)$. 某日开工后,随机抽取 8 箱,称得重量(单位:kg)为:49.6,50.2,50.5,49.8,49.9,50.1,50.3,49.9. 问这天包装机工作是否正常?

【引例 2】 为了研究一种新化肥对小麦种植的效果,选用 13 块土质相同面积相等的土地进行试验,产量如下(单位:kg):

施肥的:44,45,40,43,44,42,43;

未施肥的:39,37,42,38,41,41.

问这种化肥对小麦产量是否有显著影响?

要对上述两个问题作出回答,其共同的处理方法是,先根据提出的问题对总体提出某种假设,然后根据样本资料对假设检验,判断此假设是否成立. 这样类型的问题一般称为假设检验问题.

6.6.2 假设检验

一、基本概念

原假设、备择假设:假设检验中需要检验的内容称为原假设,用 H_0 表示;否定原假设称为备择假设,用 H_1 表示. 如,检验总体均值 μ 是否为常数 μ_0 的原假设与备择假设分别记为

$$H_0: \mu = \mu_0 \text{ 和 } H_1: \mu \neq \mu_0.$$

检验统计量:为了检验假设是否成立,我们需要构造一个包含参数且已知分布的样本函数,该样本函数称为检验统计量.

接受域、拒绝域:接受假设 H_0 时统计量的取值范围称为接受域,拒绝假设 H_0 时统计量的取值范围称为拒绝域. 接受域与拒绝域的分界点称为临界值.

二、假设检验的一般步骤

(1) 根据实际问题提出原假设 H_0;

(2) 选取适当的统计量,并在原假设成立的条件下确定该统计量的分布;

(3) 按问题的具体要求,选取适当的显著性水平 α,根据统计量的分布查表,确定对应于 α 的临界值,进而得到拒绝 H_0 的拒绝域;

(4) 根据样本观测值计算统计量的值,若落入拒绝域内,则拒绝原假设,否则接受原假设.

6.6.3 正态总体的假设检验

一、方差 σ^2 已知时单正态总体均值的假设检验

设 $(X_1, X_2, \cdots, X_n)$ 是总体 $X \sim N(\mu, \sigma^2)$ 的一个样本,其中 σ^2 已知.

检验原假设 $H_0: \mu = \mu_0$. 此时,选取统计量

$$U = \frac{\overline{X} - \mu_0}{\frac{\sigma}{\sqrt{n}}},$$

在 H_0 成立的条件下,$U \sim N(0,1)$. 根据给定的显著性水平 α,查表得临界值 $U_{\frac{\alpha}{2}}$,从而得到拒绝域为 $|U| > U_{\frac{\alpha}{2}}$;根据样本观测值计算统计量 U 的值,作出判断. 这种方法称为 U—检验法.

【例 1】 某种产品的重量 $X \sim N(12, 1)$. 更新设备后,从新生产的产品中随机抽取 100 个,

测得样本均值为 12.5 克. 如果方差没有变化,问设备更新后,产品的平均重量是否有显著变化($\alpha=0.1$)?

解　这是在方差已知的情况下检验假设 $H_0:\mu=\mu_0$ 是否成立. 根据题意

$$\mu_0=12, n=100, \bar{x}=12.5, \sigma=1,$$

$$U=\frac{\overline{X}-\mu_0}{\frac{\sigma}{\sqrt{n}}}=5.$$

对给定的显著性水平 $\alpha=0.1$,查表得临界值为 $U_{\frac{\alpha}{2}}=1.65$,从而拒绝域为 $|U|>1.65$.

根据样本统计量的值和拒绝域,拒绝原假设. 因此,我们认为,设备更新后,产品的平均重量有显著变化.

现在我们回头看看本节开始提出的第一个问题,这个问题相当于要检验这样的假设:

$H_0:\mu=50$,而方差存在,另外假设显著性水平 $\alpha=0.05$,请读者模仿上述例题的解法解决这个问题.

二、方差 σ^2 未知时单正态总体均值的假设检验

设$(X_1,X_2,\cdots,X_n)$是总体 $X\sim N(\mu,\sigma^2)$的一个样本,其中 σ^2 未知.

检验原假设 $H_0:\mu=\mu_0$. 此时,选取统计量

$$T=\frac{\overline{X}-\mu_0}{\frac{S}{\sqrt{n}}},$$

在 H_0 成立的条件下,$T\sim t(n-1)$. 根据给定的显著性水平 α,查表得临界值 $t_{\frac{\alpha}{2}}(n-1)$,从而得到拒绝域为 $|T|>t_{\frac{\alpha}{2}}(n-1)$;根据样本观测值计算统计量 T 的值,作出判断. 这种方法称为 t—检验法.

【例 2】　某批矿砂的 5 个样品中的镍含量(%)经测定为 3.25,3.27,3.24,3.26,3.24. 设测定值服从正态分布. 问在 $\alpha=0.01$ 下能否认为这批矿砂的镍含量为 3.25?

解　这是在方差未知的情况下检验原假设 $H_0:\mu=3.25$ 是否成立. 根据题意

$$\mu_0=3.25, n=5, s\approx 0.0132, \bar{x}=3.252,$$

$$T=\frac{\bar{x}-\mu_0}{\frac{s}{\sqrt{n}}}\approx 0.3440.$$

对给定的显著性水平 $\alpha=0.01$,查表得临界值为 $t_{\frac{\alpha}{2}}(4)=4.6041$,从而拒绝域为 $|T|>4.6041$.

根据样本统计量的值和拒绝域,接受原假设. 因此,我们认为,这批矿砂的镍含量为 3.25.

三、单正态总体方差 σ^2 的假设检验

设$(X_1,X_2,\cdots,X_n)$是总体 $X\sim N(\mu,\sigma^2)$的一个样本,其中 μ,σ^2 均未知.

检验原假设 $H_0:\sigma^2=\sigma_0^2$. 此时,选取统计量

$$\chi^2=\frac{(n-1)s^2}{\sigma^2},$$

在 H_0 成立的条件下,$\chi^2\sim\chi^2(n-1)$. 根据给定的显著性水平 α,查表得临界值 $\chi^2_{\frac{\alpha}{2}}(n-1)$与 $\chi^2_{1-\frac{\alpha}{2}}(n-1)$,从而得到拒绝域为 $\chi^2<\chi^2_{1-\frac{\alpha}{2}}$ 或 $\chi^2>\chi^2_{\frac{\alpha}{2}}$;根据样本观测值计算统计量 χ^2 的值,作

出判断. 这种方法称为 χ^2—检验法.

【例 3】 设某厂生产的铜线的折断力 $X\sim N(\mu,64)$. 现从一批产品中抽查 10 根，测得其折断力的均值为 $\bar{x}=575.2$，方差为 $s^2=68.16$. 能否认为这批铜线折断力的方差仍为 64($\alpha=0.01$)?

解 假设 $H_0:\sigma^2=64$. 对给定的显著性水平 $\alpha=0.01$，查表得临界值

$$\chi^2_{\frac{\alpha}{2}}(9)=23.589,\chi^2_{1-\frac{\alpha}{2}}(9)=1.735,$$

则拒绝域为

$$\chi^2>23.589 \text{ 或 } \chi^2<1.735.$$

根据样本观测值计算 $\chi^2\approx 9.585$ 在拒绝域外，接受原假设. 于是，可以认为，这批铜线折断力的方差仍为 64.

习题 6.6

1. 假设某厂生产的一种钢索的断裂强度 $X\sim N(\mu,1\,600)$(kg/cm^2)，从中取一个容量为 9 的样本，经计算得 $\overline{X}=780$(kg/cm^2)，能否据此认为这批钢索的断裂强度为 800(kg/cm^2)($\alpha=0.05$)?

2. 某公司从甲、乙两灯泡厂购买灯泡，从历史资料知道，灯泡寿命服从正态分布. 两工厂产品寿命的标准差：甲厂为 80 小时，乙厂为 94 小时. 现从两厂各抽取 50 个灯泡测得它们的平均寿命：甲厂为 1 282 小时，乙厂为 1 231 小时. 能否判断两厂灯泡的平均寿命存在显著差异($\alpha=0.05$)?

3. 在正常情况下，某工厂生产的灯泡的寿命 X 服从正态分布. 测得 10 个灯泡的寿命如下(单位：小时)：1 490，1 440，1 680，1 610，1 500，1 750，1 550，1 420，1 800，1 580. 能否认为该厂生产的灯泡的平均寿命为 1 600 小时($\alpha=0.05$)?

4. 糖厂用自动打包机打包，每包重量 $X\sim N(\mu,1)$. 已知每包标准重量为 100 千克. 某日开工后测得 9 包重量(千克)如下：99.3，98.7，100.5，101.2，98.3，99.7，99.5，102.1，100.5. 问这天打包机工作是否正常?

5. 某炼铁厂的铁水含碳量 X 在正常情况下服从正态分布. 现对操作工艺进行了改进，从中抽取五炉铁水，测得含碳量如下：4.420，4.052，4.357，4.287，4.683. 是否可以认为新工艺炼出的铁水含碳量的方差仍为 0.108^2($\alpha=0.05$)?

6. 正常人的脉搏平均为 72 次/分. 某医生测得 10 例慢性四乙基铅中毒患者的脉搏(次/分)如下：54，67，68，78，70，66，67，70，65，69. 已知这种患者的脉搏服从正态分布. 问四乙基铅中毒患者的脉搏和正常人有无显著差异($\alpha=0.05$)?

6.7 一元线性回归分析

在自然界和人类社会中有许多变量，它们之间的确存在一定的关系，但这些关系是不确定的. 例如，人的身高与体重的关系，化肥用量与农作物产量的关系，居民的收入与消费支出的关系等. 这样的关系我们称之为相关关系.

回归分析是研究相关关系的一种方法，它是用确定性的数学关系，也就是数学公式，来描述变量之间的相关关系的统计方法，所得到的数学公式称为回归方程或经验公式. 对两个变量之间的线性相关关系的回归分析称为一元线性回归分析，它是最简单、最常用的回归分析方法，所得回归方程称为一元线性回归方程.

英国统计学家弗朗西斯・高尔登(1822—1911)，在研究一个家族的男子身高的分布情况时发现，一个高个子父亲，他的儿子的身高比他更高的概率要小于比他矮的概率，一个矮个子父亲，他的儿子的身高比他更矮的概率要小于比他高的概率，每个家族的男性后代的身高有向家族的平均身高回归的趋势. 这就是回归分析中“回归”一词的最早来由.

6.7.1　一元线性回归方程

已知 n 个样本点 $(x_k, y_k)(k=1,2,\cdots,n)$，如果这些点大致分布在一条直线的附近，我们就说变量 x 与 y 之间具有线性相关关系，也就可以用一条直线来近似表示 x 与 y 之间的关系. 设此直线的方程为 $\hat{y}=a+bx$，称为 y 对 x 的一元线性回归方程，a,b 称为回归系数.

确定回归系数 a,b 的原则是，使所求直线最大程度地与 n 个样本点 $(x_k, y_k)(k=1,2,\cdots,n)$ 靠近，也就是使得将样本点中的 x_k 代入直线方程 $y=a+bx$ 后所得 $\hat{y}_k=a+bx_k$(也称为回归值)与样本值 y_k 之间的偏差 $y_k-\hat{y}_k$ 最小. 为避免正、负偏差之间相互抵消，一般用偏差的平方和 $\sum\limits_{k=1}^{n}(y_k-\hat{y}_k)^2$ 来刻画全部的样本值与回归直线之间的偏离程度，要求

$$Q(a,b)=\sum_{k=1}^{n}(y_k-\hat{y}_k)^2=\sum_{k=1}^{n}(y_k-a-bx_k)^2$$

取最小值，利用微积分的知识，我们容易求出 a,b

$$\begin{cases} b=\dfrac{\sum\limits_{k=1}^{n}(x_k-\overline{x})(y_k-\overline{y})}{\sum\limits_{k=1}^{n}(x_k-\overline{x})^2}, \\ a=\overline{y}-b\overline{x}. \end{cases}$$

上述确定回归系数 a,b 的方法称为最小二乘法. 考虑到上述回归系数 a,b 的值是根据 n 对样本的值估计出来的，一般记作 $\hat{a}$、$\hat{b}$，相应的回归方程记作 $\hat{y}=\hat{a}+\hat{b}x$.

若记 $L_{xx}=\sum\limits_{k=1}^{n}(x_k-\overline{x})^2$，$L_{yy}=\sum\limits_{k=1}^{n}(y_k-\overline{y})^2$，$L_{xy}=\sum\limits_{k=1}^{n}(x_k-\overline{x})(y_k-\overline{y})$，则上述回归系数的计算公式可简写成

$$\begin{cases} \hat{b}=\dfrac{L_{xy}}{L_{xx}}, \\ \hat{a}=\overline{y}-\hat{b}\,\overline{x}. \end{cases}$$

【例 1】 某铁路货运站统计了一段时间的零担货运量如下表：

天数 x	180	200	235	270	285	290	300
百吨数 y	36	47	64	78	85	87	90

求 y 对 x 的一元线性回归方程.

解　实际计算中经常采用下列的表格形式：

序号	x_k	x_k^2	y_k	y_k^2	$x_k y_k$
1	180	32 400	36	1 296	6 480
2	200	40 000	47	2 209	9 400
3	235	55 225	64	4 096	15 040
4	270	72 900	78	6 084	21 060
5	285	81 225	85	7 225	24 225
6	290	84 100	87	7 569	25 230
7	300	90 000	90	8 100	27 000
Σ	1 760	455 850	487	36 579	128 435

根据上表可得，$\overline{x}=251.43$，$\overline{y}=69.57$. 从而可计算

$$L_{xy}=\sum_{k=1}^{7}x_k y_k-7\overline{x}\,\overline{y}=128\,435-7\times 251.43\times 69.57=5\,991.11;$$

$$L_{xx}=\sum_{k=1}^{7}x_k^2-7\overline{x}^2=455\,850-7\times 251.43^2=13\,330.7.$$

所以
$$\hat{b}=\frac{L_{xy}}{L_{xx}}=\frac{5\,991.11}{13\,330.7}=0.449,$$

$$\hat{a}=\overline{y}-\hat{b}\,\overline{x}=69.57-0.449\times 251.42=-43.322.$$

故所求 y 对 x 的一元线性回归方程为 $\hat{y}=-43.322+0.449x$.

6.7.2 相关性检验

由上述建立线性回归方程的过程我们可以看到，对于任何两个变量 x 和 y 的一组观测数据$(x_k,y_k)(k=1,2,\cdots,n)$，用最小二乘法都可以确定一个回归方程. 然而，我们事先并不知道这两个变量之间是否真正具有线性关系，或者它们之间的线性关系是否显著，如果这两个变量之间并不真正具有线性关系，或者它们之间的线性关系并不显著，那么所求方程就毫无意义. 因此，我们必须检验两变量之间是否具有显著的线性相关关系. 这种检验称为相关性检验或显著性检验. 常用的检验方法有两种，一是 F 检验法，另一个是相关系数检验法，本节只介绍相关系数检验法.

相关系数检验法的基本步骤是：

(1) 根据观察$(x_k,y_k)(k=1,2,\cdots,n)$值算出相关系数 $r=\dfrac{L_{xy}}{\sqrt{L_{xx}L_{yy}}}$；

(2) 由相关系数临界值表查出显著性水平为 α、自由度为 $n-2$(n 为样本容量)时相关系数的临界值 r_α；

(3) 作出判断，当相关系数 r 满足 $|r|\geqslant r_\alpha$ 时，表明变量 x 与 y 之间的线性相关关系显著，否则为不显著.

【例 2】 对例 1 中所求回归方程检验变量 x 与 y 之间的线性相关关系是否显著($\alpha=0.05$).

解 根据例 1 求得结果及 $L_{yy}=\sum_{k=1}^{7}y_k^2-7\overline{y}^2=2\,601.64$，可得

$$|r|=\frac{|L_{xy}|}{\sqrt{L_{xx}L_{yy}}}=\frac{5\,991.11}{\sqrt{13\,330.7\times 2\,601.64}}\approx 1.017\,3.$$

根据显著性水平 $\alpha=0.05$ 和自由度 $n-2=5$ 查附表得临界值 $r_\alpha=0.754\,5$. 由于 $|r|\geqslant r_\alpha$，所以变量 x 与 y 之间的线性相关关系显著.

相关性得到检验后，当线性相关关系显著时，可根据回归方程进行预测. 如例 1 中，我们可预测天数 $x=310$ 时的零担货运量 $y=-43.322+0.449\times 310=95.868$.

习题 6.7

1. 某工厂月总成本 C(万元)与月产量 x(万件)的统计数据见下表：

X	1.08	1.12	1.19	1.28	1.36	1.48	1.59	1.68	1.80	1.87	1.98	2.07
C	2.25	2.37	2.40	2.55	2.64	2.75	2.92	3.03	3.14	3.26	3.36	3.50

(1) 求月成本对月产量的回归方程；

(2) 在显著水平 $\alpha=0.04$ 时检验月成本与月产量之间线性关系的显著性.

2. 抽取某地区 5 个家庭的年收入与年储蓄(千元)的有关资料，见下表：

年收入 x	8	11	9	6	6
年储蓄 y	0.6	1.2	1.0	0.7	0.3

求出 y 对 x 的线性回归方程，并说明 $\hat{a}$、$\hat{b}$ 的意义.

3. 为研究广告费用 x(万元)与销售额 y(万元)之间的关系，现作一统计，得到如下的资料：

x	40	25	20	30	40	40	25	20	50	20	50	50
y	490	395	420	475	385	525	480	400	560	365	510	540

(1) 求 y 对 x 的线性回归方程；

(2) 在显著性水平 $\alpha=0.05$ 时检验销售额与广告费用之间的线性关系是否显著.

经济案例模型赏析 6

随机性存储策略模型

在实际问题中，存储问题通常是受随机因素影响的，这样的存储问题是随机型存储模型. 面对“变化无常”的营销状况，商场的经理们该如何决定自己在一段时间内的存储策略呢？

某饮料公司与一家啤酒厂签订了一项订购瓶装啤酒的长期合同. 合同规定，每次订购的交货时间为 5.2 周，一次订购的手续费为 100 元. 另据以往的经验，交货期间内的需求量服从正态分布，其均值为 1 000 瓶，标准差 250 瓶. 假定单位存储费为 0.15 元，且该公司的啤酒除一部分供应市场需求以外，主要供应大型宾馆，缺货损失费较高，每瓶为 1.00 元，根据上述情况为该公司设计一个最佳策略.

解 这个问题基本上是一个多周期的库存问题,就一般问题而言,可假设如下条件:

(1) 补充库存有一个交货时间,指发出订单到货物到达的这段时间,记为 L,L 可以是固定不变的,也可以是随机的.若是随机的,其概率分布已知.

(2) 假定在计划期 T_0(T_0 一般取一年)内,总需求量的期望值为 D.其中,在交货时间 L 这段时间内,需求量为 X,密度函数为 $f(x)$,均值为 μ,显然有关系式 $DL=\mu$.

(3) 补充策略是当存储水平下降到被称作"订货点"的 s 时,就要开始订货,订货量为 Q.每次订购费用为 a 元.

(4) 虽然订货期提前了一个时间 L,但由于需求是随机的,在这段时间内仍可能出现缺货.对于这段时间内出现的缺货,可以待到货后一次补上,也可不再供应.但无论哪种情况,都假定缺货损失费用为每件 p 元.

根据以上四个条件来分析该存储系统.首先假定存储状态从 y_0 开始,然后随机地下降,等下降到订货点时,开始订货,经过时间 L(先假定 L 固定不变)后,补充一个批量 Q.在交货时间 L 内,可能发生缺货,也可能不发生,如发生缺货,可以等货到后一次补上,也可不再供应.此外,虽然每次的批量 Q 均相等,交货时间 L 也相等,但两次补充的间隔周期 T 并不一定相等.现分缺货以后补上和缺货不再补充两种情况分别画出存储状态图,见图 1 和图 2.

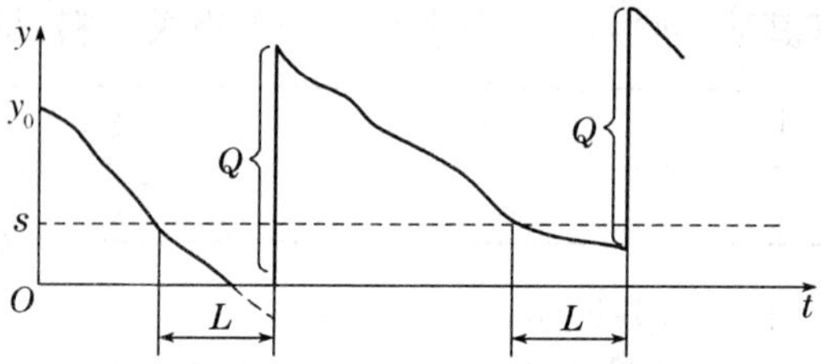

图 1 缺货以后补充的存储状态图

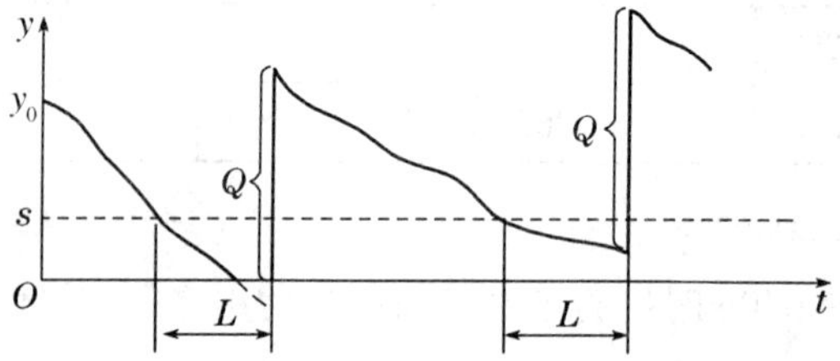

图 2 缺货不再供应的存储状态图

下面来建立其费用函数,以年度期望费用表示,记为 $EC(Q,s)$,其中 Q 和 s 是两个决策变量.该费用函数中计入三项费用,即订购费 OC、缺货损失费 SC 和存储费 HC,因此有

$$EC(Q,s)=OC+SC+HC$$

现分别讨论这三项费用的计算办法.

1. 订购费 OC

已知每次的订购费为 a,每年总期望需求量为 D,每次的订购批量为 Q,则每年的期望批次数为 $n=D/Q$,因此有

$$OC=a\cdot n=a\cdot\frac{D}{Q}.\tag{6.1}$$

该式对于缺货以后补上的情况是没有问题的,但对于缺货不再供应的情况,可能偏高一些,不过当 p 很大时,最终的解可以使其误差降到最低,因此,在缺货不再供应的情况,也可用此式近似表示.

2. 缺货损失费 SC

从存储状态图可以看出,缺货情况只可能出现在交货时间 L 这段时间里.这段时间开始有存货 s,假定该段时间内的需求量为 x,显然,当 $x\leqslant s$ 时,缺货量为 0;当 $x>s$ 时,缺货量为 $x-s$.在任一周期内出现缺货量的期望值便为

$$B(s)=\int_s^{\infty}0\cdot f(x)\mathrm{d}x+\int_s^{\infty}(x-s)f(x)\mathrm{d}x=\int_s^{\infty}(x-s)f(x)\mathrm{d}x.$$

周期数的期望值为 $\dfrac{D}{Q}$,单位缺货损失为 p,因此一年的总期望缺货损失费

$$SC=p\cdot\frac{D}{Q}\cdot B(s).\tag{6.2}$$

3. 存储费用 HC

在计算存储费用时,为简化讨论,我们假定:

(1) 需求消耗是线性的;

(2) 将计划期各周期的存储状态平均化,据此可以画出相应的存储状态图,见图3,并假定单位存储费用为 h.

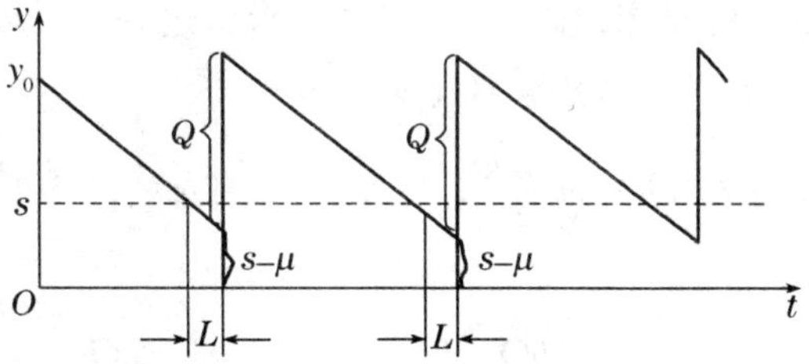

图3 消耗均匀的存储状态图

这相当于一个确定性存储模型,因此,可以很方便地计算出存储费用

$$HC=h\left(\frac{Q}{2}+s-\mu\right).\tag{6.3}$$

上式对于缺货以后补上的情况,没有多大出入.但在缺货不再供应的情况下,存储费比上式稍高一些.这是因为在第二次补充前,剩余的存储量发生了变化,即当 $x\leqslant s$ 时,剩余存储量为 $s-x$;当 $x>s$ 时,剩余存储量为 0,因此期望的剩余存储量为

$$\begin{aligned}&\int_0^s(s-x)f(x)\mathrm{d}x+\int_s^{\infty}0\cdot f(x)\mathrm{d}x=\int_0^s(s-x)f(x)\mathrm{d}x\\=&\int_0^{\infty}(s-x)f(x)\mathrm{d}x-\int_s^{\infty}(s-x)f(x)\mathrm{d}x\\=&s\int_0^{\infty}f(x)\mathrm{d}x-\int_0^{\infty}xf(x)\mathrm{d}x+\int_s^{\infty}(x-s)f(x)\mathrm{d}x\\=&s-\mu+B(s).\end{aligned}$$

所以在缺货不再供应的情况下，其存储费用为

$$HC=h\left[\frac{Q}{2}+s-\mu+B(s)\right]. \tag{6.4}$$

最后可得总的费用函数. 由(6.1)～(6.4)式分别得到

缺货以后补上的情况：

$$EC(Q,s)=a\frac{D}{Q}+\frac{p\cdot D}{Q}B(s)+h\left(\frac{Q}{2}+s-\mu\right);$$

缺货不再供应的情况：

$$EC(Q,s)=a\frac{D}{Q}+\frac{p\cdot D}{Q}B(s)+h\left[\frac{Q}{2}+s-\mu+B(s)\right].$$

将 $EC(Q,s)$ 分别对 Q,s 求偏导数，并令其等于零，最后可得使费用极小情况下的 Q 与 s 的表达式为

$$Q=\sqrt{\frac{2D[a+pB(s)]}{h}}.$$

缺货以后补上的情况为

$$\int_s^{\infty} f(x)\mathrm{d}x=\frac{hQ}{pD},$$

缺货不再供应的情况为

$$\int_s^{\infty} f(x)\mathrm{d}x=\frac{hQ}{pD+hQ}.$$

这是我们能够得到的最终结果. 显然要直接通过求解这些式子以解出 Q 和 s 是困难的，通常采取的办法是逐次迭代法，其迭代步骤如下：

(1) 先假定 $B(s)=0$，求得 $Q_1=\sqrt{\frac{2Da}{h}}$.

(2) 将 Q_1 代入式

$$\int_{s_1}^{\infty} f(x)\mathrm{d}x=\frac{hQ_1}{pD},\int_{s_1}^{\infty} f(x)\mathrm{d}x=\frac{hQ_1}{pD+hQ_1},$$

求出 s_1.

(3) 应用 s_1，求得

$$B(s_1)=\int_{s_1}^{\infty}(x-s_1)f(x)\mathrm{d}x,$$

然后利用 $B(s_1)$，求得

$$Q_2=\sqrt{\frac{2D[a+pB(s_1)]}{h}},$$

并且按顺序求出 s_2. 如此下去，直至 Q 和 s 值不再发生变化为止，所得的最终值就是最优订货量和再订货点.

在按照上述步骤的迭代过程中，其中 $B(s)$ 的计算比较困难. 在实际问题中，L 时间内的需求量 X，多数服从正态分布. 下面我们给出 X 服从正态分布情况下 $B(s)$ 的求法.

$$B(s)=\int_s^{\infty}(x-s)f(x)=\int_s^{\infty}(x-s)\frac{1}{\sigma\sqrt{2\pi}}\mathrm{e}^{-\frac{(x-\mu)^2}{2\sigma^2}}\mathrm{d}x$$

$$=\int_{s}^{\infty}\left[\frac{x-\mu}{\sigma}+\frac{\mu-s}{\sigma}\right]\frac{1}{\sqrt{2\pi}}\mathrm{e}^{-\frac{(x-\mu)^2}{2\sigma^2}}\,\mathrm{d}x.$$

作变换 $t=\frac{x-\mu}{\sigma}$，得到 $B(s)$ 的表达式为

$$B(s)=\int_{(s-\mu)/\sigma}^{\infty}\sigma t\,\frac{1}{\sqrt{2\pi}}\mathrm{e}^{-\frac{t^2}{2}}\,\mathrm{d}t+\int_{(s-\mu)/\sigma}^{\infty}\sigma\left(\frac{\mu-s}{\sigma}\right)\frac{1}{\sqrt{2\pi}}\mathrm{e}^{-\frac{t^2}{2}}\,\mathrm{d}t$$

$$=\sigma\int_{(s-\mu)/\sigma}^{\infty}\frac{t}{\sqrt{2\pi}}\mathrm{e}^{-\frac{t^2}{2}}\,\mathrm{d}t+(\mu-s)\int_{(s-\mu)/\sigma}^{\infty}\frac{1}{\sqrt{2\pi}}\mathrm{e}^{-\frac{t^2}{2}}\,\mathrm{d}t,$$

其中第一项的积分为

$$\int_{(s-\mu)/\sigma}^{\infty}\frac{t}{\sqrt{2\pi}}\mathrm{e}^{-\frac{t^2}{2}}\,\mathrm{d}t=\int_{(s-\mu)/\sigma}^{\infty}-\frac{1}{\sqrt{2\pi}}\mathrm{d}\left(\mathrm{e}^{-\frac{t^2}{2}}\right)$$

$$=\frac{1}{\sqrt{2\pi}}\mathrm{e}^{-\frac{(s-\mu)^2}{2\sigma^2}}=f\left(\frac{s-\mu}{\sigma}\right),$$

第二项的积分为标准正态分布函数，记为 $\Phi\left(\frac{s-\mu}{\sigma}\right)$，直接可以从表中查到. 于是

$$B(s)=af\left(\frac{s-\mu}{\sigma}\right)+(\mu-s)\Phi\left(\frac{s-\mu}{\sigma}\right).$$

对于该饮料公司来说，已知：$a=100$ 元，$h=0.15$ 元，$p=1.00$ 元，$L=5.2$ 周$=0.1$ 年，$\mu=1\,000$ 瓶，$\sigma=250$，因此可推得 $D=\frac{\mu}{L}=10\,000$ 瓶.

现按逐步迭代法求解 Q 与 s 值. 先假定 $B(s)=0$，得

$$Q_1=\sqrt{\frac{2Da}{h}}=\sqrt{\frac{2\times 10\,000\times 100}{0.15}}=3\,651.5,$$

便可求得

$$\int_{s_1}^{\infty}f(x)\,\mathrm{d}x=\int_{(s_1-1000)/250}^{\infty}f(t)\,\mathrm{d}t=\frac{Q_1h}{pD}=\frac{3\,651.5\times 0.15}{1.00\times 10\,000}=0.055.$$

查表得 $\frac{s_1-1\,000}{250}=1.60$，$s_1=1\,400$，即

$$B(s_1)=\sigma f\left(\frac{s_1-\mu}{\sigma}\right)+(\mu-s)\Phi\left(\frac{s_1-\mu}{\sigma}\right)$$

$$=250f(1.60)+(1\,000-1\,400)\Phi(1.60)$$

$$=250\times 0.110\,9-400\times 0.054\,8\approx 5.81.$$

开始第二次迭代，得修正的年订货量

$$Q_2=\sqrt{\frac{2D(a+DB(s_1))}{h}}=\sqrt{\frac{2\times 10\,000(100+1\times 5.81)}{0.15}}=3\,756.27,$$

$$\int_{s_2}^{\infty}f(x)\,\mathrm{d}x=\int_{(s_2-1\,000)/250}^{\infty}f(t)\,\mathrm{d}t=\frac{Q_2h}{pD}=0.056\,34,$$

$$\frac{s_2-1\,000}{250}=1.586,s_2=1\,396.5,$$

即

$$B(1\,396.5)=250f(1.586)-397.5\Phi(0.056)$$

$$=250\times 0.13-397.5\times 0.056=5.99.$$

第三次迭代后，得到 $Q_3=3\ 759.26, s_3=1\ 396.5$.

至此计算可以结束，因 Q 与 s 的值变化很小. 现取整数解 $s=1\ 400, Q=3\ 760$，最小费用为

$$EC(Q,s)=\frac{100\times 10\ 000}{3\ 760}+\frac{1\times 10\ 000B(1\ 400)}{3\ 760}+0.15\left[\frac{3\ 760}{2}+1\ 400-1\ 000\right]$$
$$=623.36(\text{元}).$$

此结果是在缺货以后补上的情况下得出，如果读者有兴趣，可就缺货不再供应的情况进行计算，并作比较.

本章内容精要 6

一、随机试验与随机事件

为研究随机现象而进行的观测、调查或试验，统称为随机试验.

随机试验的各种可能结果，即可能发生可能不发生的事件，称为随机事件，一般用大写英文字母表示，如 A、B、C 等；在每次试验中，一定发生的事件称为必然事件，用 Ω 表示；在每次试验中，一定不发生的事件称为不可能事件，用 $\varnothing$ 表示. 随机事件之间有包含、相等、互斥及独立等关系，也可进行运算.

二、古典概型及概率的计算

1. 所谓古典概型是指具有以下两个特征的随机试验：

(1) 有限性：随机试验的基本事件总数是有限的；

(2) 等可能性：各基本事件出现的可能性相等.

2. 设随机试验的样本空间中所含样本点总数为 n 个，而随机事件 A 含其中 m 个样本点，则随机事件 A 发生的概率为 $P(A)=\dfrac{m}{n}$.

3. 对任意两个事件 A,B，有加法公式：

$$P(A+B)=P(A)+P(B)-P(AB).$$

若事件 A 与 B 互不相容，则 $P(A+B)=P(A)+P(B)$. 特别地，$P(\overline{A})=1-P(A)$，其中 $\overline{A}$ 为 A 对立事件.

4. 设 $P(B)>0$，则在事件 B 发生的前提下，事件 A 发生的概率称为条件概率，记作 $P(A|B)$. 条件概率的计算公式：

$$P(A|B)=\frac{P(AB)}{P(B)},P(B|A)=\frac{P(AB)}{P(A)}.$$

乘法公式：

$$P(AB)=P(A)P(B|A)=P(B)P(A|B).$$

当事件 A 与 B 互相独立时，有 $P(AB)=P(A)P(B)$.

5. 全概率公式，若把事件 A 分解为多个互斥事件 $A_1,A_2,\cdots,A_n$，即 $A_1+A_2+\cdots+A_n=A$，且 $A_iA_j=\varnothing(i\neq j,i,j=1,2,\cdots,n)$，则有

$$P(B)=P(A_1B+A_2B+\cdots+A_nB)$$
$$=P(A_1)P(B|A_1)+P(A_2)P(B|A_2)+\cdots+P(A_n)P(B|A_n).$$

三、随机变量

在随机试验中，若变量 X 的取值都与随机试验的结果相对应，从而 X 的取值具有一定的概率，则称这样的变量为随机变量，分为离散型随机变量和连续型随机变量.

离散型随机变量具有下面的基本性质：

(1) $p_k \geqslant 0 (k=1,2,\cdots)$；(2) $\sum\limits_k p_k = 1$.

连续型随机变量的概率密度 $f(x)$ 具有下面的性质：

(1) 非负性，即 $f(x) \geqslant 0$；(2) 完备性，即 $\int_{-\infty}^{+\infty} f(x)\mathrm{d}x = 1$.

四、分布函数

设 X 为随机变量，x 为任意实数，函数 $F(x)=P(X\leqslant x)$，称为随机变量 X 的分布函数.

离散型随机变量 X 的分布函数为 $F(x) = P(X \leqslant x) = \sum\limits_{x_k \leqslant x} p_k$.

连续型随机变量 X 的分布函数为 $F(x) = P(X \leqslant x) = \int_{-\infty}^{x} f(t)\mathrm{d}t$.

五、数字特征

数字特征是从不同侧面刻画随机变量的数值.

数学期望就是若干个数与它们对应的“权重”的乘积之和，就是这些数的平均值.

连续型随机变量 X 的数学期望 $E(X) = \int_{-\infty}^{+\infty} x f(x)\mathrm{d}x$.

方差是用来描述随机变量的取值对其期望的偏离程度的量.

由期望可以得到方差 $D(X)=E(X^2)-[E(X)]^2$.

记住一些常见随机变量的数字特征，分布列或概率密度，同时结合它们的实际背景理解其含义.

六、总体和样本

总体和样本是数理统计中的基本概念. 正是这两个概念的区别才有了统计推断，大家需记住常用的几种统计量.

七、参数估计

点估计介绍了矩法估计，同时介绍了点估计量好坏的两个标准：无偏性和有效性.

区间估计主要介绍了单个正态分布总体的期望(方差已知或未知)和方差的估计方法. 要了解估计的基本思想以及置信区间、置信度等概念的含义.

八、假设检验

假设检验是统计推断中的一种重要方法. 先假设命题成立，然后根据问题进行推理，如果小概率事件没有发生，则接受假设；反之，就拒绝假设命题. 要理解好显著水平、小概率原理等概念的含义.

复习题 6

一、填空题

1. 设 A,B 为两个事件，且 $P(A+B)=0.9$，$P(AB)=0.3$，若 $B\subset A$，则 $P(A-B)=$________.

2. 设 A,B 为两个事件，若 $P(B)=\dfrac{3}{10}$，$P(B|A)=\dfrac{1}{6}$，$P(A+B)=\dfrac{4}{5}$，则 $P(A)=$________.

3. 口袋内有 5 只红球，3 只白球，2 只黄球，则任取 3 只球恰好颜色不同的概率是________.

4. 设随机变量 X 的概率密度为 $f(x)=\begin{cases}4x^3, 0<x<1,\\ 0, \quad 其他,\end{cases}$ 则使 $P(X>a)=P(X<a)$ 成立的常数 $a=$________.

5. 设 $E(X)=-2$，$E(X^2)=5$，则 $D(1-3X)=$________.

6. 方差未知时，检验假设 $H_0:\mu=\mu_0$，应选取统计量________，在________条件下，该统计量服从自由度为 $n-1$ 的________分布.

7. 设 0,1,0,1,1 为来自两点分布总体的一组样本值，则 p 的数字特征估计值为________.

二、选择题

1. 甲乙两人独立地向同一目标射击，他们击中目标的概率分别为 0.7，0.8. 则两人中恰有一人击中目标的概率是(　　).

A. 0.56　　B. 0.44　　C. 0.5　　D. 0.38

2. 设 A,B 为两个事件，$P(A)=\dfrac{1}{3}$，$P(A|B)=\dfrac{2}{3}$，$P(\overline{B}|A)=\dfrac{3}{5}$，则 $P(B)=$(　　).

A. 0.2　　B. 0.4　　C. 0.6　　D. 0.8

3. 设 $X\sim N(\mu,\sigma^2)$，X 的分布函数为 $F(x)$，若已知 $P(X<\mu-2)=0.2$，则 $F(\mu+3)=$(　　).

A. 0.9　　B. 0.8　　C. 0.7　　D. 0.6

4. 设离散型随机变量 $X\sim P(\lambda)(\lambda>0)$，且 $P(X=0)=\dfrac{1}{e}$，则 $\lambda=$(　　).

A. 0.5　　B. 1　　C. 2　　D. 3

三、解答题

1. 通过调查某电视频道的收视率知道，已婚的男士和女士收看该节目的概率分别为 0.5 和 0.6. 在某女士看此节目的情况下，她的丈夫也看此节目的概率为 0.8. 求：

(1) 夫妻二人均看此节目的概率；

(2) 在男士看此节目时，他的妻子看此节目的概率；

(3) 夫妻二人至少一人看此节目的概率.

2. 某人值班需要看管 3 台机床，这 3 台机床正常工作的概率分别为 0.9，0.8，0.85，求在任一时刻：(1) 3 台机床都正常工作的概率；(2) 3 台机床中至少有一台正常工作的概率.

3. 口袋中有红、白、黄色球各 5 只，现从中任取 4 只，用 X 表示取到的白球数量，求 X 的概率分布.

4. 已知每株梨树的产量服从正态分布，从一片梨树中随机抽取 6 株，测算产量分别为 221，191，202，205，256，245.

(1) 求每株梨树平均产量的置信水平为 0.95 的置信区间；

(2) 求每株梨树产量的方差的置信水平为 0.95 的置信区间.

5. 某种元件，要求其使用寿命不低于 1 000 小时，现随机抽取 25 件，测得其平均寿命为 950 小时. 已知这种元件的寿命服从标准差为 100 小时的正态分布，试在显著性水平为 0.05 的条件下确定这批元件是否合格.

数学家小传 6

泊　松

泊松(Poisson)是法国数学家、物理学家和力学家. 1781 年月 21 日生于皮蒂维耶；1840 年 4 月 25 日卒于巴黎附近的索镇.

泊松的父亲是退役军人，退役后在村里做小职员，法国革命爆发时任村长. 泊松最初奉父命学医，但他对医学并无兴趣，不久便转向数学. 于 1798 年进入巴黎综合工科学校，成为拉格朗日、拉普拉斯的得意门生. 在毕业时由于其学业优异，又得到拉普拉斯的大力推荐，故留校任辅导教师. 1802 年任巴黎理学院教授. 1812 年当选为法国科学院院士. 1816 年应聘为索邦大学教授. 1826 年被选为彼得堡科学院名誉院士. 1837 年被封为男爵. 著名数学家阿贝尔说："泊松知道怎样做到举止非常高贵."

泊松是法国第一流的分析学家. 年仅 18 岁就发表了一篇关于有限差分的论文，受到了勒让德的好评. 他一生成果累累，发表论文 300 多篇，对数学和物理学都做出了杰出贡献.

在数学方面：美国数学史家克兰(Kline)指出："泊松是第一个沿着复平面上的路径实行积分的人."在他 1817 年的出版物中对序列收敛的条件就有了正确的概念，现在一般把这个条件归功于柯西. 泊松对发散级数做了深入的探讨，并奠定了"发散级数求积"的理论基础，引进了一种今天看来就是可和性的概念. 把任意函数表示为三角级数和球函数时，他广泛地使用了发散级数，用发散级数解出过微分方程，并导出了用发散级数做计算怎样会导致错误的例子. 他还把许多含有参数的积分化为含参数的幂级数. 他关于定积分的一系列论文以及在傅里叶级数方面取得的成果，为后来的狄利克雷和黎曼的研究铺平了道路.

泊松也是 19 世纪概率统计领域里的卓越人物. 他改进了概率论的运用方法，特别是用于统计方面的方法，建立了描述随机现象的一种概率分布——泊松分布. 他推广了"大数定律"，并导出了在概率论与数理方程中有重要应用的泊松积分 $\int_0^{+\infty} e^{-x^2}\,dx$. 他是从法庭审判问题出发研究概率论的，1837 年出版了他的专著《关于刑事案件和民事案件审判概率的研究》.

泊松就三个变数的二次型建立起特征值理论；并给出新颖的消元法；研究过曲面的曲率问

题和积分方程.

在数学物理方面:泊松解决了许多热传导方面的问题,他使用了按三角级数、勒让德多项式、拉普拉斯曲面调和函数的展开式,关于热传导的许多成果都包含在其专著《热的数学理论》之中.他解决了许多静电学和静磁学的问题;奠定了偏向理论的基础;研究了膛外弹道学和水力学的问题;提出了弹性理论方程的一般积分法,引入了泊松常数.他还用变分法解决过弹性理论的问题.

在引力学中,他发表了《关于球体引力》和《关于引力理论方程》的论文,引入了著名的泊松方程.他的名著《力学教程》(2卷),发展了拉格朗日和拉普拉斯的思想,成为广泛使用的标准教科书.在天体力学方面,他研究了关于月球和行星理论以及太阳系稳定性的某些问题,计算出由球体和椭球体引起的万有引力.他1831年还发表了《毛细管作用新论》.

泊松一生对摆的研究极感兴趣,他的科学生涯就是从研究微分方程及其在摆的运动和声学理论中的应用开始的.直到晚年,他仍用大部分时间和精力从事摆的研究.他为什么对摆如此着迷?有一个传说,泊松小时候由于身体孱弱,他的母亲曾把他托给一个保姆照料,保姆一离开他时,就把泊松放在一个摇篮式的布袋里,并将布袋挂在棚顶的钉子上,吊着他摆来摆去.这个保姆认为,这样不但可以使孩子身上不被弄脏,而且还有益于孩子的健康.泊松后来风趣地说:"吊着我摆来摆去不但是我孩提时的体育锻炼,并且使我在孩提时就熟悉了摆."

附录一　标准正态分布表

$$\Phi(x)=\int_{-\infty}^{x}\frac{1}{\sqrt{2\pi}}e^{-\frac{t^2}{2}}dt=P(X\leqslant x)$$

x	0.00	0.01	0.02	0.03	0.04	0.05	0.06	0.07	0.08	0.09
0.0	0.500 0	0.504 0	0.508 0	0.512 0	0.516 0	0.519 9	0.523 9	0.527 9	0.531 9	0.535 9
0.1	0.539 8	0.543 8	0.574 8	0.551 7	0.555 7	0.559 6	0.563 6	0.567 5	0.571 4	0.575 3
0.2	0.579 3	0.583 2	0.587 1	0.591 0	0.594 8	0.598 7	0.602 6	0.606 4	0.610 3	0.614 1
0.3	0.617 9	0.621 7	0.625 5	0.629 3	0.633 1	0.636 8	0.640 4	0.644 3	0.648 0	0.651 7
0.4	0.655 4	0.659 1	0.662 8	0.666 4	0.670 0	0.673 6	0.677 2	0.680 8	0.684 4	0.687 9
0.5	0.691 5	0.695 0	0.698 5	0.701 9	0.705 4	0.708 8	0.712 3	0.715 7	0.719 0	0.722 4
0.6	0.25 7	0.729 1	0.732 4	0.735 7	0.738 9	0.742 2	0.745 4	0.748 6	0.751 7	0.754 9
0.7	0.758 0	0.761 1	0.764 2	0.767 3	0.770 3	0.773 4	0.776 4	0.779 4	0.782 3	0.785 2
0.8	0.788 1	0.791 0	0.793 9	0.796 7	0.799 5	0.802 3	0.805 1	0.807 8	0.810 6	0.813 3
0.9	0.815 9	0.818 6	0.821 2	0.823 8	0.826 4	0.828 9	0.835 5	0.834 0	0.836 5	0.838 9
1.0	0.841 3	0.843 8	0.846 1	0.848 5	0.850 8	0.853 1	0.855 4	0.857 7	0.856 9	0.862 1
1.1	0.864 3	0.866 5	0.868 6	0.870 8	0.872 9	0.874 9	0.877 0	0.879 0	0.881 0	0.883 0
1.2	0.884 9	0.886 9	0.888 8	0.890 7	0.892 5	0.894 4	0.896 2	0.898 0	0.899 7	0.901 5
1.3	0.903 2	0.904 9	0.906 6	0.908 2	0.909 9	0.911 5	0.913 1	0.914 7	0.916 2	0.917 7
1.4	0.919 2	0.920 7	0.922 2	0.923 6	0.925 1	0.926 5	0.927 9	0.929 2	0.930 6	0.931 9
1.5	0.933 2	0.934 5	0.935 7	0.937 0	0.938 2	0.939 4	0.940 6	0.941 8	0.943 0	0.944 1
1.6	0.945 2	0.946 3	0.947 4	0.948 4	0.949 5	0.950 5	0.951 5	0.952 5	0.953 5	0.953 5
1.7	0.955 4	0.956 4	0.957 3	0.958 2	0.959 1	0.959 9	0.960 8	0.961 6	0.962 5	0.963 3
1.8	0.964 1	0.964 8	0.965 6	0.966 4	0.967 2	0.967 8	0.968 6	0.969 3	0.970 0	0.970 6
1.9	0.971 3	0.971 9	0.972 6	0.973 2	0.973 8	0.974 4	0.975 0	0.975 6	0.976 2	0.976 7
2.0	0.977 2	0.977 8	0.978 3	0.978 8	0.979 3	0.979 8	0.980 3	0.980 8	0.981 2	0.981 7
2.1	0.982 1	0.982 6	0.983 0	0.983 4	0.983 8	0.984 2	0.984 6	0.985 0	0.985 4	0.985 7
2.2	0.986 1	0.986 4	0.986 8	0.987 1	0.987 4	0.987 8	0.988 1	0.988 4	0.988 7	0.989 0
2.3	0.989 3	0.989 6	0.989 8	0.990 1	0.990 4	0.990 6	0.990 9	0.991 1	0.991 3	0.991 6
2.4	0.991 8	0.992 0	0.992 2	0.992 5	0.992 7	0.992 9	0.993 1	0.993 2	0.993 4	0.993 6
2.5	0.993 8	0.994 0	0.994 1	0.994 3	0.994 5	0.994 6	0.994 8	0.994 9	0.995 1	0.995 2
2.6	0.995 3	0.995 5	0.995 6	0.995 7	0.995 9	0.996 0	0.996 1	0.996 2	0.996 3	0.996 4
2.7	0.996 5	0.996 6	0.996 7	0.996 7	0.996 9	0.997 0	0.997 1	0.997 2	0.997 3	0.997 4
2.8	0.997 4	0.997 5	0.997 6	0.997 7	0.997 7	0.997 8	0.997 9	0.997 9	0.998 0	0.998 1
2.9	0.998 1	0.998 2	0.998 2	0.998 3	0.998 4	0.998 4	0.998 5	0.998 5	0.998 6	0.998 6
x	0.0	0.1	0.2	0.3	0.4	0.5	0.6	0.7	0.8	0.9
3	0.988 7	0.999 0	0.999 3	0.999 5	0.999 7	0.999 8	0.999 8	0.999 9	0.999 9	1.000 0

附录二 χ^2 分布的上侧临界值表

n	α									
	0.995	0.99	0.975	0.95	0.9	0.1	0.05	0.025	0.01	0.005
1	…	…	…	…	0.02	2.71	3.84	5.02	6.63	7.88
2	0.01	0.02	0.02	0.1	0.21	4.61	5.99	7.38	9.21	10.6
3	0.07	0.11	0.22	0.35	0.58	6.25	7.81	9.35	11.34	12.84
4	0.21	0.3	0.48	0.71	1.06	7.78	9.49	11.14	13.28	14.86
5	0.41	0.55	0.83	1.15	1.61	9.24	11.07	12.83	15.09	16.75
6	0.68	0.87	1.24	1.64	2.2	10.64	12.59	14.45	16.81	18.55
7	0.99	1.24	1.69	2.17	2.83	12.02	14.07	16.01	18.48	20.28
8	1.34	1.65	2.18	2.73	3.4	13.36	15.51	17.53	20.09	21.96
9	1.73	2.09	2.7	3.33	4.17	14.68	16.92	19.02	21.67	23.59
10	2.16	2.56	3.25	3.94	4.87	15.99	18.31	20.48	23.21	25.19
11	2.6	3.05	3.82	4.57	5.58	17.28	19.68	21.92	24.72	26.76
12	3.07	3.57	4.4	5.23	6.3	18.55	21.03	23.34	26.22	28.3
13	3.57	4.11	5.01	5.89	7.04	19.81	22.36	24.74	27.69	29.82
14	4.07	4.66	5.63	6.57	7.79	21.06	23.68	26.12	29.14	31.32
15	4.6	5.23	6.27	7.26	8.55	22.31	25	27.49	30.58	32.8
16	5.14	5.81	6.91	7.96	9.31	23.54	26.3	28.85	32	34.27
17	5.7	6.41	7.56	8.67	10.09	24.77	27.59	30.19	33.41	35.72
18	6.26	7.01	8.23	9.39	10.86	25.99	28.87	31.53	34.81	37.16
19	6.84	7.63	8.91	10.12	11.65	27.2	30.14	32.85	36.19	38.58
20	7.43	8.26	9.59	10.85	12.44	28.41	31.41	34.17	37.57	40
21	8.03	8.9	10.28	11.59	13.24	29.62	32.67	35.48	38.93	41.4
22	8.64	9.54	10.98	12.34	14.04	30.81	33.92	36.78	40.29	42.8
23	9.26	10.2	11.69	13.09	14.85	32.01	35.17	38.08	41.64	44.18
24	9.89	10.86	12.4	13.85	15.66	33.2	36.42	39.36	42.98	45.56
25	10.52	11.52	13.12	14.61	16.47	34.38	37.65	40.65	44.31	46.93
26	11.16	12.2	13.84	15.38	17.29	35.56	38.89	41.92	45.64	48.29
27	11.81	12.88	14.57	16.15	18.11	36.74	40.11	43.19	46.96	49.64
28	12.46	13.56	15.31	16.93	18.94	37.92	41.34	44.46	48.28	50.99
29	13.12	14.26	16.05	17.71	19.77	39.09	42.56	45.72	49.59	52.34
30	13.79	14.95	16.79	18.49	20.6	40.26	43.77	46.98	50.89	53.67
40	20.71	22.16	24.43	26.51	29.05	51.8	55.76	59.34	63.69	66.77
50	27.99	29.71	32.36	34.76	37.69	63.17	67.5	71.42	76.15	79.49
60	35.53	37.48	40.48	43.19	46.46	74.4	79.08	83.3	88.38	91.95
70	43.28	45.44	48.76	51.74	55.33	85.53	90.53	95.02	100.42	104.22
80	51.17	53.54	57.15	60.39	64.28	96.58	101.88	106.63	112.33	116.32
90	59.2	61.75	65.65	69.13	73.29	107.56	113.14	118.14	124.12	128.3
100	67.33	70.06	74.22	77.93	82.36	118.5	124.34	129.56	135.81	140.17

附录三　t分布临界值表

（查表时注意：V是指自由度，并分单侧和双侧两种类型）

单侧 双侧	α=0.10 α=0.20	0.05 0.10	0.025 0.05	0.01 0.02	0.005 0.01
V=1	3.078	6.314	12.706	31.821	63.657
2	1.886	2.920	4.303	6.965	9.925
3	1.638	2.353	3.182	4.541	5.841
4	1.533	2.132	2.776	3.747	4.604
5	1.476	2.015	2.571	3.365	4.032
6	1.440	1.943	2.447	3.143	3.707
7	1.415	1.895	2.365	2.998	3.499
8	1.397	1.860	2.306	2.896	2.355
9	1.383	1.833	2.262	2.821	3.250
10	1.372	1.812	2.228	2.764	3.169
11	1.363	1.796	2.201	2.718	3.106
12	1.356	1.782	2.179	2.681	3.055
13	1.350	1.771	2.160	2.650	3.012
14	1.345	1.761	2.145	2.624	2.977
15	1.341	1.753	2.131	2.602	2.947
16	1.337	1.746	2.120	2.583	2.921
17	1.333	1.740	2.110	2.567	2.898
18	1.330	1.734	2.101	2.552	2.878
19	1.328	1.729	2.093	2.539	2.861
20	1.325	1.725	2.086	2.528	2.845
21	1.323	1.721	2.080	2.518	2.831
22	1.321	1.717	2.074	2.508	2.819
23	1.319	1.714	2.069	2.500	2.807
24	1.318	1.711	2.064	2.492	2.797
25	1.316	1.708	2.060	2.485	2.787
26	1.315	1.706	2.056	2.479	2.779
27	1.314	1.703	2.052	2.473	2.771
28	1.313	1.701	2.048	2.467	2.763
29	1.311	1.699	2.045	2.462	2.756
30	1.310	1.697	2.042	2.457	2.750
40	1.303	1.684	2.021	2.423	2.704
50	1.299	1.676	2.009	2.403	2.678
60	1.296	1.671	2.000	2.390	2.660
70	1.294	1.667	1.994	2.381	2.648
80	1.292	1.664	1.990	2.374	2.639
90	1.291	1.662	1.987	2.368	2.632
100	1.290	1.660	1.984	2.364	2.626
125	1.288	1.657	1.979	2.357	2.616
150	1.287	1.655	1.976	2.351	2.609
200	1.286	1.653	1.972	2.345	2.601
∞	1.282	1.645	1.960	2.326	2.576

附录四 泊松分布表

$$P\{X\leqslant m\}=\sum_{k=0}^{m}\frac{\lambda^k}{k!}e^{-k}$$

m \ λ	0.1	0.2	0.3	0.4	0.5	0.6	0.7	0.8	0.9	1.0
0	0.904 8	0.818 7	0.740 8	0.670 3	0.606 5	0.548 8	0.496 6	0.449 3	0.406 6	0.367 9
1	0.995 3	0.982 5	0.963 1	0.938 4	0.909 8	0.878 1	0.844 2	0.808 8	0.772 5	0.735 8
2	0.999 8	0.998 9	0.996 4	0.992 1	0.985 6	0.976 9	0.965 9	0.952 6	0.937 1	0.919 7
3	1	0.999 9	0.999 7	0.999 2	0.998 2	0.996 6	0.994 2	0.990 9	0.986 5	0.981 0
4		1	1	0.999 9	0.999 8	0.999 6	0.999 2	0.998 6	0.997 7	0.996 3
5				1	1	1	0.999 9	0.999 8	0.999 7	0.999 4
6							1	1	1	0.999 9
7										
8										
9										
10										

m \ λ	1.2	1.4	1.6	1.8	2.0	2.5	3.0	3.5	4.0	4.5
0	0.301 2	0.246 6	0.201 9	0.165 3	0.135 3	0.082 0	0.049 8	0.030 2	0.018 3	0.011 1
1	0.662 6	0.591 8	0.524 9	0.462 8	0.406 0	0.287 3	0.199 2	0.135 9	0.091 6	0.061 1
2	0.879 5	0.833 5	0.783 4	0.730 6	0.676 7	0.543 8	0.423 2	0.320 9	0.238 1	0.713 6
3	0.996 2	0.946 3	0.921 2	0.891 3	0.857 1	0.757 6	0.647 2	0.536 6	0.433 5	0.352 3
4	0.992 3	0.985 8	0.976 3	0.963 6	0.947 4	0.891 2	0.815 3	0.725 4	0.628 8	0.542 1
5	0.998 5	0.996 8	0.994 0	0.989 6	0.983 4	0.958 0	0.916 1	0.857 6	0.785 1	0.702 9
6	0.999 8	0.999 4	0.998 7	0.997 4	0.995 5	0.985 8	0.966 5	0.934 7	0.889 3	0.831 1
7	1	0.999 9	0.999 7	0.999 4	0.998 9	0.995 8	0.988 1	0.973 3	0.948 9	0.913 4
8	1	1	1	0.999 9	0.999 8	0.998 9	0.996 2	0.990 1	0.978 6	0.959 7
9	1	1	1	1	1	0.999 7	0.998 9	0.996 7	0.991 9	0.982 9
10	1	1	1	1	1	0.999 4	0.999 7	0.999 0	0.997 2	0.993 3

附录五　基本初等函数

函数	解析式	定义域和值域	图　像	主要特性
常值函数	$y=C$	$x\in(-\infty,+\infty)$	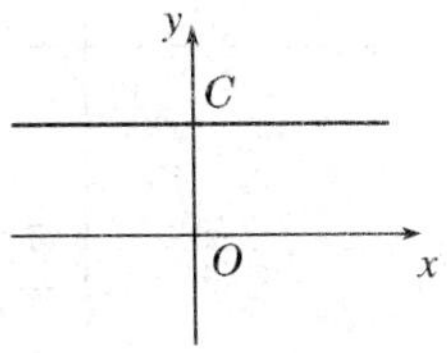	无自变量；偶函数.
幂函数	$y=x^{\alpha}(\alpha\in\mathbf{R})$	依 α 不同而异，但在 $(0,+\infty)$ 内都有定义	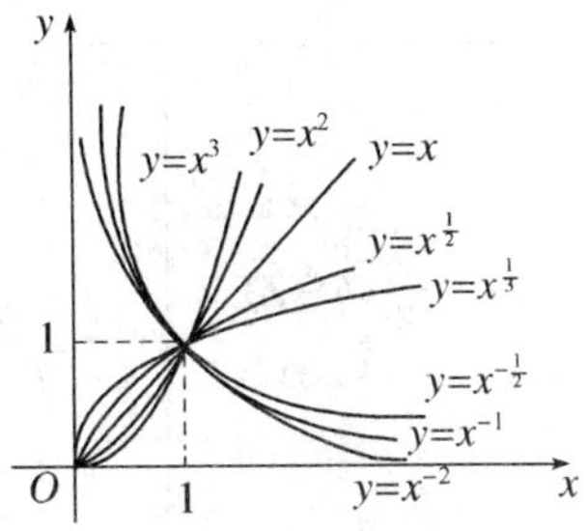	在第一象限内：当 $\alpha>0$ 时，x^{α} 单调增；当 $\alpha<0$ 时，x^{α} 单调减；奇次幂奇函数；偶次幂偶函数.
指数函数	$y=a^x$ ($a>0$ 且 $a\neq1$)	$x\in(-\infty,+\infty)$ $y\in(0,+\infty)$	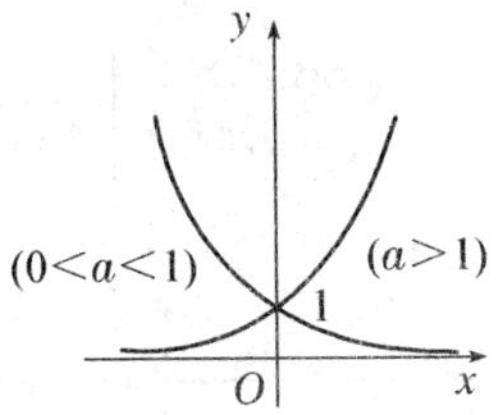	过点 $(0,1)$：当 $0<a<1$ 时，a^x 单调减；当 $a>1$ 时，a^x 单调增；非奇非偶函数；$e^0=1$，$e^{\ln x}=x$.
对数函数	$y=\log_a x$ ($a>0$ 且 $a\neq1$)	$x\in(0,+\infty)$ $y\in(-\infty,+\infty)$	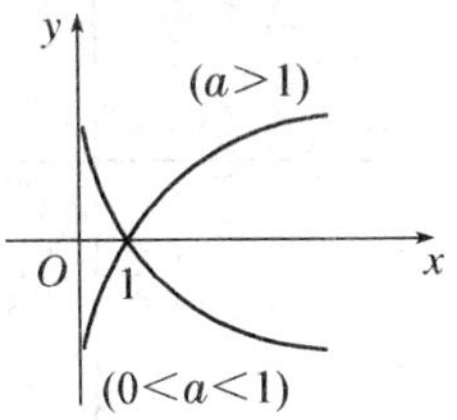	过点 $(1,0)$：当 $0<a<1$ 时，$\log_a x$ 单调减；当 $a>1$ 时，$\log_a x$ 单调增；非奇非偶函数；$\ln 1=0$，$\ln e=1$.

（续表）

名称	解析式	定义域和值域	图像	主要特性
三角函数	$y=\sin x$	$x\in(-\infty,+\infty)$ $y\in[-1,+1]$	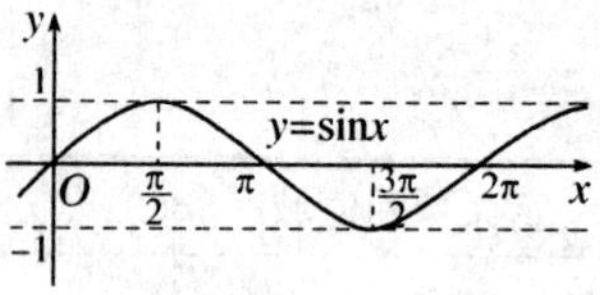	奇函数，周期 2π，有界：在 $\left[2k\pi-\frac{\pi}{2},2k\pi+\frac{\pi}{2}\right]$ 单调增；在 $\left[2k\pi+\frac{\pi}{2},2k\pi+\frac{3\pi}{2}\right]$ 单调减（$k\in\mathbf{Z}$）
	$y=\cos x$	$x\in(-\infty,+\infty)$ $y\in[-1,+1]$	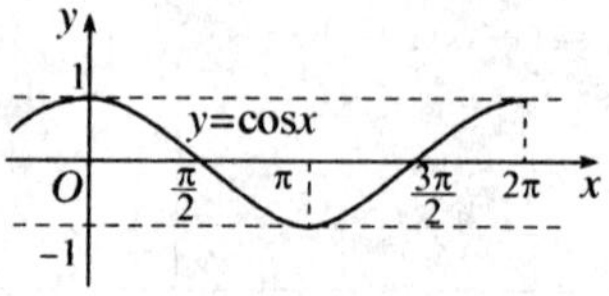	偶函数，周期 2π，有界：在 $[2k\pi-\pi,2k\pi]$ 单调增；在 $[2k\pi,2k\pi+\pi]$ 单调减（$k\in\mathbf{Z}$）
	$y=\tan x$	$x\neq k\pi+\frac{\pi}{2}(k\in\mathbf{Z})$ $y\in(-\infty,+\infty)$	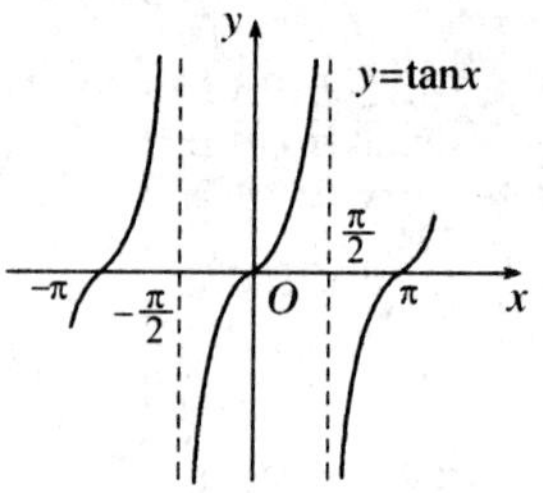	奇函数，周期 π，在 $\left(k\pi-\frac{\pi}{2},k\pi+\frac{\pi}{2}\right)$ 单调增（$k\in\mathbf{Z}$）
	$y=\cot x$	$x\neq k\pi(k\in\mathbf{Z})$ $y\in(-\infty,+\infty)$	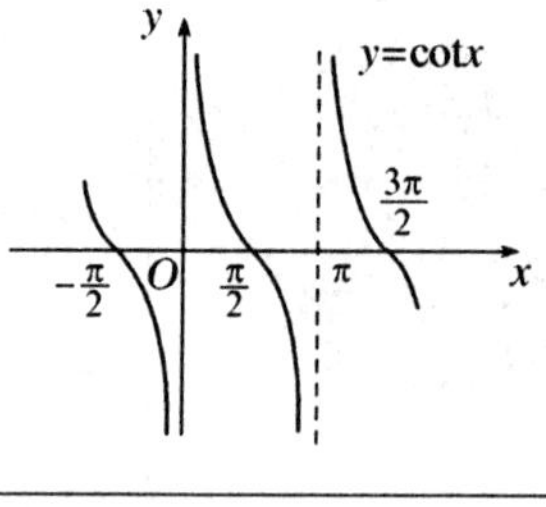	奇函数，周期 π，在 $(k\pi,k\pi+\pi)$ 单调减（$k\in\mathbf{Z}$）
反三角函数	$y=\arcsin x$	$x\in[-1,1]$ $y\in\left[-\frac{\pi}{2},\frac{\pi}{2}\right]$	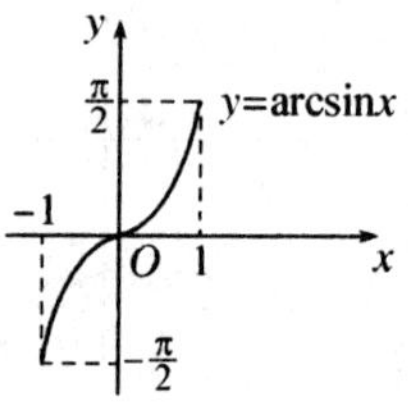	奇函数，单调增，有界
	$y=\arccos x$	$x\in[-1,1]$ $y\in[0,\pi]$	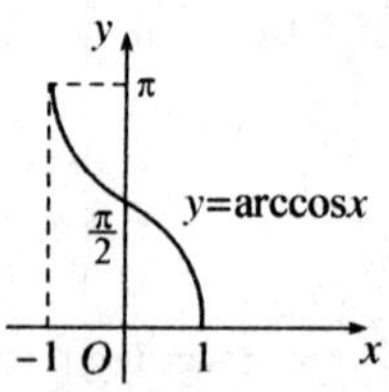	单调减，有界

（续表）

名称	解析式	定义域和值域	图像	主要特性
反三角函数	$y=\arctan x$	$x\in(-\infty,+\infty)$ $y\in\left(-\frac{\pi}{2},\frac{\pi}{2}\right)$	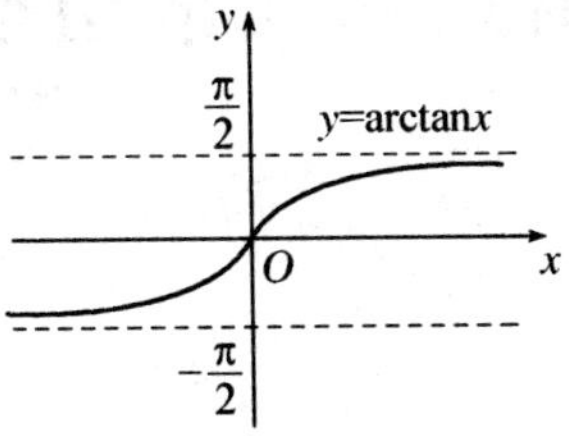	奇函数，单调增，有界
	$y=\operatorname{arccot} x$	$x\in(-\infty,+\infty)$ $y\in(0,\pi)$	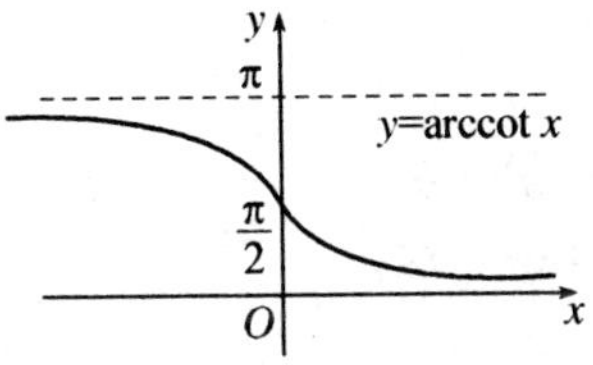	单调减，有界

常见角三角函数值（$\pi=180°$）

函数名＼角	0	$\frac{\pi}{6}$	$\frac{\pi}{4}$	$\frac{\pi}{3}$	$\frac{\pi}{2}$	π
正弦　sin	0	$\frac{1}{2}$	$\frac{\sqrt{2}}{2}$	$\frac{\sqrt{3}}{2}$	1	0
余弦　cos	1	$\frac{\sqrt{3}}{2}$	$\frac{\sqrt{2}}{2}$	$\frac{1}{2}$	0	-1
正切　tan	0	$\frac{\sqrt{3}}{3}$	1	$\sqrt{3}$	×	0

附录六　常用初等数学公式

一、代数公式

1. 乘法公式

$a^2-b^2=(a+b)(a-b)$

$(a\pm b)^2=a^2\pm 2ab+b^2$

$(a\pm b)^3=a^3\pm 3a^2b+3ab^2\pm b^3$

$a^3+b^3=(a+b)(a^2-ab+b^2)$

$a^3-b^3=(a-b)(a^2+ab+b^2)$

2. 根式运算公式

$\sqrt[n]{ab}=\sqrt[n]{a}\cdot\sqrt[n]{b}$　　$(a\geqslant 0,b\geqslant 0)$

$\sqrt[n]{\dfrac{a}{b}}=\dfrac{\sqrt[n]{a}}{\sqrt[n]{b}}$　　$(a\geqslant 0,b\geqslant 0)$

$(\sqrt[n]{a})^m=\sqrt[n]{a^m}$　　$(a\geqslant 0)$

$\sqrt[m]{\sqrt[n]{a}}=\sqrt[mn]{a}$　　$(a\geqslant 0)$

二、一元二次方程求根公式

$ax^2+bx+c=0(a\neq 0)$求根公式为 $x=\dfrac{-b\pm\sqrt{b^2-4ac}}{2a}$

三、指数运算公式

$a^0=1$　　$(a\neq 0)$

$a^{-n}=\dfrac{1}{a^n}$　　$(a\neq 0)$

$a^{\frac{m}{n}}=\sqrt[n]{a^m}$　　$(a\geqslant 0)$

$a^{-\frac{m}{n}}=\dfrac{1}{\sqrt[n]{a^m}}$　　$(a>0)$

$a^{m+n}=a^m\cdot a^n$　　$a^{m-n}=a^m\div a^n$

$a^{mn}=(a^m)^n$　　$a^m\cdot b^m=(ab)^m$

四、对数运算公式

$\log_a(MN)=\log_a M+\log_a N$

$\log_a\left(\dfrac{M}{N}\right)=\log_a M-\log_a N$

$\log_a M^n=n\log_a M$

$\log_a\sqrt[n]{M}=\dfrac{1}{n}\log_a M$

基本恒等式 $a^{\log_a N}=N$

换底公式 $\log_a N=\dfrac{\log_b N}{\log_b a}(b>0,b\neq1)$

以 10 为底的对数称为常用对数,记作 $\lg N$.

以 e 为底的对数称为自然对数,记作 $\ln N$.

五、三角公式

1. 基本关系

倒数关系式:

(1) $\sin\alpha\cdot\csc\alpha=1$

(2) $\cos\alpha\cdot\sec\alpha=1$

(3) $\tan\alpha\cdot\cot\alpha=1$

平方关系式:

(1) $\sin^2\alpha+\cos^2\alpha=1$

(2) $1+\tan^2\alpha=\sec^2\alpha$

(3) $1+\cot^2\alpha=\csc^2\alpha$

商数关系式:

(1) $\tan\alpha=\dfrac{\sin\alpha}{\cos\alpha}$

(2) $\cot\alpha=\dfrac{\cos\alpha}{\sin\alpha}$

2. 和差公式

(1) $\sin(\alpha+\beta)=\sin\alpha\cos\beta+\cos\alpha\sin\beta$

(2) $\sin(\alpha-\beta)=\sin\alpha\cos\beta-\cos\alpha\sin\beta$

(3) $\cos(\alpha+\beta)=\cos\alpha\cos\beta-\sin\alpha\sin\beta$

(4) $\cos(\alpha-\beta)=\cos\alpha\cos\beta+\sin\alpha\sin\beta$

3. 倍角公式

(1) $\sin2\alpha=2\sin\alpha\cos\alpha$

(2) $\sin2\alpha=\cos^2\alpha-\sin^2\alpha=2\cos^2\alpha-1=1-2\sin^2\alpha$

4. 积化和差公式

(1) $2\sin\alpha\cos\beta=\sin(\alpha+\beta)+\sin(\alpha-\beta)$

(2) $2\cos\alpha\sin\beta=\sin(\alpha+\beta)-\sin(\alpha-\beta)$

(3) $2\cos\alpha\cos\beta=\cos(\alpha+\beta)+\cos(\alpha-\beta)$

(4) $-2\sin\alpha\sin\beta=\cos(\alpha+\beta)-\cos(\alpha-\beta)$

5. 和差化积公式

(1) $\sin\alpha+\sin\beta=2\sin\dfrac{\alpha+\beta}{2}\cos\dfrac{\alpha-\beta}{2}$

(2) $\sin\alpha-\sin\beta=2\sin\dfrac{\alpha-\beta}{2}\cos\dfrac{\alpha+\beta}{2}$

(3) $\cos\alpha+\cos\beta=2\cos\dfrac{\alpha+\beta}{2}\cos\dfrac{\alpha-\beta}{2}$

(4) $\cos\alpha-\cos\beta=-2\sin\dfrac{\alpha+\beta}{2}\sin\dfrac{\alpha-\beta}{2}$

六、数列

1. 等差数列

一般形式:$a_1, a_1+\mathrm{d}, a_1+2\mathrm{d}, \cdots, a_1+(n-1)\mathrm{d}, \cdots$

通项公式:$a_n=a_1+(n-1)\mathrm{d}$

前项和公式:$S_n=\frac{n(a_1+a_n)}{2}$或$S_n=na_1+\frac{n(n-1)}{2}\mathrm{d}$

2. 等比数列

一般形式:$a_1, a_1q, a_1q^2, \cdots, a_1q^{n-1}, \cdots$

通$\frac{a_1-a_nq}{1-q}$项公式:$a_n=a_1q^{n-1}$

前项和公式:$S_n=\frac{a_1(1-q^n)}{1-q}$或$S_n=\frac{a_1-a_nq}{1-q}(q\neq1)$

参考文献

[1] 侯风波. 经济数学[M]. 上海:上海大学出版社,2009.
[2] 和志芳. 经济数学[M]. 武汉:中国地质大学出版社,2012.
[3] 黎诣远. 经济数学基础[M]. 北京:高等教育出版社,2002.
[4] 侯兰茹. 高等数学[M]. 北京:首都经济贸易大学出版社,2011.
[5] 李心灿. 高等数学[M]. 北京:高等教育出版社,2008.
[6] 顾静相. 经济数学基础[M]. 北京:高等教育出版社,2012.
[7] 周晓. 经济数学基础[M]. 南京:南京大学出版社,2011.
[8] 吴云宗,张继凯. 实用高等数学[M]. 北京:高等教育出版社,2008.
[9] 陈笑缘. 经济数学[M]. 北京:高等教育出版社,2010.
[10] 谭永基. 经济管理数学模型案例教程[M]. 北京:高等教育出版社,2005.
[11] 卢锋. 经济学原理[M]. 北京:北京大学出版社,2009.
[12] 金炳陶. 概率论与数理统计[M]. 北京:高等教育出版社,2000.
[13] 杨文兰. 应用数学基础[M]. 北京:高等教育出版社,2012.
[14] 许纯祯. 西方经济学[M]. 北京:高等教育出版社,2002.
[15] 赵树嫄. 微积分[M]. 北京:人民大学出版社,2010.
[16] 张卫梅. 经济应用数学[M]. 长春:吉林大学出版社,2011.
[17] 李佐锋. 数学建模[M]. 北京:中央广播电视大学出版社,2003.
[18] 吴传生. 线性代数[M]. 北京:高等教育出版社,2010.